21 世纪全国高职高专旅游系列规划教材

酒店经济法律理论与实务

主　编　钱丽玲
副主编　倪　杰
参　编　王志文
主　审　艾　飞　薄孟起
　　　　王文华　傅懿兵

北京大学出版社
PEKING UNIVERSITY PRESS

内容简介

本书旨在结合酒店经营管理的实际，培养出适应新世纪酒店业发展需要，懂法律、能够运用法律手段进行酒店经营管理的复合型人才。本书主要内容包括酒店法律事务管理、筹建一家酒店、酒店组织机构运行管理、酒店会计法律事务管理、酒店经营中常见的民事合同管理、酒店竞争行为管理、酒店消费服务法律事务管理、酒店产品质量法律事务管理、酒店劳动合同管理9个项目。

本书可作为高职旅游院校教学用书，也可作为酒店经营管理人员及从业人员的培训教材和参考书。

图书在版编目(CIP)数据

酒店经济法律理论与实务/钱丽玲主编. —北京：北京大学出版社，2012.1

(21世纪全国高职高专旅游系列规划教材)

ISBN 978-7-301-19955-8

Ⅰ.①酒… Ⅱ.①钱… Ⅲ.①饭店—商业经营—法规—中国—高等职业教育—教材

Ⅳ.①D922.294

中国版本图书馆CIP数据核字(2011)第265002号

书　　名：酒店经济法律理论与实务

著作责任者：钱丽玲　主编

策 划 编 辑：刘国明　李　辉

责 任 编 辑：刘国明

标 准 书 号：ISBN 978-7-301-19955-8/F·3007

出　版　者：北京大学出版社

地　　　址：北京市海淀区成府路205号　邮编100871

网　　　址：http://www.pup.cn　http://www.pup6.cn

电　　　话：邮购部62752015　发行部62750672　编辑部62750667　出版部62754962

电 子 邮 箱：pup_6@163.com

印　刷　者：北京虎彩文化传播有限公司

发　行　者：北京大学出版社

经　销　者：新华书店

787mm×1092mm　16开本　17印张　370千字

2012年1月第1版　2019年1月第6次印刷

定　　　价：32.00元

前　言

当今法制社会下，酒店运行的过程实际就是法律运行的过程，也就是法律事务管理的过程，如酒店的设立、变更和撤销，酒店各种业务行为的展开，酒店资产的整合与重组、股份制改造、股权转让、投资、谈判、签约以及酒店决策与发展战略等都属于法律运作与管理的范畴。

“法律之险，系于危卵；法律之累，在于工细。”酒店应强化酒店管理人员和员工的法律风险意识，把法律作为一种经营手段，树立“法律是一种管理和经营资源”的意识。

酒店要对法律风险点进行识别、评估、剖析，将法律风险预防、处理措施和程序规范细化到部门、管理流程和岗位，一旦发生问题，应及时、妥善处理，将责任分解到人，落实到位。酒店要完善法律工作与各业务工作的融合，使其真正渗透到经营管理的各个环节，并与之有机地结合。

本书编写的目的旨在结合酒店经营管理的实际，培养出适应新世纪酒店业发展需要，懂法律、能够运用法律手段进行酒店经营管理的复合型人才。

在本书的编写中，编者力求突出以下三个特色：

（1）在内容的选取上力求符合酒店实际的工作项目内容，以过程性知识为主、叙述性知识为辅，打破知识体系的局限，按解决实际工作中实际问题的要求进行选取，注重学生的经验层面能力向策略层面能力的转化，使学生在完成任务的过程中形成解决实际问题、更好地完成工作任务的能力。

（2）在内容的编排上力求符合高职教育的要求，体现“理论够用，实践为重”的原则，克服法律教材理论偏多、偏深的弊端，注重理论在具体运用中的要点、方法和操作，通过案例的配合逐层分析、总结，使学生在学习中掌握分析要领、操作程序和技能要点。每个项目后的实务演练给学生充分的发挥空间，借以培养学生的创造性思维与创新能力。

（3）在内容的编写上力求能反映立法的最新情况，具有时效性，所给案例能同步反映我国酒店行业的最新变化。

本书由烟台职业学院钱丽玲担任主编，烟台职业学院倪杰担任副主编，烟台商务职业学院艾飞和烟台职业学院薄孟起、王文华、傅懿兵主审，长春职业技术学院王志文参编。全书最后由钱丽玲统稿。具体编写分工如下：项目 1 酒店法律事务管理由钱丽玲编写；项目 2 筹建一家酒店、项目 3 酒店组织机构运行管理由艾飞编写；项目 5 酒店经营中常见的民事合同管理由王文华编写；项目 4 酒店会计法律事务管理由傅懿兵编写；项目 6 酒店竞争行为管理由王志文编写；项目 7 酒店消费服务法律事务管理、项目 8 酒店产品质量法律事务管理由薄孟起编写；项目 9 酒店劳动合同管理由倪杰编写。本书在编写过程中，参阅并借鉴了众多学者、专家的著作，在此表示衷心的感谢！

由于酒店法律事务管理理论与实务方面有许多问题还处于探索和研究阶段，加之编者水平有限，本书难免有疏漏之处，敬请各位读者和专家批评、指正。

编　者

2011 年 8 月

目　　录

项目1　酒店法律事务管理 …… 1

任务1.1　酒店法律主体的事务管理 …… 6
任务1.2　酒店运营环境的法律事务管理 …… 8
任务1.3　酒店日常经营活动的法律事务管理 …… 10
任务1.4　酒店民事纠纷的解决方式及其选择 …… 13
任务1.5　如何申请仲裁 …… 16
任务1.6　如何进行民事诉讼 …… 17

项目2　筹建一家酒店 …… 22

任务2.1　选择拟筹建酒店的组织形式 …… 23
任务2.2　为拟筹建的酒店筹措资金 …… 28
任务2.3　确定企业名称并进行注册登记 …… 34
任务2.4　拟定公司章程 …… 41

项目3　酒店组织机构运行管理 …… 49

任务3.1　股东正确行使权利和履行义务 …… 50
任务3.2　召开股东会会议 …… 54
任务3.3　召开董事会会议 …… 60
任务3.4　召开监事会会议 …… 66
任务3.5　有限责任公司股权转让与股份有限责任公司股份转让 …… 69
任务3.6　正确履行董事、监事、高级管理人员的义务 …… 76

项目4　酒店会计法律事务管理 …… 82

任务4.1　酒店如何建账做账 …… 83
任务4.2　酒店常用结算方式及控制 …… 94
任务4.3　酒店依法纳税 …… 100
任务4.4　酒店利润的分配及酒店清算的处理 …… 109

项目5　酒店经营中常见的民事合同管理 …… 117

任务5.1　签订一份买卖合同 …… 118
任务5.2　防范合同风险 …… 126
任务5.3　依法变更与解除合同 …… 131
任务5.4　租赁合同的风险防范 …… 138
任务5.5　解决酒店保管合同纠纷 …… 144

项目6　酒店竞争行为管理 …… 149

任务6.1　保护注册商标专用权 …… 150

任务 6.2 保护酒店知名商品特有的名称、包装和装潢 …… 154
任务 6.3 防止商业贿赂行为的发生 …… 160
任务 6.4 杜绝虚假宣传 …… 162
任务 6.5 保护商业秘密 …… 163
任务 6.6 杜绝不正当有奖销售 …… 166
任务 6.7 抵制毁誉行为 …… 168

项目7 酒店消费服务法律事务管理 …… 170

任务 7.1 保障消费者安全权 …… 171
任务 7.2 保障消费者知情权 …… 176
任务 7.3 保障消费者自主选择权 …… 180
任务 7.4 保障消费者的公平交易权 …… 182
任务 7.5 保障消费者获得赔偿权 …… 184
任务 7.6 保障消费者的结社权、获取知识权、受尊重权以及监督权 …… 187

项目8 酒店产品质量法律事务管理 …… 193

任务 8.1 酒店作为生产者应尽的产品质量责任和义务 …… 194
任务 8.2 酒店作为销售者应尽的产品质量责任和义务 …… 200
任务 8.3 承担产品瑕疵责任 …… 205
任务 8.4 承担产品缺陷责任 …… 209

项目9 酒店劳动合同管理 …… 215

任务 9.1 拟定一份劳动合同文本 …… 216
任务 9.2 与酒店员工签订劳动合同 …… 221
任务 9.3 依法与员工约定试用期 …… 224
任务 9.4 与核心员工约定服务期及竞争限制条款 …… 225
任务 9.5 依法变更劳动合同 …… 227
任务 9.6 依法解除与终止劳动合同 …… 230
任务 9.7 依法保障员工工资及休息休假的权利 …… 236
任务 9.8 做好劳务派遣员工的管理工作 …… 238
任务 9.9 依法妥善处理劳动争议 …… 240

中国旅游饭店行业规范 …… 246

中国饭店行业服务礼仪规范(试行) …… 251

参考文献 …… 265

1

酒店法律事务管理

（1）能运用相关法律规定做好酒店从设立到经营过程中的法律事务管理，并做好相应的风险防范。
（2）酒店发生法律纠纷能采取恰当的方式妥善解决。

（1）了解酒店法的概念和调整对象。
（2）理解法律关系的含义和构成要素。
（3）熟知酒店法律事务管理的内容。
（4）掌握仲裁与诉讼的基本法律规定。

引例

张浩先生准备在市区繁华地段开一家酒店。当他和房屋转租者孙老板签好转让协议，对店面进行装修时，房东突然出现并进行阻挠。房东表示，他和孙老板签订的合同上明确写了该房子只允许做商店，且不允许转租。房东阻止他们装修，并和孙老板发生了冲突。眼看装修停工，酒店可能无法按期开张。张浩先生请来林宇作其法律顾问，很快顺利解决了此事。林宇提醒张浩先生：酒店从设立到成立后整个经营过程中都会和各种各样的主体发生法律关系；如租房时和房东形成法律关系，经营时和消费者形成法律关系；进货时和销售方形成法律关系；接受工商、税务等部门管理时，和工商、税务部门形成行政法律关系，而这些法律关系中如果存在不合理和不合法之处，一旦爆发，就会对酒店带来负面影响，因此酒店从设立到成立直至经营整个过程都要做到事前防范、事中控制、事后补救。

这就如同名医扁鹊的故事，讲的是战国时期魏文王与扁鹊的一段对话，魏文王问扁鹊："你们兄弟三人都精于医术，到底哪一位最高明呢?"扁鹊脱口而出："长兄最善，中兄次之，扁鹊最为下。"文王再问："那为什么你最出名呢?"扁鹊回答："我长兄治病，是治于病情发作之前。由于一般人不知道他事先能铲除病因，所以他的名气无法传出去，只有我们家的人才知道；我中兄治病，是治于病情初起之时，一般人以为他只能治轻微的小病，所以他的名气只及于本乡里；而我是治于病情严重之时，一般人都看到我在经脉上扎针、在皮肤上敷药等大手术，所以都以为我的医术高明，名气因此响遍全国。"文王连连点头称道："你说得好极了。"

"扁鹊三兄弟治病"的典故说明：病情严重之时挽救，不如病情刚发作之时控制；病情刚发作之时控制，不如病情发作之前预防。

1. 酒店法的概念及调整对象

1）酒店法的概念

酒店法有广义和狭义之分。广义的酒店法，是指与酒店经营、管理活动有关的各种法律规范的总和，也就是调整酒店活动领域中各种社会关系的法律规范的总称。这些法律规范包括国家有关部门制定的有关酒店方面的法律、法规及各省、自治区、直辖市制定的有关酒店方面的地方法规。此外，还包括我国参加和承认的国际有关公约或规章。狭义的酒店法，是指国家或地区所制定的酒店法律、法规(如法国、日本、新加坡等国的《酒店法》及1988年9月中国香港颁布的《酒店旅馆法》等)。虽然我国至今没有出台专门针对酒店业的法律法规，只有一些部门规章和行规，例如《旅馆业治安管理办法》、《中国旅游饭店行业规范》等。但我国已经颁布实施的众多法律、法规如《民法通则》、《公司法》、《个人独资企业法》、《合伙企业法》、《合同法》、《消费者权益保护法》、《产品质量法》、《食品安全法》、《反不正当竞争法》、《劳动法》、《会计法》、《税法》，等等，这些法律、法规对酒店业的健康发展起到了很好的保障作用。

2）酒店法的调整对象

酒店法调整酒店活动中所产生的各种社会关系，这些社会关系主要包括以下几类。

(1) 酒店与消费者之间的关系。这是酒店法所调整的最主要的社会关系。酒店同消费者之间的关系是一种横向的法律关系，酒店同消费者之间的法律地位是平等的，他们之间的关系一般以合同的形式予以确立，各主体在享有权利的同时承担义务，也就是说，酒店与消费者在履行义务的同时也享有相应的权利。

(2) 酒店与相关部门之间的关系。酒店在经营管理过程中与许多部门都产生关系，如旅行社、交通运输、供水、供电、供气等企业和部门。酒店同这些企业和部门之间的关系既有横向的法律关系又有纵向的法律关系。

(3) 酒店与行政管理部门之间的关系。这是一种纵向的法律关系。国家行政管理部门对酒店的经营管理活动负有监督、管理的责任。这种关系具体表现为领导与被领导、管理与被管理、监督与被监督的关系。前者主要表现为权力的行使，后者主要表现为义务的履行，双方的主体地位是不平等的。

2. 酒店法律关系

1）酒店法律关系的概念

法律关系是指由法律规范所确认和调整的当事人之间的权利和义务关系。法律关系有三个要素：一是参与法律关系的主体，二是主体间权利和义务的共同指向对象——客体，三是构成法律关系内容的权利和义务。

酒店法律关系，是指被酒店法所确认和调整的、当事人之间在酒店经营管理活动中形成的权利和义务关系。

酒店法律关系具有以下特征。

(1) 酒店法律关系是受酒店法律规范调整的、具体的社会关系。酒店法律关系反映了当事人之间在酒店经营管理活动中所结成的一种社会关系。同其他法律关系一样，酒店法律关系以相应的酒店法律规范为前提。由于规定和调整酒店关系的法律规范的存在，因此产生了酒店法律关系。

(2) 酒店法律关系是以权利和义务为内容的社会关系。酒店社会关系同其他社会关系一样，之所以能成为法律关系，就在于法律规定了当事人之间的权利和义务关系。这种权利和义务关系的确认，体现了国家意志，是国家维护酒店经营管理活动秩序的重要保障。

(3) 酒店法律关系的产生、发展和变更是依据酒店法律规范的规定而进行的。由于法律体现统治阶级的意志，国家会依据酒店经营管理活动的发展和变化不断对酒店法律规范进行完善、修改、补充和废止，因此引起酒店法律关系的发展和变更。

2）酒店法律关系的构成要素

酒店法律关系的构成要素，是指构成酒店法律关系不可缺少的组成部分，包括主体、客体和内容三个要素，缺少其中一个要素，就不能构成酒店法律关系。

（1）酒店法律关系的主体。

酒店法律关系的主体，是指在酒店活动中依照国家有关法律法规享受权利和承担义务的人，即法律关系的当事人。在我国酒店法律关系中，能够作为主体的当事人，主要有以下两类。

① 酒店法律关系的管理、监督主体。

国家行政管理机关包括地方行政管理机关，它们在同级人民政府领导下，负责管理全国和地方的酒店工作；根据法律的规定，在酒店法律关系中实行监督权的各级行政、物价、审计、税务等机构。

② 酒店法律关系的实施主体。

酒店法律关系的实施主体包括酒店，客人，公司、企业以及国内外旅游组织等。由于许多酒店直接同外国旅行社等组织发生业务联系，因此外国旅游组织同我国酒店发生经济交往时，也会成为我国酒店法律关系的一方当事人。

（2）酒店法律关系的客体。

酒店法律关系的客体，是指酒店法律关系主体之间权利和义务所共同指向的对象。在通常的情况下，法律关系主体都是围绕一定的事物彼此才能成立一定的权利、义务，从而建立法律关系的。这里的权利、义务所指向的事物，便是酒店法律关系的客体。如果仅有法律关系主体和内容，而无权利和义务所指向的事物——客体，这种权利和义务是无实际意义的，法律关系也难以成立。可以作为酒店法律关系客体的，主要有物、行为和智力成果等类型。

① 物，是指现实存在的为人们可以控制、支配的一切自然物和劳动创造的物。酒店法律关系的客体包括酒店客房、餐饮、娱乐场所、商品、物品等。货币作为酒店费用的支付手段，也是酒店法律关系的客体。

② 行为，是指权利主体的活动，它是酒店法律关系中重要的客体。酒店法律关系中的行为，可以分为服务行为和酒店管理行为。

酒店服务行为，是把客人迎进来、送出去以及做好客人在店期间住、食、娱、购、行等各个环节的服务工作。

酒店管理行为，是一种直接或间接地为客人提供服务的活动，包括酒店总经理、部门经理、主管、领班等进行的管理活动。通过他们的管理工作，使得酒店服务行为形成一个统一的整体，为客人提供各种方便。

③ 智力成果。作为客体的智力成果指的是人们在智力活动中所创造的精神财富，它是知识产权所指向的对象，如酒店的专利权、专有技术、商标权、著作权等。

（3）酒店法律关系的内容。

酒店法律关系的内容，是指酒店法律关系主体间的权利和义务。由于权利和义务把酒店法律关系的主体联结起来，因此权利和义务在酒店法律关系中不可缺少。

酒店法律关系主体的权利，是指酒店法律关系主体依法享有的作为或不作为，以及要求他人作为或不作为的一种资格。当酒店法律关系的主体一方因另一方或他人的行为而不能行使和实现其权利时，有权要求国家有关机关依据法律，运用强制手段帮助实现其权利。

酒店法律关系主体权利主要包括以下三方面内容：

① 酒店法律关系主体有权作出或不作出一定的行为。如酒店有权拒绝携带危险品的客人进入酒店。

② 酒店法律关系主体有权要求另一方按照规定相应作出或不作出一定的行为。如客人入住酒店后，有权要求酒店提供符合其等级标准要求的服务。又如客人在酒店消费后，有权要求酒店出示票据。

③ 酒店法律关系主体的合法权益受到侵害时，有权要求国家有关机关依据法律，保护其合法权益。如在酒店内由于酒店的原因使客人的人身受到损害得不到赔偿，客人有权要求旅游投诉受理机关保护自己的合法权益。

酒店法律关系主体的义务，是指酒店法律关系主体所承担的某种必须履行的责任。这种责任包括三方面内容。

① 酒店法律关系主体按照其权利享有人的要求作出一定的行为。如酒店在收取客人支付的费用后，就有义务按照客人的要求及时清扫房间。

② 酒店法律关系主体按照其权利享有人的要求，停止一定的行为。如客人在房内休息时，要求酒店停止客房服务，服务员不得随意进入客人的房间清扫。

③ 酒店法律关系主体不履行或不适当履行义务，将受到国家法律的制裁。如酒店内发生重大事故、事件造成客人在酒店内遭到人身损害或财产损失，不但要承担赔偿客人的责任，还要受到法律的制裁。

3）酒店法律关系的主要种类及依据

（1）酒店与宾客间的有偿服务（包括住宿、饮食、娱乐等）合同关系、财物保管合同关系等。（《合同法》相关内容、《中华人民共和国消费者权益保护法》）

（2）酒店与客户间的房间、场地租赁合同关系。（《合同法》租赁合同章节）

（3）酒店与宾客间的财产、人身侵权损害赔偿关系。（《民法通则》相关内容、《最高人民法院关于审理人身损害赔偿案件适用法律若干问题的解释》）

（4）酒店与管理人员及员工的劳资合同关系。（《劳动法》）

（5）酒店与其他销售供应商和服务商的法律关系。（《合同法》、《反不正当竞争法》）

3. 酒店法律事务管理

酒店法律事务管理是指酒店设立法律顾问机构和配备专职法律工作人员，专门处理酒店涉及的法律事务和有关法律问题的制度。当今法制社会下，酒店运行的过程实际就是法律运行的过程，也就是法律事务管理的过程，如酒店的设立、变更和撤销，酒店各种业务行为的展开，酒店资产整合与重组、股份制改造、股权转让、投资、谈判、签约以及酒店决策与发展战略等都属于法律运作与管理的范畴。

酒店法律事务管理的主要内容：①酒店经营决策的法律意见；②规章建制；③合同事务；④酒店改制、分立、合并、产权交易等重大经济活动的法律处理；⑤仲裁、诉讼；⑥法律咨询；⑦法律培训；⑧外聘律师的合作；⑨其他。

酒店法律事务管理的实质内容就是控制法律风险，从某种意义上讲，酒店竞争力的重要方面，就是酒店防范法律风险的能力。

酒店法律顾问就是酒店的内部律师，作为酒店法律顾问或法务经理、主管或法务工作者，并不是单纯的法律工作者，是酒店经营管理者与法律工作者的复合型人才。

法律问题不仅是酒店法律顾问需要考虑的问题，而且是酒店管理团队在相关责任产生之前考虑的一个商业问题。

任务 1.1 酒店法律主体的事务管理

【任务准备】

酒店作为酒店法律关系的实施主体，从事经营活动，必须要合法存在，这是酒店运营最根本、最基础的要求。

这些内容主要是在涉及酒店主体方面的法律法规中进行规范，如《公司法》、《合资企业法》、《合作企业法》、《外资企业法》、《个人独资企业法》、《合伙企业法》等。

【任务完成】

这类法律事务涉及酒店能否合法存续，对酒店的影响很大，这类法律事务的管理，需要酒店高层对于相关法律的颁布实施和法律的修订有足够的敏感度。

管理的方法有以下几种。

1. 了解相关法律

一般可以通过以下途径：①到专业的法律网站订阅新法速递之类的电子邮件，随时关注这方面的法律；②要求酒店的法律顾问经常给法务部发一些类似的邮件资料，让法务部同时抄送一份；③要求酒店法务部只要有类似法律的颁布实施和法律的修订，就第一时间汇报，这作为法务部工作的一个部分；④订阅相关的报纸、杂志，报纸、杂志对法律的颁布实施和法律的修订会进行及时的报道和宣传。

2. 依法而为

酒店的设立、变更和注销都要依法而为。酒店设立，必须考虑酒店的性质、形式、注册资本、股权结构、权力机构及其议事规则等方面事宜。酒店登记事项变更，应当按规定期限做变更登记，未登记的不具有对抗第三人的法律效力。出现酒店注销的情形，酒店必须依法清算后注销登记。

3. 对法律变化产生的法律风险及时予以规避

法律的变化一般会在下述两个方面产生一些法律风险。

1）合法性、合规性的法律风险

合法性、合规性的法律风险这方面法律的修改，只要关注并督促相关部门按照法律法规的要求进行，就可以将这方面的风险降到最低。例如新《公司法》第五十二条规定，有限责任公司设监事会，其成员不得少于三人。股东人数较少或者规模较小的有限责任公司，可以设一至两名监事，不设监事会。旧《公司法》第五十二条规定：有限责任公司，经营规模较大的，设立监事会，其成员不得少于三人。有限责任公司，股东人数较少和规模较小的，可以设一至两名监事。按照新《公司法》第五十二条的规定，原则上有限责任公司都应设立监事会，除非公司股东人数较少或规模较小。而旧《公司法》第五十二条的规定，有限责任公司，经营规模较大的应设立监事会。新旧公司法相比较，现在酒店如果是以有限责任公司的形式存在，组织机构中监事会或监事成了必须的一条规定，那就只需要根据要求，增加监事会这一机构就可以达到合规性的要求了。

【法条】

《中华人民共和国公司法》第五十二条规定：有限责任公司设监事会，其成员不得少于三人。股东人数较少或者规模较小的有限责任公司，可以设一至两名监事，不设监事会。

2）筹划性法律风险

所谓筹划性法律风险，是指在原有法律主体的构架下，根据各种利益诉求，利用原法律主体的特点而设计的方案。

例如，原《公司法》规定，有限责任公司股东按照实缴的出资比例分取红利。但在现实情况中有许多投资人不想实际参与酒店经营管理，投入资金之后，想获得更大的分红比例，许多酒店为了获得这部分资金的支持，同时又为了符合《公司法》的规定，通常会针对这种情况设计一系列的法律文件来配合达到这一利益要求。像在股东协议之外，单独签署的债权或服务类的合同。

【法条】

《中华人民共和国公司法》第三十五条规定：股东按照实缴的出资比例分取红利；公司新增资本时，股东有权优先按照实缴的出资比例认缴出资。但是，全体股东约定不按照出资比例分取红利或不按照出资比例优先认缴出资的除外。

根据该规定，对于原先有这些结构性筹划和安排的，就需要及时根据新法的要求去修改原先的一系列协议，之前的方案虽然有一定的保障，但还是会有一定的风险。在新法实行之后，只要通过一个全体股东的约定(即不按照出资比例分取红利)就可以达到这一要求。

任务1.2　酒店运营环境的法律事务管理

【任务准备】

企业运营，通常指一个企业的运作、管理；企业运营，是由英语(Enterprise operation)译成，中国人一般称为企业管理。

企业运营管理最基本的也是最主要的职能是财务会计、技术、生产运营、市场营销和人力资源管理。企业的经营活动是这五大职能有机联系的一个循环往复的过程，企业为了达到自身的经营目的，必须对上述五大职能进行统筹管理，这种管理就是运营。

这些内容主要是在《公司法》、《劳动法》、《食品安全法》、《反不正当竞争法》、《商标法》等法律法规中进行规范。

【任务完成】

1. 管理的层面

这类法律事务涉及酒店业务能否得到正常运行，有可能会影响到营运规则的变化，对酒店的影响比较大，负责业务的经理或类似级别的高级管理人员需要随时关注这些法律法规。

2. 管理的方法

(1) 了解相关法律。

(2) 依法而为。

可以采取定期会议的方式，由法务部或公司法律顾问以专题的形式，采取定期会议的制度，对酒店运营环境进行梳理，分析有无违法行为，及时提出应对措施。这类会议不用太频繁，每季度一次就差不多，会议主要针对这些领域的法律法规进行探讨。

案例 1－1

卖假冒“万宝龙”，酒店被判赔

2009 年长沙市中级法院审结的一起知识产权案件中，湖南某五星级酒店成为被告。

原告是德国的一家公司，其系“MONTBLANC(万宝龙)”品牌所有人，该品牌是奢侈品牌，其商品涵盖高档文具用品、腕表、优质皮具、男士高级衬饰、眼镜等。

原告声称，该五星级酒店在其营业场所销售假冒“MONTBLANC(万宝龙)”品牌的眼镜和皮具；该五星级酒店则提交了其与一个体工商户的租赁协议，声称酒店已将一楼大厅服装柜交付他人经营服装。

“发现其在柜台出售的商品中可能有侵犯他人商标权的商品时，我们已经通知其停止侵权行为，且解除了合同。”该五星级酒店方面说。

但法院认为，由于酒店方直接为此案提供了两份商业发票作为交易凭证，系买卖关系的卖方，理应为此次售假行为承担相应的民事责任。法院遂一审判决该五星级酒店停止侵权并赔偿原告经济损失 5 万元。

分析：高档酒店内销售山寨(假冒)奢侈品牌商品，既是侵犯知识产权的违法行为，同时也可能导致酒店方面的经济损失和名誉损失。所以，无论是酒店方面还是相关职能部门，都应加强对酒店商铺经营管理。

消费者基于对高档酒店的信任，往往会认为酒店内经营的商铺为酒店方自营。为明晰责任，酒店方应对酒店内商铺的经营方式作出明示，如租赁经营、承包经营、自营，对消费者作出合理的提示。即使酒店内的商铺已经租赁或承包给他人经营，酒店方也应该担负起监督和管理的职责，消费者在高档酒店购物时，往往会基于对酒店名誉的信任而放心地购买商品，因此，酒店方作为商铺的出租人也应对商铺销售商品的质量、来源作必要的监督，如可以和经营者在《承包合同》或《租赁合同》中设定相应的条款，明确经营者应向酒店方出具正规进货渠道的证明，出具商品的质量保证书，并可以约定质量担保条款，以此加强对经营者的约束。

上述案例的被告湖南某五星级酒店在酒店营运环境法律事务管理上的疏忽，导致酒店既触犯法律，又造成酒店经济和名誉上的损失，教训是惨痛的。

资料来源：星辰在线-长沙晚报

【法条】

《中华人民共和国刑法》第二百一十三条规定：未经注册商标所有人许可，在同一种商品上使用与其注册商标相同的商标，情节严重的，处三年以下有期徒刑或者拘役，并处或者单处罚金；情节特别严重的，处三年以上七年以下有期徒刑，并处罚金。

第二百一十四条规定：销售明知是假冒注册商标的商品，销售金额数额较大的，处三年以下有期徒刑或者拘役，并处或者单处罚金；销售金额数额巨大的，处三年以上七年以下有期徒刑，并处罚金。

第二百一十五条规定：伪造、擅自制造他人注册商标标识或者销售伪造、擅自制造的注册商标标识，情节严重的，处三年以下有期徒刑、拘役或者管制，并处或者单处罚金；情节特别严重的，处三年以上七年以下有期徒刑，并处罚金。

(3) 对法律变化产生的法律风险及时予以规避。

这些法律的变化，一般涉及酒店运营规则的改变，如果酒店不对其做出回应，将会产生较大的法律风险。

为了规避这方面的法律风险，一般会牵涉酒店各个部门的配合，涉及业务操作、财务处理等方面。

例如，2009 年 6 月 1 日，《中华人民共和国食品安全法》正式颁布施行，取代 1995 年 10 月起实施的《中华人民共和国食品卫生法》。《食品安全法》对索证的要求比《食品卫生法》详细了很多，有了明确的要求和罚则。

针对这个变化，酒店就将面临食品进货的合法性问题，如何保证食品进货的合法性，首先需要采购部增加食品进货合法性审核这一流程，应当查验供货者的经营许可证、卫生许可证和当批次的食品质量检验报告等证明文件；应当建立食品进货查验记录制度，如实记录食品的名称、规格、数量、生产批号、保质期、供货者名称及联系方式、进货日期等内容。其次财务部门在付款的时候，除了需要考虑食品进货后才给予付款之外，还需要增加食品进货审核人员，确认所进货物没有违法这一情况后，再安排付款。

【法条】

《食品安全法》第三十九条规定：食品经营者采购食品，应当查验供货者的许可证和食品合格的证明文件。

食品经营企业应当建立食品进货查验记录制度，如实记录食品的名称、规格、数量、生产批号、保质期、供货者名称及联系方式、进货日期等内容。

食品进货查验记录应当真实，保存期限不得少于两年。

实行统一配送经营方式的食品经营企业，可以由企业总部统一查验供货者的许可证和食品合格的证明文件，进行食品进货查验记录。

任务 1.3　酒店日常经营活动的法律事务管理

【任务准备】

这类法律事务，主要是指酒店实际运营过程中涉及的具体法律。这类法律涉及了比较详细和具体的内容，这些内容主要是在《劳动法》、《合同法》、《反不正当竞争法》、《公司法》、《税法》等法律法规中进行规范。

【任务完成】

1. 管理的层面

这方面的法律事务一般由法务部进行管理。但是法务部控制和识别的仅是一般法律层面的风险，所以还需要负责酒店日常经营管理的各部门经理随时关注，共同参与，共同识别和防范这方面的法律风险。

比如，酒店与其他企业签订合同，多数要伴随着企业现金的收付，法务部在审查合同的时候一般只注意常规的法律风险，而对财务方面的法律风险考虑不足，作为企业的财务负责人需要考虑将财务等各方面的筹划和风险控制前置到合同签订环节，否则等到合同签订后再进行财务方面的筹划，就已经晚了。

2. 酒店日常经营活动法律风险的防范

1）酒店与员工之间法律风险防范

酒店与员工之间是劳动合同关系，酒店是用人单位，员工是劳动者。因此，酒店与员工之间的法律事务体现在酒店履行劳动法和劳动合同过程中，具体表现为人力资源的管理和劳动争议的处理。

酒店行业属于服务性行业，人力资源管理的特点是员工流动性强、女性员工居多、年轻员工居多。因此，酒店行业这方面的法律事务，除具有一般企业的共性外，还具有本行业的特性。所以，酒店一方面要完善人力资源管理，依法制定人力资源管理战略和人事管理制度；同时也要管理好劳动合同，处理好可能出现的各种劳动争议。

2）酒店与其他企业之间法律风险防范

酒店向客人提供的服务，有的可以依靠自身能力完成，有的必须依靠其他企业直接或间接的协助才能完成。因此，酒店为保障正常的运营，需要购买各种产品和接受各种服务。根据实际情况，购买的产品可能包括水、电、煤气、厨房设备、客房家具、各种电器等，接受的服务可能包括保洁、安保、客运、物流等。对于高星级酒店，提供的服务更完善，所需产品和服务也更多。

这些企业与酒店之间是合同关系，向酒店提供产品和服务，酒店支付相应的价款。实践中，合同内容是复杂多变的，酒店在合同中所处的法律地位也是不一样的。通常而言，这方面的法律事务表现为合同的签订、履行和合同纠纷的处理。

因此，管理好合同是处理这方面法律事务的关键。管理好合同，使其既要符合法律规定，也要服从于酒店经营的需要，否则将直接影响到酒店的经营成本。

3）酒店与政府部门之间法律风险防范

酒店必须依法经营，接受政府部门的管理与监督。政府部门发现酒店有违法经营行为的，应当依法处理。

对酒店有管理和监督职能的政府部门包括一般意义的政府部门和行业主管部门。

一般意义的主管部门包括工商管理部门和税务管理部门。工商管理部门是包括所有企业的登记管理部门，企业登记信息供公众查询。酒店的设立、变更和注销，都应当在法定期限内到工商管理部门登记。税务机关是所有企业纳税管理部门，根据税负不同分为国税机关和地税机关。酒店应当依法纳税，不能有偷税或漏税行为。

行业主管部门，是指对企业的特定经营行为实施许可和管理的部门。对酒店而言，行业主管部门包括公安局、卫生间、旅游局、消防局、卫生局等，酒店只有取得这些部门的许可文件后，才能依法经营。

4）酒店与客人之间的法律风险防范

酒店与客人之间的法律关系，是酒店所有法律关系的核心内容。酒店向客人提供服务并收取费用，客人接受服务并支付费用，两者是服务与被服务的合同关系；同时客人接受服务，也是消费者。

(1) 酒店与客人之间的合同关系，体现为人身和财产两方面，酒店有义务保护客人的人身安全和财产安全。

人身安全包括饮食安全和住宿安全。提供餐饮服务的酒店，餐厅、餐饮服务人员和采购的原材料应当符合卫生标准，避免发生饮食危害。可能发生危险的服务设施，应当做必要的安全防护和醒目提示，避免发生人身损害。

财产安全包括财产损害安全和丢失安全。酒店应当提供安全可靠的住宿条件，采取合理的监控和安保措施，保证客人财产的安全。客人的贵重财产，应提示予以保存。

(2) 酒店与客人之间的合同关系，还体现为客人应当按照约定支付住宿费用和消费品费用。客人在入住过程中给旅游饭店造成财产损害的，应当予以赔偿。

酒店与客人之间的法律关系内容相对固定，双方权利义务的确定要符合法律规定，也要符合行业惯例。在这种法律关系中，酒店占有主动优势，但一旦处理不好与客人的纠纷，可能会给酒店造成不可预计的商誉影响和经济损失。

任务1.4 酒店民事纠纷的解决方式及其选择

【任务准备】

1. 法律纠纷的概念

法律纠纷是指法律主体之间因法律关系中规定、约定的权利义务在履行中发生分歧，从而产生的争议。法律纠纷包括但不限于经济纠纷、民事纠纷、刑事附带民事纠纷、行政纠纷、劳动争议纠纷等。

2. 酒店民事纠纷的概念及分类

所谓民事纠纷，是指平等主体之间发生的，以民事权利义务为内容的社会纠纷(可处分性的)。酒店在开展正常的经营中，要与各种主体发生法律关系，这其中不可避免地与这些主体发生各式各样的法律纠纷。其中民事纠纷归纳起来主要有如下几种。

(1) 与酒店客人有关的法律纠纷。如客人财物在酒店被盗，客人的车在酒店丢失了，客人在房间受到伤害，因食品卫生问题造成客人食物中毒等。

(2) 与酒店惯例有关的法律纠纷。如房费结算惯例(即退房时间为次日12时前，18时以前退房的，加收半天房费，18时以后退房的，加收一天房费的规定)，加收开瓶费、服务费，包间包台最低消费，物品损坏照价赔偿(实为高价赔偿)，一次性餐具由消费者买单，洗衣造成破损按洗衣费的若干倍赔偿，胶卷损坏或丢失按胶卷价格赔偿，行李丢失赔偿限额的规定，等等。

(3) 与酒店经营有关的法律纠纷。在酒店经营中大量出现的是债务纠纷，主要是银行贷款和企业欠款，承包经营在酒店经营中也常出现纠纷，知识产权领域的纠纷(比如酒店的背景音乐收费)，侵犯商标专用权、字号专用权纠纷也时有发生。

知识卡片

“12点退房”制度合法吗?

“12点退房”是西方国家酒店业发展上百年得出的合理时间，也一直是国际上根据客人入住时间的密度及酒店清扫客房迎接下一位客人所花费的时间等因素研究出的“平衡点”。国内几乎所有酒店都沿用了国际通用“12点退房”的制度，这已成为了一种行业规则。有消费者认为，入住酒店多长时间，就应当支付多少费用，而在实际情况中，不到24小时也要按一天来计算的“12点退房”规则，明显违背了公平交易的商业准则。《中国旅游饭店行业规范》(中国旅游饭店业协会2009年8月修订版)中，删去了“中午12点退房，超过12点加收半天房费，超过18点加收1天房费”的规定。现在国内好多酒店退房时间延迟至14点，有的酒店甚至实行24小时点对点住宿。

酒店业每天要面对很多形形色色的人，什么样的事情都有可能发生。当纠纷发生时，怎样在最短的时间内以最简捷最有效的方式将纠纷平息，把酒店的损失降到最低，这是酒店管理者需要应对的一大挑战。对于法律纠纷需要选择恰当的方式解决。解决法律纠纷，必须考虑成本(包括人力成本、物力成本和时间成本)和效益(经济效益和社会效益、近期效益和远期效益)，寻求二者之间的最佳平衡。

【任务完成】

1. 通过协商的方式解决纠纷

当酒店与消费者发生纠纷时，首先应选择协商解决。所谓协商，是指双方当事人在平等、自愿、互谅互让的基础上，依据事实、法律、政策解决相互之间的纠纷。

协商是解决纠纷的最好方式，在事实清楚、分歧不大的情况下，可以选择协商。

协商方式有如下优点：程序简单，处理结果符合双方意愿，不伤和气，无负面影响等。酒店可以选择双方自行协商，也可以委托律师代为协商。委托律师代为协商，有利于调和双方分歧，保证协商结果符合法律规定，也不会遗留任何争议。

协商的过程需要双方均做出让步，这样能够降低酒店的成本。但不能排除个案，酒店出于其他因素考虑，可能付出较高的成本。

协商虽然是在产生纠纷的当事人双方之间进行，但也须遵循一定的原则：①平等自愿原则。协商并不是法定的解决民事纠纷的必经程序，所以必须在双方当事人都同意的情况下，才能适用这种方式。而且，协商后达成的协议也必须是在双方当事人都自愿的基础上达成。②合法原则。分清是非是协商解决的前提，衡量是非的标准是相关法律、法规的规定。经协商达成的协议本身也要合法，否则无效。③不损害国家、社会利益和他人合法权益。协商的结果没有法律上的约束力，需要靠双方自觉履行，如果其中一方反悔或不履行协议，可以寻求其他方式解决。

2. 采取调解的方式解决纠纷

调解是在不诉诸法院的情况下，由中立的第三方以解决纠纷为目的，对于双方当事人进行劝说、教育和协调的活动。

酒店与消费者发生纠纷的调解解决机制主要有消费者协会调解、工商行政管理机关行政调解。消费者协会调解是指在消费者协会主持下，酒店和消费者根据自愿、平等原则，就消费争议事项协商并达成协议，从而解决消费纠纷的一种方式。行政调解是行政机关或其所设立的纠纷解决机构对于酒店和消费者之间的纠纷所进行的调解活动。在我国，有权对消费纠纷进行行政调解的是各级工商行政管理机关和质量技术监督、卫生、食品药品监督等政府部门。

调解方式有如下优点：程序简单，成本低廉，时间灵活。

调解结果没有法律上的约束力，需要靠双方自觉履行才能实现，如果其中一方反悔或者不履行调解协议，另一方只能采取其他方式解决。

3. 选择仲裁的方式解决纠纷

如果酒店与另一方当事人发生纠纷，当事人不愿协商、调解或协商、调解不成，一方当事人可以依据纠纷发生之前或纠纷发生之后达成的仲裁协议，将纠纷交给仲裁机构作出裁决。

所谓仲裁，是指双方当事人在纠纷发生之前或纠纷发生之后，达成协议，自愿将纠纷交给第三方作出裁决，纠纷双方有义务执行该裁决，从而解决纠纷的法律制度。

仲裁是解决纠纷的一种重要方式。仲裁仅适用于合同纠纷和其他财产性权益纠纷，并且应当事先约定或事后达成一致，双方同意通过仲裁裁决方式解决争议。

仲裁方式有如下优点：方便快捷，费用较低；程序灵活，一裁终局；节省时间，保守秘密；不伤感情，有利合作。

选择仲裁机构，应当考虑便利因素和其他必要因素，明确约定仲裁机构名称。

生效的调解书与裁决书具有同等法律效力。当事人应当履行裁决。一方当事人不履行的，另一方当事人依照民事诉讼法的有关规定向人民法院申请执行。受申请的人民法院应当执行。

【法条】

《仲裁法》第五十一条规定：生效的“调解书与裁决书具有同等法律效力”。

《仲裁法》第六十二条规定：当事人应当履行裁决。一方当事人不履行的，另一方当事人依照民事诉讼法的有关规定向人民法院申请执行。受申请的人民法院应当执行。

4. 通过诉讼的方式解决纠纷

诉讼是通过法院裁判的方式解决双方纠纷。

诉讼是解决纠纷最常见的方式。在双方不能达成一致，也未约定仲裁的情况下，可以通过诉讼方式解决纠纷。

诉讼方式有如下优点：公平公正，可以充分全面保护权利人的合法权益，具有国家强制力。

诉讼实行两审终审，如果一方或双方对一审判决结果不服，均可在收到判决书之日起 15 日内向上一级法院提起上诉。

判决生效后，负有履行义务的当事人应当自觉履行，如逾期未履行，当事人可以申请人民法院强制执行。

任务 1.5 如何申请仲裁

【任务准备】

仲裁申请是仲裁机构受理案件的前提。仲裁的申请是指一方当事人依据仲裁协议将协议中约定的争议书面提交给仲裁协议中规定的仲裁机构，请求对争议进行仲裁。

【任务完成】

1. 申请人向仲裁委员会提交相关材料

申请仲裁，申请人应当向仲裁委员会提交下列材料。

(1) 仲裁协议(如包含在合同中，则应提交相应的合同复印件，并携带原件核对)。

(2) 仲裁申请书。仲裁申请书应列明：

① 申请人、被申请人的姓名或者名称、住所、邮政编码、电话号码、传真及其他可能的快捷联系方式；法人或其他组织法定代表人或主要负责人的姓名、职务、住所、邮政编码、电话号码、传真以及其他可能的快捷联系方式(特别是被申请人的送达地址及电话，应当在材料提交前进行确认，以免无法送达影响仲裁程序)。

② 申请人所依据的仲裁协议。

③ 案情和争议要点。

④ 申请人的请求及所依据的事实和理由。

⑤ 如申请仲裁时已委托了代理律师的，则应提交授权委托书。委托书应写明代理律师的权限及期限。

(3) 证据清单及相应证据(证据清单应对证据进行分类编号，并写明证明对象，在立案时只需提交证明合同关系的基本证据，不必提交全部证据)。

(4) 申请人身份证明文件(如单位的营业执照、法定代表人证明、授权委托书等)。

2. 预缴仲裁费

预缴仲裁费也是申请仲裁的必须程序。申请人提交有关材料后，仲裁机构会根据其仲裁请求金额计算出应缴的仲裁费用，申请人则必须预缴该费用，否则仲裁机构将不会受理。原则上，仲裁费将由败诉方承担；如果庭外和解或仲裁庭调解和解而撤销案件的，根据具体情况退回一定的仲裁费预付金。

提交了仲裁申请书并预缴了费用，仲裁机构应立案并发出仲裁通知。仲裁程序开始了。

【示例】

仲裁申请书

申　请　人：××餐饮工贸有限公司
住所：某某省某某市康庄路××号　　　邮政编码：260000
法定代表人：张浩　总经理　　　　　　电话：
委托代理人：艾嘉　某某餐饮工贸有限公司人力资源部经理
委托代理人：林宇　××律师事务所律师
被申请人：力川(若被申请人为公民)　男　19××年×月×日生
住所：某某省某某市××路2128号　　邮政编码：260000　电话：
案　　由：购销合同质量纠纷

仲裁请求：

1. 裁决被申请人交付符合质量要求的产品；
2. 裁决被申请人支付违约金人民币5400元；
3. 裁决本案仲裁费用由被申请人承担。

事实和理由：

申请人与被申请人在2010年4月20日签订《副食产品购销合同》一份，在合同履行中……

此致

敬礼

××仲裁委员会
申请人：某某餐饮工贸有限公司(盖章)
二〇一一年五月二十八日

附件：1.《仲裁申请书》副本　　份；
2. 证据清单及有关证据材料　　份。

申请人：
二〇　　年　　月　　日

任务1.6　如何进行民事诉讼

【任务准备】

民事诉讼是代表国家行使审判权的人民法院在双方当事人和其他诉讼参与人的参加下，审理民事案件的活动。

【任务完成】

1. 在诉讼时效期间内起诉

诉讼时效是指权利人在法定期间内不行使权利，就丧失了请求人民法院保护民事权益的权利的法律规定。诉讼时效是关系到案件胜败的基本前提，在法律规定的诉讼时效期间内，权利人可以请求人民法院保护其权利；如果超过诉讼时效期间，权利人丧失胜诉权，即使向人民法院起诉，法院也不再保护其权利。

民事、经济案件的时效，我国《民法通则》规定：向人民法院请求保护民事权利的诉讼时效期间为两年，法律另有规定的除外。也就是说，在一般情况下，均要适用这两年的诉讼时效规定。《民法通则》还对特殊诉讼时效作了规定，下列诉讼时效期间为一年：①身体受到伤害要求赔偿的；②出售不合格的商品未声明的；③延付或拒付租金的；④寄存财物被丢失或毁损的。

诉讼时效的起算，也即诉讼时效期间的开始，是从权利人知道或应当知道其权利受到侵害之日起开始计算，即从权利人能行使请求权之日开始算起。在诉讼时效期间的最后6个月内，因不可抗力或者其他障碍不能行使请求权的，诉讼时效中止。从中止时效的原因消除之日起，诉讼时效期间继续计算。诉讼时效因提起诉讼、当事人一方提出要求或同意履行义务而中断。从中断时起，诉讼时效期间重新计算。

案例1-2

2008年5月1日，甲公司欠乙酒店餐饮费3万元，约定10天内付款，但甲公司没有在约定时间内付款。此后，乙酒店也一直没有向甲公司讨要这笔欠款。2010年6月10日，乙酒店因急需资金，遂向甲公司讨要欠款，但甲公司拒绝支付。无奈，乙酒店向法院起诉，要求甲公司偿还3万元欠款，并支付利息。甲公司认为欠乙酒店餐饮费3万元是事实，但是这笔欠款已经超过诉讼时效，法院应当驳回原告的诉讼请求。

法院判决结果：法院认定本案已超过诉讼时效，判决原告败诉。

分析：本案原告乙酒店知道其债权已经开始被侵犯，即本案的诉讼时效应从2008年5月11日开始计算。诉讼时效期间为两年，到2010年5月10日诉讼时效期满。2010年6月10日乙酒店才向甲公司讨要欠款，毫无疑问这段时间已过了法律规定的两年的诉讼时效。原告在诉讼时效期限内没有向法院起诉要求法律保护，显然是其自己主动放弃了自己的债权。根据《中华人民共和国民法通则》第一百三十五条规定，原告向法院主张债权的时间已超过了法律规定的诉讼时效，法院不应对其债权进行法律保护。

上述案例，假定在诉讼时效期间内的最后六个月内(只能在最后六个月之内)，因为客观原因，如地震、洪灾等，乙酒店无法向法院起诉，那么这时候，诉讼时效中止，相当于诉讼时效暂停，等造成诉讼时效中止的事由消失之后，时效继续进行计算，之前经过的时间也包括在内。

上述案例，假定乙酒店于2010年5月9日向有管辖权的人民法院对甲公司提起诉讼，要求甲公司偿还欠款、支付利息。乙酒店的行为引起诉讼时效中断，从中断时起，诉讼时效期间重新计算。

【法条】

《民法通则》第一百三十九条规定：在诉讼时效期间的最后6个月内，因不可抗力或其他障碍不能行使请求权的，诉讼时效中止。从中止时效的原因消除之日起，诉讼时效期间继续计算。

《民法通则》第一百四十条规定：诉讼时效因提起诉讼、当事人一方提出要求或者同意履行义务而中断。从中断时起，诉讼时效期间重新计算。

2. 明确原告、被告和向谁告

原告必须是与本案有直接利害关系的公民、法人或其他组织，也就是说，原告是自己的民事权益受到侵害或与他人发生争议的人。

被告应是被诉侵害原告民事权益或与之发生争议的公民、法人和其他组织。

向谁告，也就是说向哪个法院告。这是涉及人民法院管辖权的问题，必须到有管辖权的法院去告。民事、经济案件一般均可向被告所在地人民法院提出，其中，因合同纠纷提起的诉讼还可以向侵权行为地人民法院提出。但属于下列三类案件，只能由规定的人民法院受理。① 因不动产纠纷提起的诉讼，只能由不动产所在地人民法院受理，也就是说房地产等不动产案件，只能由该房地产所在地法院受理；②因港口作业中发生纠纷提起的诉讼，只能由港口所在地人民法院受理；③因继承遗产纠纷提起的诉讼，只能由被继承人死亡时住所地或者主要遗产所在地法院受理。

3. 有明确的诉讼请求、事实、理由及一纸符合要求的诉状

诉讼请求是指当事人向人民法院起诉要解决什么问题，必须明确。在提起诉讼时，就要明确提出案件受理费应由谁负担的问题。

要有事实、理由。没有事实和理由，就不会得到法律的保护。事实必须是客观、真实的，并且能被有关证据所证明。民事诉讼实行“谁主张，谁举证”的原则，也就是指当事人对自己提出的主张有向人民法院举出证据加以证明的责任，人民法院应就当事人所主张的事实及提出的证据进行审理，做出裁判。“打官司，就是打证据”。如有一酒店在超市里买了一桶食用油，回去后发现这桶油变质，于是将油送检，鉴定结果这桶油的确有问题。此酒店将超市告上法庭。酒店的证据是买油的发票和鉴定结果。在法庭上被告超市对原告的证据不否认，但同时提出原告的证据不能证明送检的油就是从被告超市里买的油，要求原告再举证。原告举不出这样的证据，法庭只能判原告败诉。这就是说当事人要进行民事诉讼必须提出相应的证据来证明所陈述的事实，所提出的理由要符合有关法律、政策的规定。

起诉状一般包括5部分：一是首部，包括诉状的标题和当事人身份等基本情况，标题如民事诉状，当事人身份等基本情况应先写原告，后写被告。当事人是公民的，写明姓名、性别、出生年月日、民族、籍贯、工作单位、职业、住址。当事人是法人或其他组织的，写明单位名称、住所地、法定代表人姓名、职务。二是诉讼请求。三是事实和理由。四是尾部，主要写明诉状所送的法院，由起诉人签名、盖章，并写明

起诉的时间。五是附项，主要写明本诉状有多少份物证、书证情况。有了一份诉状及相应的证据材料，就可以到法院去进行民事诉讼了。

【示例】

民事起诉状格式

原告：____________

住所地：________________邮编：____________

法定代表人：____________职务：____________

被告(1)：

住所地：________________邮编：____________

法定代表人：____________职务：____________

被告(2)：

住所地：________________邮编：____________

法定代表人：____________职务：____________

诉讼请求：

(1)：

(2)：

事实与理由：

此致

××市　　人民法院

具状人：

二〇　年　月　日

【实务演练】

1. 深入酒店调查其对法律事务管理的状况，提交一份调查报告。
2. 假定你是酒店餐饮部经理，你将如何做好餐饮部法律事务管理？
3. 假定你是酒店客房部经理，你将如何做好客房部法律事务管理？
4. 以小组为单位编写情景剧，模拟酒店法律纠纷的各种解决方式。

【扩展阅读】

《中华人民共和国民法通则》

《中华人民共和国合同法》

《中华人民共和国消费者权益保护法》

《中华人民共和国反不正当竞争法》

《中华人民共和国刑法》

《中华人民共和国治安管理处罚法》

《中华人民共和国消防法》

《中华人民共和国劳动法》

《中华人民共和国劳动合同法》

《中华人民共和国食品安全法》

《游泳场所卫生规范（卫生部、国家体育总局）》

《零售商促销行为管理办法》

《最高人民法院关于人身伤害适用法律若干问题的解释》

《娱乐场所治安管理办法（公安部）》

《娱乐场所管理条例（国务院）》

《旅馆业治安管理办法（公安部）》

《中国旅游饭店行业规范》

《最高人民法院研究室关于住宿期间旅客车辆丢失赔偿案件如何适用法律问题的答复》

2

筹建一家酒店

(1) 能依法分析、选定所设立酒店的组织形式。
(2) 能为企业取名称字号，并进行相应的注册登记。
(3) 能依法拟定公司章程。

(1) 了解个人独资企业、合伙企业、公司各种组织形式。
(2) 熟练掌握《公司法》对有限责任公司和股份有限公司的相关规定。
(3) 掌握股东出资义务、企业筹资方式及验资程序。
(4) 掌握企业名称登记的方法和程序。
(5) 明确拟定公司章程的步骤和方法。

引例

张浩曾是一名个体工商户，经营一家小型服装店，经过多年积累，目前手头有资金30万元。卞卡六年前从某职业学院酒店管理专业毕业，先后在三家星级酒店从事过中层管理工作，有着丰富的酒店管理经验，目前手头有资金5万元。曾仁曾是某企业的财务主管，半年前辞职，手头有资金15万元。

三人是朋友，打算一起创业。经过多方调研，决定选择开一家酒店。针对筹建酒店的问题，三人咨询了律师。律师建议，解决这些问题需要通晓我国《公司法》、《合伙企业法》、《个人独资企业法》等相关法律法规的规定。

为了规范个人独资企业的行为，保护个人独资企业投资人和债权人的合法权益，维护社会经济秩序，促进社会主义市场经济的发展，1999年8月30日，九届全国人大常务会第十一次会议通过了《中华人民共和国个人独资企业法》，该法自2000年1月1日起施行。

为了规范合伙企业的行为，保护合伙企业及其合伙人、债权人的合法权益，维护社会经济秩序，促进社会主义市场经济的发展，1997年2月23日第八届全国人民代表大会常务委员会第二十四次会议通过了《中华人民共和国合伙企业法》，2006年8月27日第十届全国人民代表大会常务委员会第二十三次会议修订。

为了适应建立现代企业制度的需要，规范公司的组织和行为，保护公司、股东和债权人的合法权益，维护社会经济秩序，促进社会主义市场经济的发展，1993年12月29日第八届全国人民代表大会常务委员会第五次会议通过《中华人民共和国公司法》，1999年12月25日第九届全国人民代表大会常务委员会第十三次会议《关于修改〈中华人民共和国公司法〉的决定》第一次修正，2004年8月28日第十届全国人民代表大会常务委员会第十一次会议《关于修改〈中华人民共和国公司法〉的决定》第二次修正。

《个人独资企业法》、《合伙企业法》、《公司法》等统称企业法，企业的设立、组织形式、管理和运行过程都要依据相关法律法规。

任务2.1 选择拟筹建酒店的组织形式

【任务准备】

筹建一家酒店可采用的组织形式主要有个人独资企业、合伙企业、公司(包括有限责任公司及股份有限公司)等。

个人独资企业是指依照《个人独资企业法》在中国境内设立，由一个自然人投资，财产为投资人个人所有，投资人以其个人财产对企业债务承担无限责任的经营实体。

合伙企业是指自然人、法人和其他组织依照《中华人民共和国合伙企业法》在中国境内设立的，由两个或两个以上的合伙人订立合伙协议，共同出资、合伙经营、共享收益、共担风险并对合伙企业债务承担无限连带责任的营利性组织。合伙企业包括普通合伙企业和有限合伙企业。

公司是指依据《中华人民共和国公司法》设立的、以盈利为目的的企业法人，可分为股份有限公司和有限责任公司两种。股份有限公司是指全部资本分为等额股份，股东以认购的股份为限对公司承担责任，公司以其全部资产对公司债务承担责任的企业法人。有限责任公司是按照公司法设立的，股东以其出资额为限对公司承担责任，公司以其全部资产对公司债务承担责任的企业法人。

【任务完成】

企业的组织形式有多种，筹建酒店时，应当根据投资者自身的实际情况做出最明智的抉择。分析各种组织形式的优缺点及设立的条件成为人们做出选择之前的首要任务。

1. 分析个人独资企业的设立条件及优缺点，并做出选择

1）设立条件

（1）投资人数为一个。投资人为自然人，且只能是中国公民，不能是企业法人、公务员、党政机关领导干部、警官、法官、检察官、商业银行工作人员也不可以设立个人独资企业。

（2）有合法的企业名称。不能使用“有限”、“有限责任”等字样。

（3）依法出资。

（4）有固定的生产经营场所和必要的生产经营条件。

（5）有必要的从业人员。

2）优点

（1）财产关系简单，企业的财产与投资者自己的财产是不分开的，也无须与人分利。

（2）投资者拥有完全的经营自主权，不受制约。

（3）所需资金少，容易设立，成本较小。

3）缺点

（1）抗风险能力差，投资者一个人的能力有限，一旦决策失误、经营失败、资不抵债，投资者需要对企业承担无限责任。

（2）发展性差，资金少、规模小，企业很难吸引资金、人才和技术，难以发展壮大。

综上分析可以看出，个人独资企业的组织形式固然有其成本小、财产关系简单等优势，但考虑到酒店的后期发展和必要的抗风险能力，这种组织形式并不是最佳选择。

【法条】

《个人独资企业法》第二条规定：本法所称个人独资企业，是指依照本法在中国境内设立，由一个自然人投资，财产为投资人个人所有，投资人以其个人财产对企业债务承担无限责任的经营实体。

2. 分析合伙企业的设立条件及优缺点，并做出选择

合伙企业比起势单力孤的个人独资企业有着团队的优势，成功的合伙企业是将分散的人、技术和资本联合起来，使之优势互补，发挥巨大的力量。

1）设立条件

（1）有符合要求的合伙人。设立合伙企业，依法必须有两个以上的合伙人。合伙人为自然人的，必须具有完全民事行为能力。另外，法律、法规禁止从事经营的人如国家公务员、法官、检察官、警察等也不能成为合伙人。

（2）有书面的合伙协议。

（3）有合伙人认缴或实际缴付的出资。

（4）有合伙企业的名称。但在名称中不得使用“有限”或“有限责任”字样。

（5）有经营场所和从事合伙经营的必要条件。

2）优点

（1）合伙企业的资本来源比独资企业广泛，它可以充分发挥企业和合伙人个人的力量，这样可以增强企业经营实力，使其规模相对扩大。

（2）由于合伙人共同承担合伙企业的经营风险和责任，因此，合伙企业的风险和责任相对于独资企业要分散一些。

（3）出资方式多样，允许合伙人以劳务出资，可以吸引缺乏资金但有特长的人加入。

3）缺点

（1）普通合伙人对合伙企业的债务仍然承担无限责任。

（2）入伙和退伙都要经过全体合伙人的一致同意，降低了企业的吸引力。

（3）规模仍然偏小，企业融资能力有限。

综上分析可以看出，合伙企业可以作为酒店的一种组织形式，但总体上仍然适合规模较小的酒店，后续发展潜力不足；且普通合伙人对合伙企业的债务仍需承担无限责任，不是目前的最好选择。

【法条】

《合伙企业法》第二条规定：本法所称合伙企业，是指自然人、法人和其他组织依照本法在中国境内设立的普通合伙企业和有限合伙企业。

普通合伙企业由普通合伙人组成，合伙人对合伙企业债务承担无限连带责任。本法对普通合伙人承担责任的形式有特别规定的，从其规定。

有限合伙企业由普通合伙人和有限合伙人组成，普通合伙人对合伙企业债务承担无限连带责任，有限合伙人以其认缴的出资额为限对合伙企业债务承担责任。

3. 分析有限责任公司的设立条件和优缺点，并做出选择

有限责任公司是一种比较规范的现代企业组织形式，后续发展空间巨大，但相应的设立条件较多，门槛较高。

1）设立条件

（1）股东符合法定人数。有限责任公司由五十个以下股东共同出资设立，一个自然人或一个法人也可以单独设立有限责任公司。

（2）股东出资达到法定资本的最低限额。有限责任公司注册资本的最低限额为人民币 3 万元，一人有限责任公司的注册资本最低限额为人民币 10 万元。特定行业的有限责任公司注册资本最低限额需高于上述所规定限额的，由法律、行政法规另行规定。

（3）股东共同制定公司章程。有限责任公司章程应当载明下列事项：①公司名称和住所；②公司经营范围；③公司注册资本；④股东的姓名或名称；⑤股东的出资方式、出资额和出资时间；⑥公司的机构及其产生办法、职权、议事规则；⑦公司法定代表人；⑧股东会会议认为需要规定的其他事项。此外，股东应当在公司章程上签名、盖章。

（4）有公司名称，建立符合有限责任公司要求的组织机构。

（5）有公司住所。公司住所是公司主要办事机构所在地，是法定的注册地址，不同于公司的生产经营场所。

2）优点

（1）抗风险能力较强，公司财产和股东财产相互独立，公司股东仅承担有限责任；公司具有独立的法人资格，不因股东变动而丧失主体地位。

（2）适应性强、成长性好，发展空间大。

(3) 制度规范，所有权和经营权分离，可以聘任专业管理人员，提升企业的管理水平。

(4) 企业信用等级高，融资能力强。

3) 缺点

(1) 法律法规的规范要求比较严格，对公司的经营管理水平提出很高的要求。

(2) 股东股权的转让受到严格的限制，资本流动性差，不利于用股权转让的方式规避风险。

综上分析可以看出，有限责任公司组织形式规范，抗风险能力强，是筹建一家有发展潜力的酒店的良好选择。

4. 分析股份有限公司的设立条件及优缺点，并做出选择

1) 设立条件

(1) 发起人符合法定人数。发起人应当在 2 人以上 200 人以下，其中须有半数以上的发起人在中国境内有住所。

(2) 发起人认缴和向社会公开募集的股本达到法定资本最低限额。注册资本的最低限额为人民币 500 万元。

(3) 股份发行、筹办事项符合法律规定。

(4) 发起人制定公司章程，并经创立大会通过。

(5) 有公司名称，建立符合股份有限公司要求的组织机构。

(6) 有固定的生产经营场所和必要的生产经营条件。

2) 优点

(1) 可迅速聚集大量资本，可广泛聚集社会闲散资金形成资本，有利于公司的成长。

(2) 有利于分散投资者的风险。

(3) 有利于接受社会监督。

3) 缺点

(1) 设立的程序复杂、严格，需要投入的资金数额巨大。

(2) 对生产经营能力要求很高。

综上分析可以看出，股份有限公司对资金投入、生产经营能力、设立程序方面都有很高的要求，酒店在最初筹建时很难同时具备这些条件，因此并不是筹建酒店时最好的选择，但是酒店长足发展的方向。

【法条】

《公司法》第三条规定：公司是企业法人，有独立的法人财产，享有法人财产权。

公司以其全部财产对公司的债务承担责任。

有限责任公司的股东以其认缴的出资额为限对公司承担责任；股份有限公司的股东以其认购的股份为限对公司承担责任。

知识卡片

有限责任公司和股份有限公司有何异同点？

共同点：

（1）股东都对公司承担有限责任。有限责任的范围都以股东对公司的投资额为限。

（2）股东的财产和公司的财产是相分离的，股东只以其对公司的投资额承担责任。

（3）对外都是以公司的全部资产承担责任。

不同点：

（1）成立的条件和募集资金的方式不同。

（2）股东人数限制不同。有限责任公司有最低限和最高限的限制，而股份有限公司只有最低限的限制。

（3）两种公司转让股份的难易程度不同。有限责任公司转让股东出资的限制较多，而股份有限公司除对发起人、公司董事、监事、经理的股份转让有限制外，其他转让比较自由。

（4）两种公司的股权证明形式不同。在有限责任公司中，股东的股权证明是出资说明书，它是不能转让、流通的；而在股份有限公司中股东的股权证明是股票，它是公司签发的证明股东所持股份的见证，可以自由转让、流通。

（5）两种公司的财务状况公开程度不同。有限责任公司由于人数有限，财务会计报表可以不经注册会计师的审计，也可以不存档和公告，只要按规定送交各股东就可以了；股份有限公司由于股东人数众多，很难分送，故会计报表必须要经过注册会计师的审计并出具报告，还要存档以便股东查阅，如是经募集设立方式成立的，还要公告其财务会计报告。

（6）两种公司的股东会、董事会权限大小和两权分离程度不同。在有限责任公司中，股东会的权限较大，董事一般由股东自己兼任，在所有权和经营权的分离上程度较低；在股份有限公司中，由于人多且分散，召开股东会比较困难，所以股东会的权限有限，董事会的权限较大，在所有权和经营权的分离上程度也比较高。

任务 2.2　为拟筹建的酒店筹措资金

【任务准备】

资金是企业的血液，是保证企业日常生产经营活动的物质基础。一个企业的设立必须有足够的资金保证为前提，企业经营活动周而复始地进行必须以资金为后盾。酒店虽然是劳动密集型企业，但资金量的大小却直接影响到酒店的规模和效益，决定着酒店发展的潜力。因此资金是制约酒店发展的“瓶颈”。对于酒店来说，取得资金最主要的途径有两个：一是来源于所有者(股东)投入，二是向债权人借入。

1. 关于出资

《公司法》对公司股东的出资义务进行了明确而严格的规定，鉴于拟筹建的酒店选择了有限责任公司这种组织形式，下面以设立有限责任公司为例介绍出资。

出资是有限责任公司的股东对公司资本所做的直接投资和所形成的相应资本份额，一个公司全体股东的出资就构成了这个公司的注册资本。

股东可以用货币出资，也可以用实物、知识产权、土地使用权等可以用货币估价并可以依法转让的非货币财产作价出资；但是，法律、行政法规规定不得作为出资的财产除外。

对作为出资的非货币财产应当评估作价，核实财产，不得高估或低估作价。法律、行政法规对评估作价有规定的，从其规定。全体股东的货币出资金额不得低于有限责任公司注册资本的30%。

2. 关于筹资

筹资就是通过一定渠道、采取适当的方式筹措资金。可供筹建酒店选择的融资渠道、方式主要有以下几种。

1）吸收直接投资

直接投资是指投资者将货币资金直接投入投资项目，形成实物资产或者购买现有酒店的投资，通过直接投资，投资者便可以拥有全部或一定数量的酒店资产及经营的所有权，直接进行或参与投资的经营管理。直接投资包括对现金、厂房、机械设备、交通工具、通信、土地或土地使用权等各种有形资产的投资和对专利、商标、咨询服务等无形资产的投资。

2）银行借款

酒店可以根据自身经营的需要，拿出部分或全部不动产作为抵押物，以换取银行相当金额的借款，满足酒店经营需要。这种借款额度的调控掌握在酒店手中，可以使酒店根据自身需要，合理安排资金的调度。

向银行借款是现在酒店筹资的一个很普遍的债务筹资方式。国家出台了很多鼓励创业的扶持政策，给创业者资金支持。同时银行还有其他一些贷款品种可供选择。

3）发行债券

酒店发行企业债券是指酒店依照法定程序发行、约定在一定期限内还本付息的有价证券。债券表示发债企业和债券持有人之间是一种债权债务关系，债券持有人不参与酒店的经营管理，但有权按期收回约定的本息，在酒店破产清算时，债权人有优先于股东享有对酒店剩余财产的索取权。

4）申报政府扶持资金和财政补贴

我国政府通过财政拨款设立两类专项基金，一类鼓励科技创新和失业人口的创业，例如，政府对专项科技成果的采购基金、教育和科研基金，失业人口和小企业的创业基金；另一类帮助降低市场风险，例如，农业风险补偿基金、特殊行业的再保险基金等。

财政补贴是政府为使小企业在国民经济及社会的某些方面充分发挥作用而给予的财政援助。主要补贴类型有就业补贴、研究和开发补贴、出口补贴等。

除此以外，民间借贷、股权质押、融资租赁、应收票据贴现、应收账款让售、典当融资、代销商品和来料加工等也是可以选择的筹资方式。

3. 关于验资

所谓验资就是检验出资的真实性，是依法设立的验资机构依法对投资人的出资情况进行验资并出具证明的行为。

验资是注册会计师对有限责任公司的股东的实缴资本所进行的验证工作。我国《公司法》规定，股东全部缴纳出资后，必须经法定的验资机构验证并出具证明。验证的主要内容包括以下4项。

（1）投资总额及缴纳期限。即根据有限责任公司股东投入资本的原始凭证和签收日期，审核其出资额、出资比例，判明有无违反合同逾期未缴或未足额缴纳的情况。

（2）投入资本的作价。即审核实物和有形资产投资的价额是否合理，必要时可请技术部门鉴定其质量。

（3）有限责任公司股东投入的实物、工业产权必须对企业有实用价值。

（4）有限责任公司以实物、工业产权、非专利技术、土地使用权作价出资，其作价出资的金额是否超过了有限责任公司注册资本的20%。验资过程具体分为准备、验证和报告3个阶段。

有限责任公司股东在出资时，必须由注册会计师对现金以外的出资，按上述验资的四个方面进行验证并出具验资证明，并办理实物出资的转移手续。如有估价不当的，政府授权部门可以责令验资机构重新验资。有限责任公司股东出资涉及国有资产的，须按国务院及国有资产管理部门的有关规定办理资产评估、确认和验证手续。

【任务完成】

1. 股东依法履行出资义务

1）出资义务的履行

股东应当按期足额缴纳公司章程中规定的各自所认缴的出资额。股东以货币出资的，应当将货币出资足额存入有限责任公司在银行开设的账户；以非货币财产出资的，应当依法办理其财产权的转移手续。

股东不按照前款规定缴纳出资的，除应当向公司足额缴纳外，还应当向已按期足额缴纳出资的股东承担违约责任。

2）出资的最低限额

有限责任公司的注册资本为在公司登记机关登记的全体股东认缴的出资额。公司全体股东的首次出资额不得低于注册资本的20%，也不得低于法定的注册资本最低限额，其余部分由股东自公司成立之日起两年内缴足；其中，投资公司可以在五年内缴足。

3）不得抽逃出资

股东出资以后，资产就变成了公司的财产，股东只能通过转让的方式收回自己的出资，而不能直接撤回自己的资本，这是公司制度的基本原则。如果股东撤回自己的出资，那么就属于侵犯了公司的财产权，公司有权要求股东返还财产。

知识卡片

常见的抽逃出资的方式有几种?

在司法实践中，目前抽逃出资的方式主要有以下几种。

(1) 公司验资注册后，将货币出资用于偿还股东个人债务或他人个人债务，这常常表现为发起人或股东用借款或贷款作为注册资本，一旦公司设立后，就将借来的出资抽回，归还原主。

(2) 公司验资注册后，非因经营或正常业务开支又没有正当理由抽走货币出资。

(3) 把他人的实物“借”来出资，公司一经注册，再将它归还原来的权利人。

(4) 公司验资注册后，将已办产权转移手续的实物、工业产权、专利、非专利技术、土地使用权再无偿或以不合理的低价转让给他人。

【法条】

《公司法》第二十六条规定：有限责任公司的注册资本为在公司登记机关登记的全体股东认缴的出资额。公司全体股东的首次出资额不得低于注册资本的20%，也不得低于法定的注册资本最低限额，其余部分由股东自公司成立之日起两年内缴足；其中，投资公司可以在五年内缴足。

有限责任公司注册资本的最低限额为人民币三万元。法律、行政法规对有限责任公司注册资本的最低限额有较高规定的，从其规定。

《公司法》第二十七条规定：股东可以用货币出资，也可以用实物、知识产权、土地使用权等可以用货币估价并可以依法转让的非货币财产作价出资；但是，法律、行政法规规定不得作为出资的财产除外。

对作为出资的非货币财产应当评估作价，核实财产，不得高估或者低估作价。法律、行政法规对评估作价有规定的，从其规定。

全体股东的货币出资金额不得低于有限责任公司注册资本的30%。

《公司法》第二十八条规定：股东应当按期足额缴纳公司章程中规定的各自所认缴的出资额。股东以货币出资的，应当将货币出资足额存入有限责任公司在银行开设的账户；以非货币财产出资的，应当依法办理其财产权的转移手续。

股东不按照前款规定缴纳出资的，除应当向公司足额缴纳外，还应当向已按期足额缴纳出资的股东承担违约责任。

2. 选择适合的筹资方式，筹措资金

通过分析各种筹资方式的特点，选择出适合新建酒店的筹资方式。

1）分析吸收直接投资的特点

(1) 长期性，股权筹资具有永久性，无到期日，而且不需要归还本金，投资者想要收回本金，需要借助流通市场。

(2) 无负担性，股权融资没有固定的股利负担，股利是否支付，支付多少，视企业的经营情况而定。

(3) 有利于增强企业信誉，并尽快形成生产能力。

由于吸收直接投资的筹资方式的以上优点，能够吸引到直接投资是新建酒店的上佳选择。

2）分析向银行借款的特点

(1) 筹资速度快。企业向银行借款，只要符合一定的条件，就可以迅速获得所需资金。

(2) 资金成本低。利用银行借款筹集资金，利息可以税前支付，税前利润减少，应交的所得税也就减少，而且借款利率也较低。

（3）借款条件高。要获得银行借款，必须要有良好的信用保证，绝大部分贷款都需要抵押或担保。

（4）财务风险高。银行借款有固定的还本付息期限，企业到期必须足额支付，小企业经营状况不佳时，无力归还借款、滞纳金和利息往往使企业负担不起。

根据以上分析可以看出，向银行借款的筹资方式优点明显，而且是很多新建企业会采用的筹资方式。但是因为贷款门槛高，手续复杂，不同贷款品种申请的要求、条件都有差异，新建酒店选择此种筹资方式时要仔细核算贷款费用，尽量减轻负担。

3）分析发行债券的特点

（1）融资成本低，便于调整企业的资本结构。

（2）可以为股东带来财务杠杆利益，有利于股东保持控股权。

（3）财务风险大，限制条件多，融资数量有限。

（4）一般不适用于非上市企业。

发行债券一般适用于比较成熟的企业或上市公司，新建酒店并无发行债券的条件。

另外，通过及时了解政府的扶持政策信息，新建酒店企业的创业者选择适合自己的项目申报，有可能获得政府基金的资助。

3. 办理验资

股东全部缴纳出资后，必须经法定的验资机构验证并出具证明。办理验资主要有三个步骤。

（1）找一家验资机构即会计师事务所或审计师事务所，与其办理验资委托手续。

（2）根据验资机构的要求提供相关材料。①公司章程。②公司名称预先核准通知书。③投资单位上月末资产负债表。④投资人的合法身份证明。⑤各类资金到位证明：以货币出资的应提交银行进账单；以非货币出资的，应提交经有法定评估资格的机构评估的报告书和财产转移手续。

以新建或新购入的实物作为投资的，也可以不经过评估，但要提供合理作价证明。建筑物以工程决算书为依据，新购物品以发票上的金额为出资额。

（3）验资机构进行验资，并出具验资报告，验资完成。

【法条】

《公司法》第二十九条规定：股东缴纳出资后，必须经依法设立的验资机构验资并出具证明。

任务2.3 确定企业名称并进行注册登记

【任务准备】

企业名称是企业经营中所使用的独特称号，是企业具有法律主体资格的必要条件，是企业区别于其他企业的标志。企业名称对于企业品牌的打造和推广具有重要作用。

企业名称必须经过核准登记才能取得。我国各级工商行政管理机关是企业名称登记的主管机关，有限责任公司和股份有限公司的设立、变更、终止，应当依照相关法律法规办理公司登记。公司经公司登记机关依法登记，领取《企业法人营业执照》，方取得企业法人资格。设立公司，未经公司登记机关登记的，不得以公司名义从事经营活动。

公司登记是指公司在设立、变更、终止时，依法在公司注册登记机关由申请人提出申请，主管机关审查无误后予以核准并记载法定登记事项的行为。本任务只涉及公司设立登记。

【任务完成】

1. 确定拟筹建酒店的名称

酒店名称一般由四部分依次组成：行政区划＋字号＋行业特点＋组织形式。

1）行政区划

一般情况下，酒店名称的第一部分应当冠以本酒店所在地县级以上行政区划的名称或地名；除了国务院决定设立的企业外，企业名称不得冠以“中国”、“中华”或“全国”、“国家”、“国际”字样。

经国家工商行政总局批准，部分企业法人可以使用不含行政区划的企业名称。

【法条】

《企业名称登记管理实施办法》第九条规定：企业名称应当由以下部分依次组成：字号（或商号，下同）、行业或者经营特点、组织形式。

《企业名称登记管理实施办法》第十一条规定：企业名称中的行政区划是本企业所在地县级以上行政区划的名称或地名。

市辖区的名称不能单独用作企业名称中的行政区划。市辖区名称与市行政区划连用的企业名称，由市工商行政管理局核准。

省、市、县行政区划连用的企业名称，由最高级别行政区的工商行政管理局核准。

《企业名称登记管理实施办法》第十三条规定：经国家工商行政管理局核准，下列企业的企业名称可以不冠以企业所在地行政区划名称：

（一）国务院批准的；

（二）国家工商行政管理总局登记注册的；

（三）注册资本(或注册资金)不少于5000万元人民币的；

（四）国家工商行政管理总局另有规定的。

2）字号

字号又称商号，是企业名称当中最醒目也最具个性的地方。法律对企业名称中的字号也有严格的规定。字号应当由2个以上汉字组成，行政区划不得用作字号，但县以上行政区划地名具有其他含义的除外。企业名称可以使用自然人、投资人的姓名作字号。

【法条】

《企业名称登记管理规定》第十条规定：企业可以选择字号。字号应当由两个以上的字组成。企业有正当理由可以使用本地或异地名作字号，但不得使用县以上行政区划名称作字号。私营企业可以使用投资人姓名作字号。

3）行业或经营特点

企业名称中必须具备表明行业或经营特点的部分，这实际上也是给企业做广告。但是企业应当根据其经营范围表明所属行业或经营特点，不应当明示或暗示有超越其经营范围的业务。

【法条】

《企业名称登记管理规定》第十一条规定：企业应当根据其主营业务，依照国家行业分类标准划分的类别，在企业名称中标明所属行业或经营特点。

4）组织形式

企业应当在名称中标注其组织结构形式，所表明的组织形式必须明确易懂，符合法律、法规的规定。公司类的企业，依照《公司法》的规定，必须标明“有限责任公司”、“有限公司”或“股份有限公司”、“股份公司”。

在了解法律对企业名称的相关规定基础上，为拟筹建酒店企业确定名称：山东盛源餐饮有限公司。

知识卡片

为企业取名字还需遵守哪些规定？

（1）企业只准使用一个名称，在登记主管机关辖区内不得与已登记注册的同行业企业名称相同或者近似。确有特殊需要的，经省级以上登记主管机关核准，企业可以在规定的范围内使用一个从属名称。

(2) 公司名称应当使用汉字，不得使用汉语拼音和数字，民族自治地方可以同时使用民族语言，公司使用外文名称的，其外文名称应与中文名称一致，并依法登记注册。

(3) 企业名称不得含有下列内容和文字：

① 有损于国家、社会公共利益的；

② 可能对公众造成欺骗或误解的；

③ 外国国家(地区)名称、国际组织名称；

④ 政党名称、党政军机关名称、群众组织名称、社会团体名称及部队番号；

⑤ 汉语拼音字母(外文名称中使用的除外)、数字；

⑥ 其他法律、行政法规规定禁止的。

2. 申请公司名称预先核准登记

设立公司应当申请名称预先核准。设立有限责任公司应当由全体股东指定的代表或共同委托的代理人向公司登记机关申请企业名称预先核准。

1）申请方式

(1) 直接到企业登记场所。

(2) 邮寄、传真、电子数据交换、电子邮件等。

2）申请名称预先核准登记应提交的文件、证件

(1) 有限责任公司的全体股东签署的《公司名称预先核准申请书》。

(2) 股东或发起人的法人资格证明或自然人身份证明。

(3) 公司登记机关要求提交的其他文件。

3）登记的程序

(1) 领取并填写《公司名称预先核准申请书》(见表2-1)、《指定(委托)书》，同时准备相关材料。

(2) 递交名称登记材料，领取《公司名称登记受理通知书》，等待名称核准结果。

(3) 按《公司名称登记受理通知书》确定的日期领取《公司名称预先核准通知书》。

公司登记机关应当自收到申请人提交的《公司名称预先核准申请书》及相关材料之日起10日内，根据《企业名称登记管理规定》及其有关规定，作出核准或驳回决定，决定核准的，发给《公司名称预先核准通知书》。预先核准的公司名称保留期为6个月，保留期内不得用于从事经营活动，不得转让。

表2-1 公司名称预先核准申请书

申请企业名称				
备选企业名称(1)				
备选企业名称(2)				
拟申报的企业住所	省 市 区			
拟申报注册资本	金额(小写)________(万元) 币种________			
拟申请从事的行业或经营范围				
投资者的名称或姓名	国别/地区(外商投资者填写)	证照名称及号码	出资额(万元)	出资比例(%)

3. 进行公司设立登记

设立有限责任公司，应当由全体股东指定的代表或共同委托的代理人向公司登记机关申请设立登记。

1. 应提交的材料及要求

申请设立有限责任公司，应当向公司登记机关提交下列文件。

(1) 公司法定代表人签署的《公司设立登记申请书》。

(2)《企业(公司)申请登记委托书》。

应标明具体委托事项和被委托人的权限。

(3) 公司章程。

公司章程应载明：①公司名称和住所；②公司经营范围；③公司注册资本；④股东的姓名或名称；⑤股东的权利和义务；⑥股东的出资方式和出资额；⑦股东转让出资的条件；⑧公司的机构及其产生办法、职权、议事规则；⑨公司的法定代表人；⑩财务、会计、利润分配及劳动用工制度；⑪公司的解散事由与清算办法；⑫股东认为需要规定的其他事项。

注册资本中以工业产权、非专利技术、土地使用权出资的，章程中应当就实物、工业产权、非专利技术和土地使用权的转移事宜作出规定，并于公司成立后六个月内依照有关规定办理转移过户手续，报公司登记机关备案。

有限责任公司章程由股东盖章或签字(自然人)。

（4）法定验资机构出具的验资证明。

（5）股东的法人资格证明或自然人身份证明。

股东为企业的，提交《企业法人营业执照》、《合伙企业营业执照》或《个人独资企业营业执照》复印件；股东为事业单位法人的，提交《事业单位法人证书》复印件；股东为社团法人(含工会法人)的，提交《社会团体法人登记证书》(《工会法人登记证书》)复印件；股东为民办非企业单位的，提交《民办非企业单位登记证书》复印件；股东为自然人的，提交身份证复印件。

股东为村民委员会或居民委员会的，提交该委员会成立的批准文件或其上一级政府部门出具的证明其资格及负责人的材料。

股东为村经济合作社(未领取企业法人营业执照)的，提交该村经济合作社隶属的上一级政府部门出具的证明其资格及负责人的材料。

以上各项提交复印件的，均应由该股东盖章或签字(自然人)。

（6）公司董事、监事的任职文件。

根据公司章程的规定和程序，提交股东会决议，由股东盖章或签字(自然人)。公司设董事会的，设董事长1人，可设副董事长1～2人。董事长、副董事长的产生办法由公司章程规定。如不设董事会和监事会的，直接由股东委派或选举执行董事、监事。

公司董事、经理及财务负责人不得兼任监事。

（7）公司经理的任职文件。

提交董事会的聘任决议，由董事签字；如不设董事会的，直接由股东聘任经理。

（8）公司董事长或执行董事的任职证明。

根据公司章程的规定和程序，提交股东会决议或董事会决议。

（9）公司董事、监事、经理的身份证复印件(粘贴于《公司董事会成员、监事会成员、经理情况》相应的位置)。

（10）《公司名称预先核准通知书》。

（11）公司住所使用证明。

自有房产提交产权证复印件；租赁房屋提交租赁协议原件或复印件及出租人的产权证复印件；以上不能提供产权证复印件的，提交其他房屋产权证明复印件。

公司的住所应当具体、明确并相对独立，且同公司所从事的生产经营活动相适应，取得房屋使用权的期限应在1年以上。房屋性质属住宅的，一般不得作为公司住所。

（12）法律、行政法规规定设立公司必须报经审批的，提交有关部门的批准文件。

（13）公司的经营范围中属于法律、行政法规规定必须报经审批项目的，应提交有关部门的批准文件、证件。

（14）其他有关文件、证件(视投资人的资格不同，分别提交)。

① 投资人是合伙企业的，应提交全体合伙人同意投资的文件。

② 投资人是个人独资企业的，应提交该独资企业的投资人同意投资的决定。

③ 投资人是村民委员会的，应提交村委会的决议。

④ 自然人股东是家庭成员的，必须以各自拥有的财产作为注册资本，并需提交财产分割的书面证明或协议。

⑤ 投资人是外商投资企业的，公司的经营范围属于鼓励或允许外商投资的领域的，应提交董事会关于投资一致通过的决议；外商投资企业批准证书复印件；法定验资机构出具的注册资本已经缴足的验资报告；经审计的资产负债表；缴纳所得税或减免所得税的证明；法律、行政法规及规章规定的其他材料。

2. 公司设立登记的程序

1）申请

设立有限责任公司，应当由全体股东指定的代表或共同委托的代理人向公司登记机关申请设立登记。设立国有独资有限公司，应当由国家授权投资的机构或国家授权的部门作为申请人，申请设立登记。法律、行政法规规定设立有限公司必须报经审批的，应当自批准之日起90日内向公司登记机关申请设立登记。

2）审查

（1）申请人或其委托的代理人到企业登记场所提交申请的，企业登记机关收到登记申请后，应当对申请材料是否齐全、是否符合法定形式进行审查。经对申请人提交的登记申请审查，企业登记机关应当根据下列情况分别做出如下处理决定：

① 申请材料齐全、符合法定形式，不需核实的，当场决定予以受理(不发《受理通知书》)；并当场决定准予登记，发《准予设立登记通知书》，并告知十日内领取营业执照。

② 申请材料齐全、符合法定形式，但需核实的，当场决定予以受理，发《受理通知书》，并告知申请人需要核实的事项、理由及时间。自受理之日起十五日内对申请材料的实质内容进行核实，提交《申请材料核实情况报告书》，并做出是否准予登记的决定。做出准予设立登记的，发《准予设立登记通知书》，并告知十日内领照；做出不予登记决定的，发《公司登记驳回通知书》，并注明不予登记的理由。

③ 申请材料不齐全或者不符合法定形式的，当场决定不予受理，发《不予受理通知书》，并一次告知申请人需要补正的全部内容，同时将申请材料退回申请人。如当场无法确定需要补正的全部内容，可先收取材料并出具《申请材料收取凭单》，在五日内决定不予受理，《发不予受理通知书》，并一次告知申请人需要补正的全部内容，同时将申请材料退回申请人。

④ 不属于企业登记范畴或者不属于本机关登记管辖范围的事项，即时决定不予受

理，发《不予受理通知书》，并告知申请人向有关行政机关申请。

（2）通过邮寄方式提交申请的，应当自收到申请之日起五日内做出是否受理的决定。通过邮寄的方式提交申请予以受理的，应当自受理之日起 15 日内做出准予登记的决定。需要对申请材料核实的，应当自受理之日起 15 日内做出是否准予登记的决定。

（3）通过传真、电子数据交换、电子邮件等方式提交申请的，应当自收到申请之日起五日内做出是否受理的决定。通过传真、电子数据交换、电子邮件等方式提交申请的，申请人或其委托的代理人到企业登记场所提交申请材料原件的，应当当场做出准予登记的决定；通过邮寄方式提交申请材料原件的，应当自收到申请材料原件之日起十五日内做出准予登记的决定；申请人提交的申请材料原件与所受理的申请材料不一致的，应当作出不予登记的决定；将申请材料原件作为新申请的，应当根据《企业登记程序规定》第九条、第十条、第十一条、第十二条的规定办理。企业登记机关自发出《受理通知书》之日起六十日内，未收到申请材料原件的，应当作出不予登记的决定。需要对申请材料核实的，应当自受理之日起 15 日内做出是否准予登记的决定。

3）登记

经审查，对符合条件的，公司登记机关应准予核准登记，并自决定准予核准登记之日起十五日内通知申请人，发给营业执照。对不符合条件的，不予核准登记，并自作出决定之日起 15 日内通知申请人，发给《公司登记驳回通知书》，退回申请人提交的文件、证件。

经公司登记机关核准登记并发给营业执照后，公司即告成立。

【法条】

《公司登记管理条例》第六条规定：国家工商行政管理总局负责下列公司的登记：

（一）国务院国有资产监督管理机构履行出资人职责的公司以及该公司投资设立并持有 50% 以上股份的公司；

（二）外商投资的公司；

（三）依照法律、行政法规或国务院决定的规定，应当由国家工商行政管理总局登记的公司；

（四）国家工商行政管理总局规定应当由其登记的其他公司。

《公司登记管理条例》第七条规定：省、自治区、直辖市工商行政管理局负责本辖区内下列公司的登记：

（一）省、自治区、直辖市人民政府国有资产监督管理机构履行出资人职责的公司以及该公司投资设立并持有 50% 以上股份的公司；

（二）省、自治区、直辖市工商行政管理局规定由其登记的自然人投资设立的公司；

（三）依照法律、行政法规或国务院决定的规定，应当由省、自治区、直辖市工商行政管理局登记的公司；

（四）国家工商行政管理总局授权登记的其他公司。

《公司登记管理条例》第八条规定：设区的市（地区）工商行政管理局、县工商行政管理局，以及直辖市的工商行政管理分局、设区的市工商行政管理局的区分局，负责本辖区内下列公司的登记：

（一）本条例第六条和第七条所列公司以外的其他公司；

（二）国家工商行政管理总局和省、自治区、直辖市工商行政管理局授权登记的公司。

前款规定的具体登记管辖由省、自治区、直辖市工商行政管理局规定。但是，其中的股份有限公司由设区的市（地区）工商行政管理局负责登记。

任务2.4 拟定公司章程

【任务准备】

公司章程是指公司依法制定的，规定公司名称、住所、经营范围、经营管理制度等重大事项的基本文件，或是指公司必备的规定公司组织及活动基本规则的书面文件，是以书面形式固定下来的股东共同一致的意思表示。公司章程是公司组织和活动的基本准则，是公司的宪章。作为公司组织和行为的基本准则，公司章程对公司的成立和运营具有十分重要的意义，它既是公司成立的基础，也是公司赖以生存的灵魂。

章程主要是规范公司成立后股东之间、公司结构之间以及它们相互之间的关系和行为，所以必须严格按照法律、法规的规定订立。公司章程必须记载法定的绝对必要记载事项，也可以记载法定的全部或部分相对必要记载事项，还可以在不违反强制性规范和公序良俗的前提下，记载一些发起人协商一致的任意事项。公司章程须经全体股东同意并签名盖章，报登记主管机关批准后，才能正式生效。

【任务完成】

1. 拟定有限责任公司章程的要求

（1）要体现全体股东的意志。公司入资完成后，股东共同拟定公司章程。

（2）对于公司法规定的绝对必要记载事项要全面、真实地加以记载。

有限责任公司的章程必须载明下列事项：公司名称和住所；公司经营范围；公司注册资本；股东的姓名或名称；股东的权利和义务；股东的出资方式和出资额、股东转让出资的条件；公司的机构及其产生办法、职权、议事规则；公司的法定代表人；公司的解散事由与清算办法；股东会认为需要记载的其他事项。

(3) 参照工商局的范本、结合公司的自身情况制定有限公司的章程。

① 有限公司章程可以自主规定的内容。

这些内容包括公司的经营范围、公司的担保行为和对外投资、定期会议的召开时间，董事长、副董事长的产生办法，公司的解散事由。

② 有限公司章程在公司法的范围内作出选择性规定。

对于有限公司法定代表人的人选、董事任期、监事会当中职工代表的具体比例，是由董事会还是股东会决定对外投资或担保及聘用、解聘承办公司审计业务的会计师事务所，这些方面的内容，公司法都规定了一个范围空间，需要公司章程从中作出相应的选择性规定，而不能超出这个范围进行规定，也不能不加以规定。超范围将导致章程的违法，不予规定将会给公司的运营带来潜在的风险。

其中法定代表人在董事长、执行董事或经理之间选择，董事任期在不超过三年的范围内规定，职工代表的比例在不低于三分之一的范围内进行规定，在董事会和股东会之间选择由谁决议对外投资、担保以及聘用、解聘承办公司审计业务的会计师事务所。

③ 有限公司章程在公司法规定之外作出补充规定。

对于有限公司股东会、监事会的职权、高管人员范围以及股东会、董事会的议事方式和表决程序，公司法作出了最基本的规定，公司章程只能遵守而不能违反，否则将导致章程的违法和无效。

不过，有限公司章程可以从本公司自身特点出发，依据公司法的授权性规定，作出针对本公司特色的规定。

④ 有限公司章程可以作出与公司法不同的规定。

根据《公司法》的规定和精神，有限公司有很大的自治空间，体现在有限公司的章程中，一个重要表现就是对于某些方面的内容，公司甚至可以作出与《公司法》相反的规定。这些包括股东分取红利和认购新增资本的比例依据，股东会会议上股东行使表决权的依据，经理的职权范围，股权转让、自然人股东资格的问题，在这些方面，公司章程可以作出与公司法相反的规定。如果章程对这一部分没有作出特别规定，在公司实务中，将使用《公司法》的规定。

需要注意的是，对于《公司法》的强制性规定，《公司法》没有授权补充规定或允许相反规定的情况下，就要严格遵守《公司法》的规定，这样才能保证公司章程的合法性。

2.《山东盛源餐饮有限公司章程》范例

山东盛源餐饮有限公司章程

第一章　总则

第一条　公司宗旨：通过设立公司组织形式，由股东共同出资筹集资本金，建立新的经营机制，为振兴经济作贡献。依照《中华人民共和国公司法》和《中华人民共和国公司登记管理条例》的有关规定，制定本公司章程。

第二条　公司名称：山东盛源餐饮有限公司

第三条　公司住所：×××

第四条　公司由三个股东出资设立，股东以认缴出资额为限对公司承担责任；公司以其全部资产对公司的债务承担责任。公司享有股东投资形成的全部法人财产权，并依法享有民事权利，承担民事责任，具有企业法人资格。

股东名称(姓名)证件号(身份证号)

张浩　* *

卞卡　* *

曾仁　* *

第五条　经营范围：餐饮企业管理；餐饮管理咨询；餐饮项目策划及投资；食品加工技术咨询及转让；餐饮资源整合管理；餐饮文化交流及餐饮产品展览

第六条　经营期限：长期。公司营业执照签发日期为本公司成立日期。

第二章　注册资本、认缴出资额、实缴资本额

第七条　公司注册资本为50万元人民币，实收资本为50万元人民币。公司注册资本为在公司登记机关依法登记的全体股东认缴的出资额，公司的实收资本为全体股东实际交付并经公司登记机关依法登记的出资额。

第八条　股东名称、认缴出资额、实缴出资额、出资方式、出资时间一览表。

第九条　各股东认缴、实缴的公司注册资本应在申请公司登记前，委托会计师事务所进行验证。

第十条　公司登记注册后，应向股东签发出资证明书。出资证明书应载明公司名称、公司成立日期、公司注册资本、股东的姓名或名称、缴纳的出资额和出资日期、出资证明书的编号和日期。出资证明书由公司盖章。出资证明书一式两份，股东和公司各执一份。出资证明书遗失，应立即向公司申报注销，经公司法定代表人审核后予以补发。

第十一条　公司应设置股东名册，记载股东的姓名、住所、出资额及出资证明书编号等内容。

第三章　股东的权利、义务和转让出资的条件

第十二条　股东作为出资者按出资比例享有所有者的资产受益、重大决策和选择管理者等权利，并承担相应的义务。

第十三条　股东的权利：

一、出席股东会，并根据出资比例享有表决权；

二、股东有权查阅股东会会议记录和公司财务会计报告；

三、选举和被选举为公司执行董事或监事；

四、股东按出资比例分取红利。公司新增资本时，股东可按出资比例优先认缴出资；

五、公司新增资本金或其他股东转让时有优先认购权；

六、公司终止后，依法分取公司剩余财产。

第十四条　股东的义务：

一、按期足额缴纳各自所认缴的出资额；

二、以认缴的出资额为限承担公司债务；

三、公司办理工商登记注册后，不得抽回出资；

四、遵守公司章程规定的各项条款。

第十五条　出资的转让：

一、股东之间可以相互转让其全部出资或部分出资；

二、股东向股东以外的人转让其出资时，必须经其他股东过半数同意。股东应就其股权转让事项书面通知其他股东征求同意，其他股东自接到书面通知之日起满三十日未答复的，视为同意转让。其他股东半数以上不同意的，不同意转让的股东应当购买该转让的出资，如果不购买该转让的出资，视为同意转让。经股东同意转让的出资，在同等条件下其他股东对该转让的出资有优先购买权。两个以上股东主张行使优先购买权的，协商确定各自的购买比例；协商不成的，按照转让时各自出资比例形式确定优先购买权。

三、股东依法转让其出资后，公司应将受让人的姓名、住所以及受让的出资额记载于股东名册。

第四章　公司机构及高级管理人员资格和义务

第十六条　为保障公司生产经营活动的顺利、正常开展，公司设立股东会、执行董事和监事，负责全公司生产经营活动的策划和组织领导、协调、监督等工作。

第十七条　本公司设经理、业务部、财务部等具体办理机构，分别负责处理公司在开展生产经营活动中的各项日常具体事务。

第十八条　执行董事、监事、经理应遵守公司章程、《中华人民共和国公司法》和国家其他有关法律的规定。

第十九条　公司研究决定有关职工工资、福利、安全生产及劳动保护、劳动保险等涉及职工切身利益的问题，应当事先听取公司工会和职工的意见，并邀请工会或职工代表列席有关会议。

第二十条　公司研究决定生产经营的重大问题、制定重要的规章制度时，应当听取公司工会和职工的意见和建议。

第二十一条　有下列情形之一的人员，不得担任公司执行董事、监事、经理：

一、无民事行为能力或者限制民事行为能力的人；

二、因犯有贪污、贿赂、侵占、挪用财产罪或破坏社会经济秩序罪；被判处刑罚，执行期未满逾五年，或者因犯罪被剥夺政治权利，执行期满未逾五年者。

三、担任因经营不善破产清算公司（企业）的董事或者厂长、经理，并对该公司（企业）破产负有个人责任的，自该公司（企业）破产清算完结之日起未逾三年者；

四、担任因违法被吊销营业执照的公司（企业）的法定代表人，并负有个人责任的，自该公司（企业）被吊销营业执照之日未逾三年者；

五、个人所负数额较大的债务到期未清者。

公司违反前款规定选举、委派执行董事、监事或聘用经理的，该选举、委派或聘任无效。

第二十二条　国家公务员不得兼任公司的执行董事、监事、经理。

第二十三条　执行董事、监事、经理应当遵守公司章程，忠实履行职责，维护公司利益，不得利用其在公司的地位和职权为自己谋取私利。执行董事、监事、经理不得利用职权收受贿赂或其他非法收入，不得侵占公司的财产。

第二十四条　执行董事、经理不得挪用公司资金或将公司资金借给任何与公司业务无关的单位和个人。

执行董事、经理不得将公司的资金以其个人名义或以其他个人名义开立账户存储，也不得将公司的资金以个人名义向外单位投资。

执行董事、经理不得以公司资产为本公司的股东或其他个人债务提供担保。

第二十五条　执行董事、经理不得自营或为他人经营与其所任职公司经营相同或相近的项目，或者从事损害本公司利益的活动。从事上述营业或者活动的，所得收入应当归公司所有。

第五章　股东会

第二十六条　公司设股东会。股东会由公司全体股东组成，股东会为公司最高权力机构。股东会会议，由股东按照出资比例行使表决权。出席股东会的股东必须超过全体股东表决权的半数以上，方能召开股东会。首次股东会由出资最多的股东召集，以后股东会由执行董事召集主持。

第二十七条　股东会行使下列职权：

一、决定公司的经营方针和投资计划；

二、选举和更换执行董事，决定有关执行董事的报酬事项；

三、选举和更换非由职工代表出任的监事，决定有关监事的报酬事项；

四、审议批准执行董事的报告或监事的报告；

五、审议批准公司年度财务预、决算方案及利润分配、弥补亏损方案；

六、对公司增加或减少注册资本作出决议；

七、对公司的分立、合并、解散、清算或变更公司形式作出决议；

八、修改公司的章程；

九、聘任或解聘公司的经理；

十、对发行公司的债券作出决议；

十一、公司章程规定的其他职权。

股东会分定期会议和临时会议。股东会每半年定期召开，由执行董事召集主持。执行董事不能履行或不履行召集股东会会议职责的，由监事召集和主持；监事不召集和主持的，代表1/10以上表决权的股东可以自行召集和主持。召开股东会会议，应于会议召开十五日前通知全体股东。

（一）股东会议应对所议事项作出决议。对于修改公司章程、增加或减少注册资本、分立、合并、解散或变更公司形式等事项做出决议，必须经代表2/3以上表决权的股东同意通过；

（二）股东会议应对所议事项做成会议记录。出席会议的股东应在会议记录上签名，会议记录应作为公司档案材料长期保存。

第六章　执行董事、经理、监事

第二十八条　本公司不设董事会，只设董事一名。执行董事由股东会代表2/3以上表决权的股东同意选举产生。

第二十九条　执行董事为本公司法定代表人。

第三十条　执行董事对股东会负责，行使下列职权：

一、负责召集股东会，并向股东会报告工作；

二、执行股东会的决议，制定实施细则；

三、拟订公司的经营计划和投资方案；

四、拟定公司年度财务预、决算，利润分配、弥补亏损方案；

五、拟定公司增加和减少注册资本、分立、变更公司形式、解散、设立分公司等方案；

六、决定公司内部管理机构的设置和公司经理人选及报酬事项；

七、根据经理的提名，聘任或解聘公司副经理、财务负责人，决定其报酬事项；

八、制定公司的基本管理制度。

第三十一条　执行董事任期为三年，可以连选连任。执行董事在任期届满前，股东会不得无故解除其职务。

第三十二条　公司经理由股东会代表2/3以上表决权的股东聘任或解聘。经理对股东会负责，行使下列职权：

一、主持公司的生产经营管理工作，组织实施股东会决议，组织实施公司年度经营计划和投资方案；

二、拟定公司内部管理机构设置的方案；

三、拟定公司的基本管理制度；

四、制定公司的具体规章；

五、向股东会提名聘任或解聘公司副经理、财务负责人人选；

六、聘任或者解聘除应由执行董事聘任或解聘以外的管理部门负责人；

七、股东会授予的其他职权。

第三十三条　公司不设监事会，只设监事一名，由股东会代表2/3以上表决权的股东同意选举产生；监事任期为每届三年，届满可以连选连任；本公司的执行董事、经理、财务负责人不得兼任监事。

监事的职权：

一、检查公司财务；

二、对执行董事、高级管理人员执行公司职务的行为进行监督，对违反法律、行政法规、公司章程或股东会决议的执行董事、高级管理人员提出罢免的建议；

三、当执行董事和经理的行为损害公司的利益时，要求执行董事和经理予以纠正；在执行董事不履行本法规定的召集和主持股东会会议职责时召集和主持股东会会议；

四、向股东会会议提出提案；

五、依照《中华人民共和国公司法》第一百五十二条的规定，对执行董事、高级管理人员提起诉讼；

六、公司章程规定的其他职权。

第七章　合并、分立和变更注册资本

第三十四条　公司合并、分立或减少注册资本，由公司的股东会做出决议；按《中华人民共和国公司法》的要求签订协议，清算资产、编制资产负债及财产清单，通知债权人并公告，依法办理有关手续。

第三十五条　公司合并、分立、减少注册资本时，应编制资产负债表及财产清单，10日内通知债权人，并于30日内在报纸上公告。债权人自接到通知书之日起30日内，未接到通知书的自公告之日起45日内，有权要求公司清偿债务或提供相应担保。

第三十六条　公司合并或者分立，登记事项发生变更的，应当依法向公司登记机关办理变更登记；公司解散的，应当依法办理公司注销登记；设立新公司的，应当依法办理公司设立登记。

公司增加或减少注册资本，应依法向公司登记机关办理变更登记。

第八章　破产、解散、终止和清算

第三十七条　公司因《中华人民共和国公司法》第一百八十一条所列(1)、(2)、(4)(5)项规定而解散的，应当在解散事由出现之日起15日内成立清算组，开始清算。逾期不成立清算组进行清算的，债权人可以申请人民法院指定有关人员组成清算组进行清算。

公司清算组自成立之日起10日内通告债权人，并于60日内在报纸上公告。债权人应当自接到通知书之日起30日内，未接到通知书的自公告之日45日内，向清算组申报债权。

公司财产在分别支付清算费用、职工的工资、社会保险费用和法定补偿金，交纳所欠税款，清偿公司债务后的剩余资产，有限责任公司按照股东的出资比例分配。

公司清算结束后，公司应依法向公司登记机关申请注销公司登记。

【实务演练】

如果你毕业后要进行创业，结合自身实际状况，谈谈你会采用哪种企业形式，并说明理由。

1. 为自己准备创业的企业拟定名称，并填写《公司名称预先核准申请书》。

2. 根据给出的参考格式，拟定一份自己公司的章程。

【扩展阅读】

《中华人民共和国公司法》

《中华人民共和国合伙企业法》

《中华人民共和国个人独资企业法》

《中华人民共和国公司登记管理条例》

《最高人民法院关于适用〈中华人民共和国公司法〉若干问题的规定(一)》

《最高人民法院关于适用〈中华人民共和国公司法〉若干问题的规定(二)》

3

酒店组织机构运行管理

(1) 能正确行使股东权利，履行股东义务。

(2) 能依法召集股东(大)会会议、董事会会议及监事会会议。

(3) 能依法进行有限责任公司和股份有限公司的股权转让。

(1) 了解企业的各种组织形式，熟练掌握《公司法》对有限责任公司和股份有限公司的相关规定。

(2) 掌握有限责任公司、股份有限公司的股东(大)会、董事会、监事会的相关法律规定。

(3) 掌握公司股权转让的条件和程序。

(4) 明确公司董事、监事、高级管理人员的任职资格和义务。

引例

2011年5月18日，山东盛源餐饮有限责任公司首次股东会在盛源酒店四楼会议室隆重召开。山东盛源餐饮有限责任公司股东全部出席，山东××大厦酒店投资发展有限公司董事长程毅、总经理安希、经济开发合作处处长凌云、审计处处长陈湘及相关领导参加了此次会议。

会议选举产生了山东盛源餐饮有限责任公司董事会、监事会成员。张浩先生当选为董事长，卞卡、吕谋当选为公司副董事长，监事会主席由方森担任。

会上，张浩董事长代表董事会对股东们长期以来的支持表示感谢，并指出山东盛源餐饮有限责任公司的成立一定会注重盛源酒店品牌的创建，加速酒店的发展。副董事长卞卡、吕谋及监事会主席方森也表示会积极配合董事会工作，把酒店做大做强。

最后，张浩董事长做重要指示，希望山东盛源餐饮有限责任公司的全体同人携手共进、齐心协力做好经营，尽快实现做大做强的理想。

公司的组织机构是指从事公司经营活动的决策、执行和监督的公司最高领导机构。组织机构不仅仅是经济和管理概念，涉及更多的是法律概念，《公司法》对公司的组织机构有明确的要求，是成立法人的基本条件。公司的组织机构治理优劣关系到股东的利益，关系到公司的市场竞争力。我国《公司法》确立的公司组织机构：股东(大)会—董事会—监事会—经理，董事会和监事会是并轨机构，都对股东(大)会负责，监事会仅有监督权而无经营权。

2005年10月27日，由全国人大常务委员会第十八次会议修订通过了《中华人民共和国公司法》，并于2006年1月1日实施。新《公司法》对公司内部组织机构治理，在许多方面有重大突破，主要集中在：公司内部组织机构治理中贯彻了公司的社会责任和相关利益者的保护；股东的权利扩大了，尤其是中小股东的权利；扩大了监事会权力；强化了对公司职工的管理和保护。

任务3.1 股东正确行使权利和履行义务

【任务准备】

股东是基于对公司的出资或其他合法原因，持有公司资本的一定份额，依法享有股东权利并承担相应义务的人。股东不是公司组织机构范畴，但却是公司各种组织机构的基础。股东是公司的核心要素，没有股东，就不可能有公司。

公司股东按不同的标准，有以下分类。

1. 隐名股东和显名股东

根据出资的实际情况与登记记载是否一致，把公司股东分为隐名股东和显名股东。

隐名股东是指虽然实际出资认缴、认购公司出资额或股份，但在公司章程、股东名册和工商登记等材料中却记载为他人的投资者，隐名股东又称为隐名投资人、实际出资人。显名股东是指正常状态下，出资情况与登记状态一致的股东。有时也指不实际出资，但接受隐名股东的委托，为隐名股东的利益，在工商部门登记为股东的受托人。

2. 个人股东和机构股东

以股东主体身份来分，可分机构股东和个人股东。机构股东指享有股东权的法人和其他组织。机构股东包括各类公司、各类全民和集体所有制企业、各类非营利法人和基金等机构和组织。个人股东是指一般的自然人股东。

3. 创始股东与一般股东

以获得股东资格的时间和条件等来分，可分为创始股东与一般股东。创始股东是指为组织、设立公司、签署设立协议或者在公司章程上签字盖章，认缴出资，并对公司设立承担相应责任的人。创始股东也叫原始股东。一般股东指因出资、继承、接受赠与而取得公司出资或者股权，并因而享有股东权利、承担股东义务的人。

4. 控股股东与非控股股东

以股东持股的数量与影响力来分，可分为控股股东与非控股股东。控股股东又分绝对控股股东与相对控股股东。控股股东，是指其出资额占有限责任资本总额50%或依其出资额所享有的表决权已足以对股东、股东大会的决议产生重大影响的股东。

5. 大股东与小股东

以公司中股东持有的股份数来分，可分为大股东与小股东。持有多数股份的股东称为大股东。通常，大股东可依靠其掌握的相对较多的表决权资本享有控制权，掌握具有表决权资本数量相对较少的第二大股东和广大中小股东的控制权依次弱于大股东。

【任务完成】

股东投资的目的是获取投资收益或者说回报。所以股东应当了解自己作为股东有哪些权利和义务，这样才能在公司存续过程中，依法正确行使自己的权利，维护自己或公司的合法利益，最大限度地实现自己的投资目的。

1. 股东的权利

1）股东身份权

公司应当向股东签发出资证明书，并应当置备股东名册，记载股东的姓名或名称及住所、股东的出资额和出资证明书编号。公司应当将股东的姓名或名称及其出资额向公司登记机关登记；登记事项发生变更的，应当办理变更登记。记载于股东名册的股东，可以依股东名册主张行使股东权利。但是，未经工商登记或变更登记的，不得对抗第三人。因此，股东应当重视股东名册的登记和工商登记，这些是股东身份的直接证据。

2）参与重大决策权

公司股东会由全体股东组成，股东会是公司的权力机构，有权决定公司的经营方针和投资计划，审议批准公司的年度财务预算方案、决算方案、利润分配方案和弥补亏损方案，对公司增加或减少注册资本作出决议，对发行公司债券作出决议，对公司合并、分立、变更公司形式、解散和清算等事项作出决议，修改公司章程等。公司章程还可以规定股东会享有的其他职权，比如就公司向其他企业投资或为他人提供担保，特别是公司为公司股东或者实际控制人提供担保作出决议等。

3）资产收益权

资产收益权最直接的体现就是股东按照实缴的出资比例或章程规定的其他方式分取红利，在公司解散清算后，公司财产在分别支付清算费用、职工的工资、社会保险费用和法定补偿金，缴纳所欠税款，清偿公司债务后的剩余财产，股东有权按照出资比例或者按照公司章程的规定予以分配。

如果公司连续五年不向股东分配利润，而公司该五年连续盈利，并且符合《公司法》规定的分配利润条件，对股东会不分红决议投反对票的股东可以请求公司按照合理的价格收购其股权。自股东会会议决议通过之日起60日内，股东与公司不能达成股权收购协议的，股东可以自股东会会议决议通过之日起九十日内向法院提起诉讼。

4）知情权

股东享有了解公司基本经营状况的权利。股东有权查阅、复制公司章程、股东会会议记录、董事会会议决议、监事会会议决议和财务会计报告。股东可以要求查阅公司会计账簿。股东要求查阅公司会计账簿的，应当向公司提出书面请求，说明目的。公司有合理根据认为股东查阅会计账簿有不正当目的，可能损害公司合法利益的，可以拒绝提供查阅，并应当自股东提出书面请求之日起15日内书面答复股东并说明理由。公司拒绝提供查阅的，股东可以向法院提起诉讼要求公司提供查阅。

5）提议、召集、主持股东会临时会议权

股东会应当按照章程规定按期召开定期会议，以保障股东的参与重大决策的权利。但是，定期股东会议有时还不能满足股东参与重大决策的需要，代表十分之一以上表决权的股东(以及三分之一以上的董事、监事会或不设监事会的公司的监事)有权提议召开股东会临时会议，董事会应当根据提议召开临时会议。如果董事会或执行董事不能履行或不履行召集股东会会议职责，由监事会或不设监事会的公司的监事召集和主持；如果监事会或监事也不召集和主持，代表十分之一以上表决权的股东可以自行召集和主持。

6）出资退出权

公司成立后，股东不得抽逃出资。但是，有下列情形之一的，对股东会该项决议投反对票的股东可以请求公司按照合理的价格收购其股权：①公司连续五年不向股东分配利润，而公司该五年连续盈利，并且符合本法规定的分配利润条件的；②公司合并、分立、转让主要财产的；③公司章程规定的营业期限届满或章程规定的其他解散事由出现，股东会会议通过决议修改章程使公司存续的。自股东会会议决议通过之日起六十日内，股东与公司不能达成股权收购协议的，股东可以自股东会会议决议通过之日起九十日内向法院提起诉讼。此外，在公司经营管理发生严重困难，继续存续会使股东利益受到重大损失，通过其他途径不能解决时，持有公司全部股东表决权10%以上的股东，可以请求法院解散公司。

7）对管理者的选择和监督权

股东会是公司的权力机构，有权决定公司的重大事项，其将经营权授予董事会和董事会聘任的经理。同时，股东会有权选举和更换非由职工代表担任的董事、监事，决定有关董事、监事的报酬事项，审议批准董事会和监事会或者监事的报告。董事会须对股东会负责，而经理须对董事会负责。监事会对董事、高级管理人员执行公司职务的行为进行监督，并履行其他监督职能。在公司董事、监事、高级管理人员侵害公司权益时，公司股东还享有代位诉讼权。

8）决议撤销权

股东会或者股东大会、董事会的会议召集程序、表决方式违反法律、行政法规或公司章程，或者决议内容违反法律、行政法规或者公司章程的，股东可以自决议作出之日起六十日内，请求法院撤销。

9）诉讼权和代位诉讼权

公司董事、高级管理人员侵害公司权益时，股东可以书面请求监事会或不设监事会的公司的监事向法院提起诉讼；监事侵害公司权益时，股东可以书面请求董事会或不设董事会的公司的执行董事向法院提起诉讼。前述监事会、监事或董事会、执行董事收到股东书面请求后拒绝提起诉讼，或者自收到请求之日起30日内未提起诉讼，或者情况紧急、不立即提起诉讼将会使公司利益受到难以弥补的损害的，股东有权为了公司的利益以自己的名义直接向法院提起诉讼。他人侵犯公司合法权益，给公司造成损失时，股东也可以依照上述规定向人民法院提起诉讼。

10）关联交易审查权

股东有权通过股东会就公司为公司股东或实际控制人提供担保作出决议，在作出该项决议时，关联股东或受实际控制人支配的股东，不得参加该事项的表决。该项表决应由出席会议的其他股东所持表决权的过半数通过。

2. 股东的义务

(1) 遵守公司章程。

(2) 按期缴纳所认缴的出资。

(3) 对公司债务负有限责任。有限责任公司的股东对于公司的债务只以其出资额为限负有间接责任，即股东不必以自己个人的财产对公司债务承担责任。

(4) 出资填补义务。在以下情况下，有限责任公司的股东承担出资填补的义务：在公司设立时，如果某股东不是以货币出资，而是以实物、工业产权、非专利技术、土地使用权出资的，进行评估作价后如其实际价额显著低于公司章程中评定的价额，则应当由交付该出资的股东补交差额，其他股东应对其承担连带责任。

(5) 追加出资义务。追加出资，就是股东除了按照各自认缴额出资以外，股东会还可以作出决议，要求股东超过其出资金额再次缴款。追加出资义务在公司章程中属于任意记载事项，即《公司法》并不列举其内容，但一经记载，就应发挥效力。

(6) 在公司存续期间，不得擅自抽回出资。

(7) 其他依法应当履行的义务。

【法条】

《公司法》第四条规定：公司股东作为出资者按投入公司的资本额享有所有者的资产受益、重大决策和选择管理者等权利。

《公司法》第二十五条规定：股东应当足额缴纳公司章程中规定的各自所认缴的出资额。

《公司法》第三十二条规定：股东有权查阅股东会会议记录和公司财务会计报告。

《公司法》第三十三条规定：股东按照出资比例分取红利。公司新增资本时，股东可以优先认缴出资。

《公司法》第三十四条规定：股东在公司登记后，不得抽回出资。

《公司法》第三十五条规定：股东之间可以相互转让其全部出资或部分出资。

股东向股东以外的人转让其出资时，必须经全体股东过半数同意；不同意转让的股东应当购买该转让的出资，如果不购买该转让的出资，视为同意转让。

经股东同意转让的出资，在同等条件下，其他股东对该出资有优先购买权。

任务 3.2　召开股东会会议

【任务准备】

1. 股东(大)会的性质及组成

股东(大)会是有限(股份有限)责任公司的经营管理和股东利益决策的最高权力

机构。股东(大)会是非常设机关，仅以会议形式存在，只有在召开股东(大)会会议时，它才作为公司机关存在。有限(股份有限)责任公司股东(大)会由全体股东组成。

2. 股东(大)会的职权

1）有限责任公司股东会的职权

(1) 决定公司的经营方针和投资计划。
(2) 选举和更换董事，决定有关董事的报酬事项。
(3) 选举和更换由股东代表出任的监事，决定有关监事的报酬事项。
(4) 审议批准董事会的报告。
(5) 审议批准监事会或监事的报告。
(6) 审议批准公司的年度财务预算方案、决算方案。
(7) 审议批准公司的利润分配方案和弥补亏损方案。
(8) 对公司增加或减少注册资本作出决议。
(9) 对发行公司债券作出决议。
(10) 对股东向股东以外的人转让出资作出决议。
(11) 公司合并、分立、变更公司形式、解散和清算等事项作出决议。
(12) 修改公司章程。

有限责任公司股东对股东会职权范围内的事项以书面形式一致表示同意的，可以不召开股东会会议直接作出决定并由全体股东在决定文件上签名、盖章。

XX 有限公司股东会决定

各股东：

根据《中华人民共和国公司法》第三十八条第二款规定“对前款所列事项股东以书面形式一致表示同意的，可以不召开股东会会议，直接作出决定，并由全体股东在决定文件上签名、盖章”，现就本公司需通过股东会表决通过的有关事项，提出如下意见，请各股东以书面形式进行表决：

1. 建议……
2. 建议……

……

一致同意上述建议的股东签名或盖章：

不同意上述建议的股东签名或盖章：

部分同意上述建议的股东签名或盖章(请注明同意哪些事项和不同意哪些事项，并注明根据公司章程规定所占 X% 表决权)：

(公司盖章)

年　　月　　日

2）股份有限公司股东大会的职权

关于有限责任公司股东会职权的规定，适用于股份有限公司股东大会。

【法条】

《中华人民共和国公司法》第一百条规定：本法第三十八条第一款关于有限责任公司股东会职权的规定，适用于股份有限公司股东大会。

《中华人民共和国公司法》第一百二十二条规定：上市公司在一年内购买、出售重大资产或担保金额超过公司资产总额30%的，应当由股东大会作出决议，并经出席会议的股东所持表决权的三分之二以上通过。

【任务完成】

1. 股东(大)会的召集人与主持人

1）有限责任公司

(1) 首次股东会会议由出资最多的股东召集和主持。

(2) 董事会召集，董事长主持；或不设董事会的执行董事召集和主持。

① 有限责任公司设立董事会的，股东会会议由董事会召集，董事长主持；董事长不能履行职务或者不履行职务的，由副董事长主持；副董事长不能履行职务或者不履行职务的，由半数以上董事共同推举一名董事主持。

② 有限责任公司不设董事会的，股东会会议由执行董事召集和主持。

(3) 监事会或不设监事会的监事召集和主持。

董事会或者执行董事不能履行或不履行召集股东会会议职责的，由监事会或不设监事会的公司的监事召集和主持。

(4) 代表1/10以上表决权的股东召集和主持。

监事会或监事不召集和主持的，代表1/10以上表决权的股东可以自行召集和主持。

(5) 清算组召集。

清算组在清理公司财产、编制资产负债表和财产清单后，应当制订清算方案，并报股东会或人民法院确认。这就需要清算组召集股东会。

2）股份有限公司

(1) 董事会召集，董事长或副董事长或董事主持。

股东大会会议由董事会召集，董事长主持；董事长不能履行职务或不履行职务的，由副董事长主持；副董事长不能履行职务或不履行职务的，由半数以上董事共同推举一名董事主持。

(2) 监事会召集和主持。

董事会不能履行或不履行召集股东大会会议职责的，监事会应当及时召集和主持。

（3）连续90日以上单独或合计持有公司10%以上股份的股东召集和主持。

监事会不召集和主持的，连续90日以上单独或合计持有公司10%以上股份的股东可以自行召集和主持。

（4）清算组召集。

清算组在清理公司财产、编制资产负债表和财产清单后，应当制订清算方案，并报股东大会或人民法院确认。这就需要清算组召集股东大会。

2. 召开定期股东(大)会的情形

1）有限责任公司

定期会议应当依照公司章程的规定按时召开。

股东会定期会议每两次会议之间的最长间隔期限及具体召开时间，我国《公司法》允许由公司章程决定，定期会议应按章程的规定按时召开，不得无故取消、提前或延迟。

2）股份有限公司

股东大会应当每年召开一次年会。

3. 召开临时股东(大)会会议的法定情形

1）有限责任公司

代表1/10以上表决权的股东，1/3以上的董事，监事会或不设监事会的公司的监事提议召开临时会议的，应当召开临时会议。

2）股份有限公司

有下列情形之一的，应当在两个月内召开临时股东大会。

（1）董事人数不足本法规定人数或者公司章程所定人数的2/3时。

（2）公司未弥补的亏损达实收股本总额1/3时。

（3）单独或合计持有公司10%以上股份的股东请求时。

（4）董事会认为必要时。

（5）监事会提议召开时。

（6）公司章程规定的其他情形(如章程可以规定，当公司股价跌至一定幅度时，必须召集临时股东大会)。

4. 股东(大)会的通知程序

1）有限公司

（1）股东会的通知程序。

召开股东会会议，应当于会议召开15日前通知全体股东；但是，公司章程另有规定或者全体股东另有约定的除外。

① 公司章程或全体股东的约定既可缩短也可延长会议的通知期限。

② 通知方式：对于有限责任公司，尤其规模较小的，可以灵活采取口头、电话、书面方式，但必须在公司章程中作出规定。

(2) 股东会通知的内容。

法律没有作出规定，公司章程和全体股东可以具体约定。

(3) 通知期限的起算。

究竟是从通知发出之日起算，还是自股东收到通知之日起算，《公司法》并无明确规定。

2）股份有限公司

(1) 股东大会的通知程序。

① 召开股东大会会议，应当将会议召开的时间、地点和审议的事项于会议召开20日前通知各股东。

② 临时股东大会应当于会议召开15日前通知各股东。

③ 发行无记名股票的，应当于会议召开30日前公告会议召开的时间、地点和审议事项。

(2) 股东大会通知的内容应当载明会议召开的时间、地点和审议的事项。

(3) 通知期限的起算。

究竟是从通知发出之日起算，还是自股东收到通知之日起算，《公司法》并无明确规定，可由公司章程予以明确。

5. 股东(大)会表决规则

1）有限公司

(1) 表决规则。

股东会会议由股东按照出资比例行使表决权；但是，公司章程另有规定的除外。

① 根据表决比例自治性，如公司章程可以规定股东会决议采取一人一票、少数服从多数的表决方式，也可以规定股东的表决比例与出资比例不一致。

② 在分期缴纳出资的情况下，存在着实缴的出资比例和认缴的出资比例，股东的表决权以哪一比例为准？在只有一名或多名股东实际缴纳出资的情况下，股东按实缴出资比例行使表决权；在全体股东都没有实际缴纳出资的情况下，股东按其认缴的出资比例行使表决权。

(2) 股东会的议事方式和表决程序。

① 普通决议。

股东会的议事方式和表决程序，除《公司法》有规定的外，由公司章程规定。

② 特别决议。

股东会会议作出修改公司章程、增加或减少注册资本的决议，以及公司合并、分立、解散或变更公司形式的决议，必须经代表2/3以上表决权的股东通过。

(3) 代理投票。

股东可以委托代理人出席股东会会议，代理人应当向公司提交股东授权委托书，并在授权范围内行使表决权。

股东代理人不限于公司的其他股东，非股东的自然人也可以成为股东代理人。

2) 股份有限公司

(1) 表决规则。

股东出席股东大会会议，所持每一股份有一表决权。但是，公司持有的本公司股份没有表决权，且该部分股份不计入出席股东大会有表决权的股份总数。

(2) 股东大会的议事方式和表决程序。

① 普通决议。

股东大会作出决议，必须经出席会议的股东所持表决权过半数通过。

② 特别决议通过的事项。

股东大会作出修改公司章程、增加或减少注册资本的决议，以及公司合并、分立、解散或变更公司形式的决议，必须经出席会议的股东所持表决权的2/3以上通过。

(3) 代理投票。

股东可以委托代理人出席股东大会会议，代理人应当向公司提交股东授权委托书，并在授权范围内行使表决权。

股东代理人不限于公司的其他股东，非股东的自然人也可以成为股东代理人。

知识卡片

股份有限公司的累积投票制

《中华人民共和国公司法》第一百零六条规定：股东大会选举董事、监事，可以依照公司章程的规定或股东大会的决议，实行累积投票制。

累积投票制，是指股东大会选举董事或监事时，每一股份拥有与应选董事或监事人数相同的表决权，股东拥有的表决权可以集中使用。

股东可以集中表决权向其中一名候选人投票，增加当选机会；也可以分配给数名候选人，以得票多者当选。

6. 股东(大)会会议记录

1）有限公司

股东会应当对所议事项的决定作成会议记录，出席会议的股东应当在会议记录上签名。

2）股份有限公司

股东大会应当对所议事项的决定作成会议记录，主持人、出席会议的董事应当在会议记录上签名。会议记录应当与出席股东的签名册及代理出席的委托书一并保存。

任务3.3 召开董事会会议

【任务准备】

1. 董事会的性质及组成

董事会是依照有关法律、行政法规和政策规定，按公司或企业章程设立并由全体董事组成的业务执行机关。

董事会的成员在通常情况下由本公司的股东担任，由股东会选举产生，但在法定情形下包括职工代表。

1）有限责任公司

(1) 两个以上的国有企业或两个以上的其他国有投资主体投资设立的有限责任公司，其董事会成员中应当有公司职工代表。

(2) 其他有限责任公司董事会成员中可以有公司职工代表。

董事会中的职工代表由公司职工通过职工代表大会、职工大会或其他形式民主选举产生。

(3) 国有独资公司。

国有独资公司设董事会，董事会成员中应当有公司职工代表。董事会成员由国有资产监督管理机构委派；但是，董事会成员中的职工代表由公司职工代表大会选举产生。

2）股份有限公司

董事会成员中可以有公司职工代表。董事会中的职工代表由公司职工通过职工代表大会、职工大会或其他形式民主选举产生。

2. 董事会的人数

1）有限责任公司

(1) 有限责任公司设董事会，其成员为3~13人，《公司法》另有规定的除外。

（2）公司规模较小或股东人数较少的有限责任公司，可以设一名执行董事，不设董事会。执行董事可以兼任公司经理。职权由公司章程规定。

2）股份有限责任公司

股份有限公司设董事会，其成员为5～19人。

3. 董事会的任期

1）有限责任公司

董事任期由公司章程规定，但每届任期不得超过三年。董事任期届满，连选可以连任。

董事任期届满未及时改选，或者董事在任期内辞职导致董事会成员低于法定人数的，在改选出的董事就任前，原董事仍应当依照法律、行政法规和公司章程的规定，履行董事职务。

2）股份有限公司

关于有限责任公司董事任期的规定，适用于股份有限公司董事。

4. 董事会的职权

1）有限责任公司

董事会对股东会负责，行使下列职权。

（1）召集股东会会议，并向股东会报告工作。

（2）执行股东会的决议。

（3）决定公司的经营计划和投资方案。

（4）制定公司的年度财务预算方案、决算方案。

（5）制定公司的利润分配方案和弥补亏损方案。

（6）制定公司增加或者减少注册资本及发行公司债券的方案。

（7）制定公司合并、分立、解散或变更公司形式的方案。

（8）决定公司内部管理机构的设置。

（9）决定聘任或者解聘公司经理及其报酬事项，并根据经理的提名决定聘任或解聘公司副经理、财务负责人及其报酬事项。

（10）制定公司的基本管理制度。

（11）公司章程规定的其他职权。

2）股份有限公司

关于有限责任公司董事会职权的规定，适用于股份有限公司董事会。

知识卡片

股东会享有的“决定公司的经营方针和投资计划”与董事会享有的“决定公司的经营计划和投资方案”的区别：

（1）经营方针比经营计划更宏观、更根本，董事会制订公司经营计划时必须遵循而不应偏离公司的经营方针，“经营计划”是“经营方针”的具体落实。

（2）董事会的“投资方案”被股东会认可后方为“投资计划”；投资方案可以有多个，但投资计划则必择其一。

（3）股东会不是亲自从事经营的机关，而且也不可能对以后发生的事预料得十分精确，所以，股东会只是对经营的方针和计划做出方向性的指引，而不可能提出具体的实施方案。

【任务完成】

1. 召集权主体

1）有限责任公司

董事会会议由董事长召集和主持；董事长不能履行职务或者不履行职务的，由副董事长召集和主持；副董事长不能履行职务或者不履行职务的，由半数以上董事共同推举一名董事召集和主持。

【法条】

《公司法》第四十八条规定：董事会会议由董事长召集和主持；董事长不能履行职务或者不履行职务的，由副董事长召集和主持；副董事长不能履行职务或者不履行职务的，由半数以上董事共同推举一名董事召集和主持。

2）股份有限公司

（1）董事长召集和主持董事会会议，检查董事会决议的实施情况。副董事长协助董事长工作，董事长不能履行职务或不履行职务的，由副董事长履行职务；副董事长不能履行职务或不履行职务的，由半数以上董事共同推举一名董事履行职务。

（2）代表1/10以上表决权的股东、1/3以上董事或者监事会，可以提议召开董事会临时会议。董事长应当自接到提议后10日内，召集和主持董事会会议。

2. 召集程序

1）有限责任公司

召集董事会的通知应送达各位董事，还应送达各位监事。

2）股份有限公司

董事会每年度至少召开两次会议，每次会议应当于会议召开10日前通知全体董事和监事。

董事会召开临时会议，可以另定召集董事会的通知方式和通知时限。

3. 董事会会议的议事方式和表决程序

1）有限责任公司

董事会的议事方式和表决程序，除公司法有规定外，由公司章程规定。

董事会决议的表决，实行一人一票。

董事会会议，应由董事本人出席；董事因故不能出席，可以书面委托其他董事代为出席，委托书中应载明授权范围。

2）股份有限公司

董事会会议应有过半数的董事出席方可举行。董事会作出决议，必须经全体董事的过半数通过。

董事会决议的表决，实行一人一票。

董事会会议，应由董事本人出席；董事因故不能出席，可以书面委托其他董事代为出席，委托书中应载明授权范围。

4. 董事会会议记录

有限责任公司和股份有限公司均要求：董事会应当对所议事项的决定作成会议记录，出席会议的董事应当在会议记录上签名。

知识卡片

董事会决议僵局的打破

董事会决议原则上一人一票，但为打破公司僵局，可以在公司章程中约定，董事会会议的主持人可以破例行使第二次表决权，此为例外规则，即仅在公司出现僵局时才可使用，在未出现僵局时，主持人不得行使第二票表决权。

5. 董事长制度

不论是有限责任公司还是股份有限公司，董事会仅设董事长一人，可以设副董事长。但是，董事长的产生办法有所不同。

1）董事长的产生办法

(1) 有限责任公司。

董事长、副董事长的产生办法由公司章程规定。

(2) 股份有限公司。

董事长和副董事长由董事会以全体董事的过半数选举产生。

2）董事长的法定职权

(1) 主持股东会。

有限责任公司设立董事会的，股东会会议由董事会召集，董事长主持。有限责任公司不设董事会的，股东会会议由执行董事召集和主持。

股东大会会议由董事会召集，董事长主持。

(2) 召集主持董事会会议。

董事会会议由董事长召集和主持。

当然，董事长不能履行职务或不履行职务的，由副董事长召集和主持；副董事长不能履行职务或不履行职务的，由半数以上董事共同推举一名董事召集和主持。

(3) 检查董事会决议的实施情况。

同时适用于有限责任公司和股份有限公司。

(4) 董事会上的一票否决权。

在董事会表决出现赞成与反对僵持不下时，公司章程可以授权董事长破例行使第二次表决权，以打破决策僵局。

特别提示

能够代理董事长履行职务的主体仅限于副董事长和董事。

【法条】

《公司法》第四十九条规定：董事会的议事方式和表决程序，除本法有规定的外，由公司章程规定。董事会应当对所议事项的决定作成会议记录，出席会议的董事应当在会议记录上签名。董事会决议的表决，实行一人一票。

《公司法》第五十条规定：有限责任公司可以设经理，由董事会决定聘任或解聘。经理对董事会负责，行使下列职权：

（一）主持公司的生产经营管理工作，组织实施董事会决议；

（二）组织实施公司年度经营计划和投资方案；

（三）拟订公司内部管理机构设置方案；

（四）拟订公司的基本管理制度；

（五）制定公司的具体规章；

（六）提请聘任或解聘公司副经理、财务负责人；

（七）决定聘任或解聘除应由董事会决定聘任或解聘以外的负责管理人员；

（八）董事会授予的其他职权。

公司章程对经理职权另有规定的，从其规定。

经理列席董事会会议。

案例3-1

永昌饮食有限责任公司连续两年严重亏损，然而其董事长王某对此却不闻不问，竟然在最近一年半的时间内未召集一次董事会会议。该公司的六名董事(公司董事会共有11名董事)看在眼里，急在心里。他们在忍无可忍的情形下，联名要求立即召开董事会会议，但不想遭到陈某的拒绝。在这样的情况下，提议召开董事会会议的董事张某等6人在这些董事中推选了一名董事作为董事会会议的召集人并主持会议。在召集会议时，这名召集人向全体董事发出了通知。在董事会上，永昌饮食有限责任公司董事会形成了一系列决议，停止了一些亏损严重的经营项目，改变了公司的营销方略和投资方向。随即，公司便出现了转机，半年后，基本扭亏为盈。后经张某等人提议，公司召开了临时股东会会议，经股东会决议，罢免了王某的董事职务。

分析：永昌饮食有限责任公司在董事长王某拒不履行职务的情况下，张某等6名董事联名已经达到永昌饮食有限责任公司全体11名董事的半数以上。如果副董事长也不能或不履行职务，则可以推举一位董事行使董事会会议的召集权和主持权。所以，永昌饮食有限责任公司的这次董事会会议是合法的，所形成的停止亏损项目、改变营销方略和投资方向的决议是有效的。这样的处理方法符合公司法的有关规定，值得其他公司企业借鉴。至于张某等提议召开临时股东会会议并形成决议的问题，就前面的讨论来看，只要程序和内容合法有效，那就不是问题了。

董事会与股东(大)会的关系

董事会和股东(大)会在职权上的关系是二者都行使公司所拥有的全部职权，股东会是公司的权力机关，董事会是公司的执行机关。董事会所作的决议必须符合股东(大)会决议，如有冲突，要以股东(大)会决议为准；股东(大)会可以否决董事会决议，直至改组、解散董事会。

董事会由股东(大)会选举产生，按照《公司法》和《公司章程》行使董事会权力，执行股东(大)会决议(见表3-1)，是股东(大)会代理机构，代表股东(大)会行使公司管理权限。

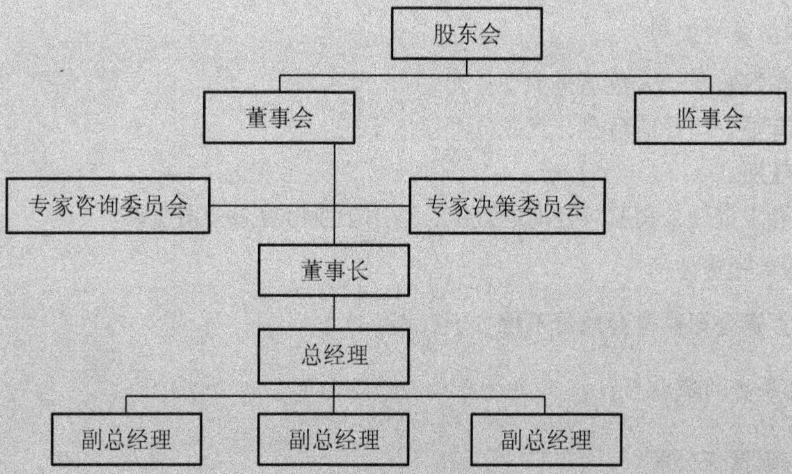

表3-1 股东会框架图

任务3.4 召开监事会会议

【任务准备】

1. 监事会的性质及组成

监事会是依法产生，代表全体股东对董事和经理的经营管理行为及公司财务进行监督的公司监督机构。监事会是公司的法定、必备和常设的集体监督机构。

监事会由股东代表和适当比例的公司职工代表组成，其中职工代表的比例不得低于1/3，具体比例由公司章程规定。

监事不由股东会选举产生的例外情况：①监事会成员由国有资产监督管理机构委派；②监事会成员中的职工代表由公司职工代表大会选举产生

2. 监事会的人数和任期

1）有限公司

（1）人数。

有限责任公司设监事会，其成员不得少于三人。股东人数较少或者规模较小的有限责任公司，可以设一至两名监事，不设监事会。

（2）任期。

监事的任期每届为三年。监事任期届满，连选可以连任。

监事任期届满未及时改选，或者监事在任期内辞职导致监事会成员低于法定人数的，在改选出的监事就任前，原监事仍应当依照法律、行政法规和公司章程的规定，履行监事职务。

2）股份有限公司

（1）必设监事，人数不得少于三人。

股份有限公司设监事会，其成员不得少于三人。

（2）任期。

关于有限责任公司监事任期的规定，适用于股份有限公司监事。

3）国有独资公司

国有独资公司监事会成员不得少于五人。

3. 监事会的职权

1）有限责任公司

监事会、不设监事会的公司的监事行使下列职权：

（1）检查公司财务。

（2）对董事、高级管理人员执行公司职务的行为进行监督，对违反法律、行政法规、公司章程或股东会决议的董事、高级管理人员提出罢免的建议。

（3）当董事、高级管理人员的行为损害公司的利益时，要求董事、高级管理人员予以纠正。

（4）提议召开临时股东会会议，在董事会不履行本法规定的召集和主持股东会会议职责时召集和主持股东会会议。

（5）向股东会会议提出提案。

（6）依照公司法的规定，对董事、高级管理人员提起诉讼。

（7）公司章程规定的其他职权。

监事可以列席董事会会议，并对董事会决议事项提出质询或者建议。

监事会或不设监事会的公司的监事发现公司经营情况异常，可以进行调查；必要时，可以聘请会计师事务所等协助其工作，费用由公司承担。

【法条】

《中华人民共和国公司法》第一百五十条规定：董事、监事、高级管理人员执行公司职务时违反法律、行政法规或者公司章程的规定，给公司造成损失的，应当承担赔偿责任。

《中华人民共和国公司法》第一百五十二条规定：董事、高级管理人员有本法第一百五十条规定的情形的，有限责任公司的股东、股份有限公司连续180日以上单独或者合计持有公司1%以上股份的股东，可以书面请求监事会或者不设监事会的有限责任公司的监事向人民法院提起诉讼；监事有本法第一百五十条规定的情形的，前述股东可以书面请求董事会或者不设董事会的有限责任公司的执行董事向人民法院提起诉讼。

监事会、不设监事会的有限责任公司的监事，或者董事会、执行董事收到前款规定的股东书面请求后拒绝提起诉讼，或者自收到请求之日起30日内未提起诉讼，或者情况紧急、不立即提起诉讼将会使公司利益受到难以弥补的损害的，前款规定的股东有权为了公司的利益以自己的名义直接向人民法院提起诉讼。

他人侵犯公司合法权益，给公司造成损失的，本条第一款规定的股东可以依照前两款的规定向人民法院提起诉讼。

2）股份有限公司

关于有限责任公司监事会职权的规定，适用于股份有限公司监事会。监事会行使职权所必需的费用，由公司承担。

【任务完成】

1. 选举监事会主席

1）有限公司

监事会设主席一人，由全体监事过半数选举产生。

2）股份有限公司

监事会设主席一人，可以设副主席。监事会主席和副主席由全体监事过半数选举产生。

2. 召集权主体

1）有限责任公司

监事会主席召集和主持监事会会议；监事会主席不能履行职务或不履行职务的，由半数以上监事共同推举一名监事召集和主持监事会会议。

2）股份有限公司

监事会主席召集和主持监事会会议；监事会主席不能履行职务或不履行职务的，由监事会副主席召集和主持监事会会议；监事会副主席不能履行职务或不履行职务的，由半数以上监事共同推举一名监事召集和主持监事会会议。

3. 监事会的议事规则

1）有限公司

监事会每年度至少召开一次会议，监事可以提议召开临时监事会会议。

监事会的议事方式和表决程序，除公司法有规定的外，由公司章程规定。

监事会决议应当经半数以上监事通过。

监事会应当对所议事项的决定作成会议记录，出席会议的监事应当在会议记录上签名。

2）股份有限公司

监事会每六个月至少召开一次会议。监事可以提议召开临时监事会会议。

监事会的议事方式和表决程序，除公司法有规定的外，由公司章程规定。

监事会决议应当经半数以上监事通过。

监事会应当对所议事项的决定作成会议记录，出席会议的监事应当在会议记录上签名。

【法条】

《公司法》第五十二条规定：有限责任公司设监事会，其成员不得少于三人。股东人数较少或者规模较小的有限责任公司，可以设一至两名监事，不设监事会。

监事会应当包括股东代表和适当比例的公司职工代表，其中职工代表的比例不得低于1/3，具体比例由公司章程规定。监事会中的职工代表由公司职工通过职工代表大会、职工大会或者其他形式民主选举产生。

监事会设主席一人，由全体监事过半数选举产生。监事会主席召集和主持监事会会议；监事会主席不能履行职务或者不履行职务的，由半数以上监事共同推举一名监事召集和主持监事会会议。

董事、高级管理人员不得兼任监事。

《公司法》第五十五条规定：监事可以列席董事会会议，并对董事会决议事项提出质询或者建议。

监事会、不设监事会的公司的监事发现公司经营情况异常，可以进行调查；必要时，可以聘请会计师事务所等协助其工作，费用由公司承担。

任务3.5 有限责任公司股权转让与股份有限责任公司股份转让

【任务准备】

1. 有限责任公司股权转让与股份有限责任公司股份转让的概念

1）有限责任公司股权转让的概念

有限责任公司的股权转让是指股东向其他股东或股东以外的其他投资人转让其股权的行为。从定义上看，股权转让可以分为两种方式：一是公司内部股权转让；二是公司外部股权转让。

2）股份有限公司股份转让的概念

股份有限公司的股份转让是指公司的股份所有人，依法自愿将自己的股份让渡给其他人，而受让人依法取得该股权所有权的法律行为。由于股份的外在表现形式是股票，因此，股份的转让通常是以股票转让的方式表现出来。

2. 转让主体、受让主体及转让标的

1）有限责任公司

(1) 转让主体：股东。

(2) 受让主体：一是公司内部的其他股东；二是公司以外的其他投资人。

(3) 转让标的：投资人通过认购公司的出资而取得股东资格，成为股东后，所认购的出资就转化成为其股权。股权在本质上是股东对公司及其事务的控制权或支配权，是股东基于出资而享有的法律地位和权利的总称。具体包括收益权、表决权、知情权及其他权利。有限责任公司股东可以依法将自己的股东权益转让给他人，使他人取得该股权。

2）股份有限责任公司

(1) 转让主体：股东。

（2）受让主体：一是公司内部的其他股东；二是公司以外的其他投资人。

（3）转让标的：投资人通过认购公司的股份而取得股东资格，成为股东后，所认购的股份通过股票的形式表现出来。股东持有的股份可以依法转让。

知识卡片

股份有限公司股票

股份有限公司的资本划分为等额股份，股份采取股票的形式。股票是股份有限公司签发的证明股东所持股份的凭证。

股票应当载明下列主要事项：①公司名称；②公司成立日期；③股票种类、票面金额及代表的股份数；④股票的编号。股票由法定代表人签名，公司盖章。发起人的股票，应当标明发起人股票字样。

公司发行的股票，可以为记名股票，也可以为无记名股票。

公司向发起人、法人发行的股票，应当为记名股票，并应当记载该发起人、法人的名称或姓名，不得另立户名或以代表人姓名记名。

公司发行记名股票的，应当置备股东名册，记载下列事项：①股东的姓名或名称及住所；②各股东所持股份数；③各股东所持股票的编号；④各股东取得股份的日期。发行无记名股票的，公司应当记载其股票数量、编号及发行日期。

3. 转让原则

1）有限责任公司

有限责任公司的股权转让是不完全独立的自由转让。

（1）股东内部股权可自由转让。

（2）股东外部股权转让采取严格限制。

2）股份有限责任公司

股份有限公司的股份转让是独立的自由转让。

【任务完成】

1. 依法进行有限责任公司股权的转让

1）有限责任公司股权不完全独立的自由转让

（1）股东之间可以自由的相互转让全部或部分的股权。

（2）向股东以外的第三人转让股权则必须尊重其他股东的同意权，即其他股东过半数同意才能转让。

从程序上看，拟转让股权的股东应就其转让事项书面通知其他股东征求意见，其他股东接到通知之日起满30日未答复的，视为同意转让；反对股权转让的股东有购买义务，即不同意转让的股东必须表明自己愿意出资购买，否则视为同意转让。股东必须在“同意转让”和“购买”之间作出选择。

针对经股东同意转让的股权，在同等条件下，其他股东有优先购买权。

股权转让，公司章程优先适用。由于有限责任公司股权的转让主要涉及股东之间的利益，所以法律允许公司根据自身情况自行选择对于股权转让如何加以限制，允许公司通过章程对于股权转让作出不同于《公司法》的规定，并给予章程优先于法律规定的效力。

股权转让后，公司应当注销原股东的出资证明书，向新股东签发出资证明书，并相应修改公司章程和股东名册中有关股东及其出资额的记载。

【法条】

《公司法》第十二条规定：有限责任公司的股东之间可以相互转让其全部或部分股权。

股东向股东以外的人转让股权，应当经其他股东过半数同意。股东应就其股权转让事项书面通知其他股东征求同意，其他股东自接到书面通知之日起满30日未答复的，视为同意转让。其他股东半数以上不同意转让的，不同意的股东应当购买该转让的股权；不购买的，视为同意转让。

经股东同意转让的股权，在同等条件下，其他股东有优先购买权。两个以上股东主张行使优先购买权的，协商确定各自的购买比例；协商不成的，按照转让时各自的出资比例行使优先购买权。

公司章程对股权转让另有规定的，从其规定。

2）人民法院按照法律规定的强制执行程序可以转让股东股权

人民法院依照法律规定的强制执行程序转让股东的股权，是指人民法院依照民事诉讼法等法律规定的执行程序，强制执行生效的法律文书时，以拍卖、变卖或其他方式转让有限责任公司股东的股权。

人民法院依照法律规定的强制执行程序转让股东的股权时，应当通知公司及全体股东，其他股东在同等条件下有优先购买权。其他股东自人民法院通知之日起满20日不行使优先购买权的，视为放弃优先购买权。

股权转让后，公司同样应当注销原股东的出资证明书，向新股东签发出资证明书，并相应修改公司章程和股东名册中有关股东及其出资额的记载。

案例3-2

广东某餐饮有限公司被强制执行20%的股权

广东某餐饮有限公司(以下简称餐饮公司)因盲目扩大经营规模拖欠广东某装潢公司(以下简称装潢公司)装潢费用2000万元，届期无法归还，装潢公司向法院提起诉讼。2006年1月，法院作出终审判决：餐饮公司于判决书送达之日起15日返还装潢公司2000万元。判决生效后，被告未能自觉履行判决书所确定的义务。装潢公司向法院申请强制执行。法院立案后，委托某审计部门对餐饮公司进行司法审计，发现此餐饮公司因经营不善已无现金可供执行。而餐饮公司的房产均已向银行作了贷款抵押，现可供执行的财产只有其所持有的广东某娱乐有限责任公司（以下简称娱乐公司）20%的股权。该娱乐公司由餐饮公司、某酒店公司、某夜总会娱乐公司和某假日休闲度假村四家企业组建，注册资金8000万元。

法院最终决定对餐饮公司的20%的股权进行强制执行，并委托了某会计师事务所对娱乐公司的股权进行财产评估。广东另一某假日饭店有限责任公司（以下简称假日饭店）得知这一信息后，要求以评估价格受让该20%的股权。法院向娱乐公司的其他股东发出通知称，若其他股东不行使优先购买权，假日饭店将以1600万元的价格受让该部分股权。其他股东接到通知后，均不愿意假日饭店获得股权，故致函法院以原《公司法》第三十五条第二款为依据，认为法院执行时如要向股东以外的人转让出资，必须经公司全体股东过半数同意。现没有过半数的股东同意该转让，故法院应撤回将要强制转让该部分股权于假日饭店的决定。

分析：

在本案中，依照新《公司法》第七十三条的规定，人民法院有权强制执行欠债股东在其他公司的股权，并且人民法院也按照法定的程序通知了全体股东，其他股东不能以原公司法的内容对抗，人民法院不能采纳此理由。

娱乐公司的其他股东不能以半数以上股东反对向假日饭店转让股权为由向人民法院提出异议。娱乐公司的其他股东只有是否行使优先购买的权利，没有同意是否转让的权利，股权的转让在此时已经是一个既定的事实。

具体到本案中，如果娱乐公司的其他股东在20天的期限仍未作出优先购买该部分股权的表示，不能以沉默的方式拖延股权转让，人民法院视其为放弃优先购买权，可以将20%的股权转让给假日饭店，以偿还餐饮公司对装潢公司的欠款。

3）一定条件下，股东可以请求公司以合理的价格收购其股权

有下列情形之一的，股东可以请求公司按照合理的价格收购其股权：

（1）公司连续五年不向股东分配利润，而公司该五年连续盈利，并且符合公司法规定的分配利润条件的。

（2）公司合并、分立、转让主要财产的。

（3）公司章程规定的营业期限届满或章程规定的其他解散事由出现，股东会会议通过决议修改章程使公司存续的。

自股东会会议决议通过之日起60日内，股东与公司不能达成股权收购协议的，股东可以自股东会会议决议通过之日起90日内向人民法院提起诉讼。

4）自然人股东

自然人股东死亡后，其合法继承人可以继承股东资格；但是，公司章程另有规定的除外。

股权转让协议范本

转让方：________________________________（以下简称甲方）

受让方：________________________________（以下简称乙方）

鉴于甲方在_________公司（以下简称公司）合法拥有___%股权，现甲方有意转让其在公司拥有的全部股权，并且甲方转让其股权的要求已获得公司股东会的批准。

鉴于乙方同意受让甲方在公司拥有_____%股权。

鉴于公司股东会也同意由乙方受让甲方在该公司拥有的_____%股权。

甲、乙双方经友好协商，本着平等互利、协商一致的原则，就股权转让事宜达成如下协议：

第一条　股权转让

1. 甲方同意将其在公司所持股权，即公司注册资本的_____%转让给乙方，乙方同意受让。

2. 甲方同意出售而乙方同意购买的股权，包括该股权项下所有的附带权益及权利，且上述股权未设定任何（包括但不限于）留置权、抵押权及其他第三者权益或主张。

3. 协议生效之后，甲方将对公司的经营管理及债权债务不承担任何责任、义务。

第二条　股权转让价格及价款的支付方式

1. 甲方同意根据本合同所规定的条件，以_______元将其在公司拥有的_____%股权转让给乙方，乙方同意以此价格受让该股权。

2. 乙方同意按下列方式将合同价款支付给甲方：

乙方同意在本合同双方签字之日向甲方支付_______元；在甲乙双方办理完工商变更登记后，乙方向甲方支付剩余的价款_______元。

第三条　甲方声明

1. 甲方为本协议第一条所转让股权的唯一所有权人。

2. 甲方作为公司股东已完全履行了公司注册资本的出资义务。

3. 自本协议生效之日起，甲方完全退出公司的经营，不再参与公司财产、利润的分配。

第四条　乙方声明

1. 乙方以出资额为限对公司承担责任。

2. 乙方承认并履行公司修改后的章程。

3. 乙方保证按本合同第二条所规定的方式支付价款。

第五条　股权转让有关费用的负担

双方同意办理与本合同约定的股权转让手续所产生的有关费用，由___方承担。

第六条　有关股东权利义务包括公司盈亏（含债权债务）的承受

1. 从本协议生效之日起，乙方实际行使作为公司股东的权利，并履行相应的股东义务。必要时，甲方应协助乙方行使股东权利、履行股东义务，包括以甲方名义签署相关文件。

2. 从本协议生效之日起，乙方按其所持股权比例依法分享利润和分担风险及亏损。

第七条　协议的变更和解除

发生下列情况之一时，可变更或解除本协议，但甲乙双方需签订变更或解除协议书。

1. 由于不可抗力或由于一方当事人虽无过失但无法防止的外因，致使本协议无法履行；

2. 一方当事人丧失实际履约能力；

3. 由于一方违约，严重影响了另一方的经济利益，使合同履行成为不必要；

4. 因情况发生变化，当事人双方经过协商同意；

5. 合同中约定的其他变更或解除协议的情况出现。

第八条　违约责任

1. 如协议一方不履行或严重违反本协议的任何条款，违约方须赔偿守约方的一切经济损失。除协议另有规定外，守约方也有权要求解除本协议及向违约方索取赔偿守约方因此蒙受的一切经济损失。

2. 如果乙方未能按本合同第二条的规定按时支付股权价款，每延迟一天，应按延迟部分价款的________‰支付滞纳金。乙方向甲方支付滞纳金后，如果乙方的违约给甲方造成的损失超过滞纳金数额，或因乙方违约给甲方造成其他损害的，不影响甲方就超过部分或其他损害要求赔偿的权利。

第九条　保密条款

1. 未经对方书面同意，任何一方均不得向其他第三人泄漏在协议履行过程中知悉的商业秘密或相关信息，也不得将本协议内容及相关档案材料泄漏给任何第三方。但法律、法规规定必须披露的除外。

2. 保密条款为独立条款，不论本协议是否签署、变更、解除或终止等，本条款均有效。

第十条　争议解决条款

甲乙双方因履行本协议所发生的或与本协议有关的一切争议，应当友好协商解决。如协商不成，任何一方均有权按下列第__________种方式解决：

1. 将争议提交武汉仲裁委员会仲裁，按照提交仲裁时该会现行有效的仲裁规则进行仲裁。仲裁裁决是终局的，对甲乙双方均有约束力。

2. 各自向所在地人民法院起诉。

第十一条　生效条款及其他

1. 本协议经甲、乙双方签字盖章之日起生效。

2. 本协议生效后，如一方需修改本协议的，须提前十个工作日以书面形式通知另一方，并经双方书面协商一致后签订补充协议。补充协议与本协议具有同等效力。

3. 本协议执行过程中的未尽事宜，甲乙双方应本着实事求是的友好协商态度加以解决。双方协商一致的，签订补充协议。补充协议与本协议具有同等效力。

4. 本协议之订立、效力、解释、终止及争议的解决均适用中华人民共和国法律之相关规定。

5. 甲、乙双方应配合公司尽快办理有关股东变更的审批手续，并办理相应的工商变更登记手续。

6. 本协议正本一式四份，甲乙双方各执一份，公司存档一份，工商登记机关一份，具有同等法律效力。

转让方：

受让方：

年　　月　　日

2. 依法进行股份有限公司股份转让

1）普通股东转让所持股份

股东转让其股份，应当在依法设立的证券交易场所进行或按照国务院规定的其他方式进行。

记名股票，一般由股东以背书方式转让，也可以以法律、行政法规规定的其他方式转让，记名股票转让后由公司将受让人的姓名或名称及住所记载于股东名册。

但股东名册的变更登记有一定的时间限制，股东大会召开前二十日内或公司决定分配股利的基准日前五日内，不得进行股东名册的变更登记。

无记名股票的转让程序则比较简单，由股东将该股票交付给受让人后即发生转让的效力。

2）特殊股东转让所持股份

发起人持有的本公司股份，自公司成立之日起一年内不得转让。公司公开发行股份前已发行的股份，自公司股票在证券交易所上市交易之日起一年内不得转让。

公司董事、监事、高级管理人员应当向公司申报所持有的本公司的股份及其变动情况，在任职期间每年转让的股份不得超过其所持有本公司股份总数的25%；所持本公司股份自公司股票上市交易之日起一年内不得转让。上述人员离职后半年内，不得转让其所持有的本公司股份。公司章程可以对公司董事、监事、高级管理人员转让其所持有的本公司股份作出其他限制性规定。

3）公司回购股份

公司一般不得收购本公司股份，但有下列情形之一的除外：①减少公司注册资本；②与持有本公司股份的其他公司合并；③将股份奖励给本公司职工；④股东因对股东大会作出的公司合并、分立决议持异议，要求公司收购其股份的。

公司因减少注册资本或奖励本公司职工股份的原因回购股份的，应当经股东大会决议。

【法条】

《公司法》第一百四十三条规定：公司不得收购本公司股份。但是，有下列情形之一的除外：

（一）减少公司注册资本；

（二）与持有本公司股份的其他公司合并；

（三）将股份奖励给本公司职工；

（四）股东因对股东大会作出的公司合并、分立决议持异议，要求公司收购其股份的。公司因前款第(一)项至第(三)项的原因收购本公司股份的，应当经股东大会决议。公司依照前款规定收购本公司股份后，属于第(一)项情形的，应当自收购之日起十日内注销；属于第(二)项、第(四)项情形的，应当在六个月内转让或注销。

公司依照第一款第(三)项规定收购的本公司股份，不得超过本公司已发行股份总额的5%；用于收购的资金应当从公司的税后利润中支出；所收购的股份应当在一年内转让给职工。

公司不得接受本公司的股票作为质押权的标的。

任务3.6　正确履行董事、监事、高级管理人员的义务

【任务准备】

所谓高级管理人员，根据《公司法》第二百一十七条的规定，具体是指公司的经理、副经理、财务负责人，上市公司董事会秘书和公司章程规定的其他人员。

董事、监事、高级管理人员对公司经营的成败得失起着非常重要的作用。《公司法》对公司董事、监事及高级管理人员的任职资格有明确的限制。有下列情形之一的，不得担任公司的董事、监事、高级管理人员：

(1) 无民事行为能力或限制民事行为能力。

(2) 因贪污、贿赂、侵占财产、挪用财产或破坏社会主义市场经济秩序，被判处刑罚，执行期满未逾五年，或者因犯罪被剥夺政治权利，执行期满未逾五年。

(3) 担任破产清算的公司、企业的董事或厂长、经理，对该公司、企业的破产负有个人责任的，自该公司、企业破产清算完结之日起未逾三年。

(4) 担任因违法被吊销营业执照、责令关闭的公司、企业的法定代表人，并负有个人责任的，自该公司、企业被吊销营业执照之日起未逾三年。

(5) 个人所负数额较大的债务到期未清偿。

违法选举、委派董事、监事或聘任高级管理人员的，该选举、委派或聘任无效。

【任务完成】

1. 依法履行公司董事、监事及高级管理人员的义务

公司董事、高管被授予了广泛的参与管理公司事务和公司财产的权力，而监事对公司的整体运行负有监督、检查、考核的责任，为防止董事、监事和高管不作为或滥用权力，保护公司利益和全体股东的共同利益，对其进行约束是必要的。

1）勤勉义务

所谓勤勉义务，又称注意义务或善管义务，是指履行职责时，应当为公司的最佳利益，具有一个善良管理人的细心，尽一个普通谨慎之人的合理注意义务。在判断董事是否履行勤勉义务时，通常应以普通谨慎的董事在同类公司、同类职务、同类场合所应有的注意、知识和经验程度作为衡量标准。

2）忠实义务

所谓忠实义务，是指其应当忠实履行职责，其自身利益与公司利益发生冲突时，应当维护公司利益，不得利用其在公司的地位牺牲公司利益为自己或第三人牟利。“董事、监事、高级管理人员不得利用职权收受贿赂或者其他非法收入，不得侵占公司的财产”正是忠实义务的一项具体内容。

《公司法》对违反忠实义务的行为作出了严格的禁止性规定：①不得利用职权收受贿赂或其他非法收入，不得侵占公司的财产；②挪用公司资金，这会影响公司的运转；③将公司资金以其个人名义或以其他个人名义开立账户存储，私存极易造成公司财产的流失；④违反公司章程的规定，未经股东会、股东大会或董事会同意，将公司资金借贷给他人或以公司财产为他人提供担保；⑤违反公司章程的规定或未经股东会、股东大会同意，与本公司订立合同或进行交易，这主要是个人利益与公司利益冲突；⑥未经股东会或股东大会同意，利用职务便利为自己或他人谋取属于公司的商业机会，自营或为他人经营与所任职公司同类的业务，这属于同业竞争，侵害公司利益；⑦接受他人与公司交易的佣金归为己有，这属于利用职权谋取私利；⑧擅自披露公司秘密，这可能侵害公司利益；⑨违反对公司忠实义务的其他行为。

【法条】

《公司法》第一百四十八条规定：董事、监事、高级管理人员应当遵守法律、行政法规和公司章程，对公司负有忠实义务和勤勉义务。

董事、监事、高级管理人员不得利用职权收受贿赂或其他非法收入，不得侵占公司的财产。

《公司法》第一百四十九条规定：董事、高级管理人员不得有下列行为：

（一）挪用公司资金；

（二）将公司资金以其个人名义或以其他个人名义开立账户存储；

（三）违反公司章程的规定，未经股东会、股东大会或董事会同意，将公司资金借贷给他人或以公司财产为他人提供担保；

（四）违反公司章程的规定或未经股东会、股东大会同意，与本公司订立合同或进行交易；

（五）未经股东会或股东大会同意，利用职务便利为自己或他人谋取属于公司的商业机会，自营或为他人经营与所任职公司同类的业务；

（六）接受他人与公司交易的佣金归为己有；

（七）擅自披露公司秘密；

（八）违反对公司忠实义务的其他行为。

董事、高级管理人员违反前款规定所得的收入应当归公司所有。

3）限制转让股份的义务

公司董事、监事、高级管理人员应当向公司申报所持有的本公司的股份及其变动情况，在任职期间每年转让的股份不得超过其所持有本公司股份总数的25%；所持本公司股份自公司股票上市交易之日起一年内不得转让。上述人员离职后半年内，不得转让其所持有的本公司股份。公司章程可以对公司董事、监事、高级管理人员转让其所持有的本公司股份作出其他限制性规定。

对董事、监事、高级管理人员所持的股份进行转让限制，主要是基于两个理由：①董事、监事、高级管理人员，对公司负有特殊义务，应加强其与公司之间的联系，将公司的利益与其个人利益联系在一起，以促使其尽职尽责地履行职务；②董事、监事、高级管理人员负责公司的运营，掌握着大量的公司信息，如果允许其随意转让本公司股份，可能会出现董事、监事、高级管理人员利用所掌握的信息进行内幕交易、损害公司利益及股东利益的情形。

4）董事、监事、高级管理人员接受股东质询的义务及提供资料的义务

股东会或股东大会要求董事、监事、高级管理人员列席会议的，董事、监事、高级管理人员应当列席并接受股东的质询。董事、高级管理人员应当如实向监事会或者不设监事会的有限责任公司的监事提供有关情况和资料，不得妨碍监事会或者监事行使职权。

为了使股东能够在充分了解情况的基础上正确行使表决权，更好地保障公司利益和股东利益，应当赋予股东在股东会议上质询的权利。同样，为了确保监事会和不设监事会的有限责任公司的监事了解董事、高级管理人员执行公司职务的有关情况，正确有效地行使监督智能，从法律上规定董事、高级管理人员对监事会和不设监事会的有限责任公司的监事的说明义务也是十分必要的。

2. 董事、监事、高级管理人员的责任

董事、监事、高级管理人员应依法履行义务，如果其违法执行职务给公司造成损害应承担赔偿责任。

1）董事、监事、高级管理人员承担赔偿责任应当具备的条件

（1）必须有公司受到损害的事实存在。

（2）损害行为必须是行为人违反法律、行政法规或公司章程执行公司职务的行为。

（3）违法行为与损害事实之间必须具有因果关系。

（4）行为人必须有过错，即必须有过失或故意。

2）对董事、监事、高级管理人员的民事责任追究

（1）股东代表诉讼。

所谓股东代表诉讼，是专门赋予股东为了公司利益而提起损害赔偿诉讼的制度安排。具体是指公司的董事、监事和高级管理人员在执行职务时违犯法律、行政法规或公司章程的规定，给公司造成损失，而公司又怠于行使起诉权时，符合条件的股东可以以自己的名义向法院提起损害赔偿的诉讼。由于不是直接诉权，因此又被称为代表诉讼、代位诉讼、派生诉讼等。

股东代表诉讼可以有力地保护股东的利益，但同时也可能面临有人“滥诉”或借此恶意伤害公司的情况，因此也同时需要做一些限制性规定。

① 原告资格。有限公司的任何一名股东、股份公司连续180日以上单独或合计持有公司1%以上股份的股东可以代表公司提起诉讼。

② 被告范围。包括两类：其一是公司的董事、监事和高级管理人员；其二“他人”，即任何人(例如大股东、实际控制人)侵犯了公司合法权益，给公司造成损失的，符合条件的股东都可以提起股东代表诉讼。

③ 责任事由。即有《公司法》第一百五十条规定的情形的。

【法条】

《中华人民共和国公司法》第一百五十条规定：董事、监事、高级管理人员执行公司职务时违反法律、行政法规或者公司章程的规定，给公司造成损失的，应当承担赔偿责任。

④ 前置程序。股东在一般情况下不能直接向法院起诉，而应先征求公司的意思，即以书面形式请求监事会/监事(起诉董事、高管人员时)或董事会/执行董事(起诉监事时)作为公司代表起诉董事、监事、高级管理人员或他人。当股东的书面请求遭到明确拒绝，或者自收到请求之日起30日内未提起诉讼，或者情况紧急、不立即提起诉讼将会使公司利益受到难以弥补的损害的，该股东有权为了公司的利益以自己的名义直接向人民法院提起诉讼。

（2）股东直接诉讼。

除了对股东派生诉讼地位予以认可外，新《公司法》还直接规定了股东的诉权。股东是公司的投资人，有权维护自己在公司的合法权益。公司董事、高级管理人员违犯法律、行政法规或公司章程的规定，损害股东利益的，股东有权为维护自己的利益向人民法院提起诉讼。因此，《公司法》第一百五十三条规定："董事、高级管理人员违反法律、行政法规或公司章程的规定，损害股东利益的，股东可以向人民法院提起诉讼。"该条与上述关于股东代表诉讼的规定共同构成了完善的股东诉讼机制，对于保护股东利益，遏制损害股东和公司利益的行为，加强对董事、监事、高级管理人员的监管非常有利。

3）董事、监事、高级管理人员违反义务应承担的法律责任

（1）民事责任。

① 公司董事、监事、高级管理人员违反忠实义务。

首先，董事、监事、高级管理人员违反忠实义务所得的收入应当归公司所有；其次，如果该行为造成公司损失，公司还可以要求该董事或高级管理人员承担损失赔偿责任。

② 公司董事、监事、高管违反勤勉义务。

在公司董事、高级管理人员违反勤勉义务的情况下，其行为可能造成公司财产的损失，公司可以要求该董事、监事或高管赔偿公司的实际损失。

案例 3－3

林某是某有限责任公司的董事，在其执行职务时，利用职务之便，多次以公司的财产为朋友提供担保，并获得好处费，公司可以采取什么措施维护自身的利益？

分析：林某违反忠实义务，以公司财产为他人提供担保，其违法所得应收归公司所有。

（2）刑事责任。

《刑法》第一百六十五条、一百六十六条、一百六十七条对违反忠实义务和勤勉义务，使国家利益遭受重大损失的国有公司相关人员，规定了明确的量刑标准。另外，《公司法》第一百四十九条对私营企业的董事、监事、高级管理人员挪用公司资金获得非法利益，接受与公司交易的佣金归自己所有，数额较大的都将面临承担刑事责任的处罚。

【法条】

《公司法》第一百五十二条规定：董事、高级管理人员有本法第一百五十条规定的情形的，有限责任公司的股东、股份有限公司连续 180 日以上单独或合计持有公司 1% 以上股份的股东，可以书面请求监事会或不设监事会的有限责任公司的监事向人

民法院提起诉讼；监事有本法第一百五十条规定的情形的，前述股东可以书面请求董事会或不设董事会的有限责任公司的执行董事向人民法院提起诉讼。

《公司法》第一百五十三条规定：董事、高级管理人员违反法律、行政法规或者公司章程的规定，损害股东利益的，股东可以向人民法院提起诉讼。

【实务演练】

1. 卧龙餐饮有限责任公司的董事会议拟增加注册资本，公司监事会全体7名成员坚决反对，但董事会坚持决议。于是，监事会中的3名监事联名通知全体股东召开临时股东会议。除两名股东因故未参加股东会议外，其余股东全部参加。与会股东最终以2/3人数通过了公司增加注册资本的董事会决议。监事会认为股东大会会议的表决未达到法定人数，因而决议无效。董事会认为，监事会越权召开股东会，会后又对会议决议横加指责，纯属无理之举。

（1）卧龙饮食有限责任公司董事会是否有权作出增加注册资本的决议？

（2）临时股东会的召集程序是否合法？

（3）临时股东会通过的决议是否有效？

2. 新天地餐饮股份有限公司于2008年6月成立，公司于2011年召开董事会会会议，应到董事9名，实到6名，通过三项决议：①根据经理宋佳的提名，解聘财务负责人吕刚；②鉴于董事陈瑞身体多病，已三次未参加董事会会议，决定予以撤换；③公司经理宋佳将其持有的新天地公司股份全部转让给崔亮。新天地公司董事会作出的这三项决议是否有效？为什么？

3. 冯某和唐某分别担任春风餐饮有限公司的总经理和行政总厨。2011年，两人辞职加入了海景餐饮有限公司。春风公司新任董事长兼总经理郭某上任后发现春风公司的财务状况混乱，公司亏损的非常蹊跷。经调查得知，冯某在任春风公司董事兼总经理期间就伙同唐某于2010年共同成立了海景公司。冯某任法定代表人，公司旗下酒店的主要菜品、装修风格和管理方法都与春风公司大致相同。进一步调查后发现，冯某、唐某两人利用职务便利，运用春风公司的技术资料、销售渠道，大量篡夺了春风公司的商业机会。

思考后，完成以下任务：

（1）分析冯某、唐某两人的行为性质和法律后果。

（2）春风公司应当怎样主张权利？

【扩展阅读】

《中华人民共和国公司法》

《中华人民共和国刑法》

4

酒店会计法律事务管理

(1) 能为酒店依法建账、做账。
(2) 能对酒店各种结算方式进行控制。
(3) 能为酒店依法纳税。
(4) 能为酒店依法进行利润分配。

(1) 了解建账、做账的含义及基本原则，掌握会计核算的基本要求。
(2) 熟悉各种酒店结算方式的程序。
(3) 熟悉与酒店有关的税种，掌握各税种的计税基础及计算公式。
(4) 明确利润分配的法定程序。

引例

盛源酒店成立5周年，正在举行规模空前的庆典。张总坐在嘉宾席上欣赏着台上自己员工的才艺表演，脸上露出满意的笑容。台上正在表演单口相声，那张熟悉的面孔让张总陷入沉思，他是酒店的财务总监曾仁，从酒店筹建直到现在曾仁可谓忠心耿耿，为酒店财务建章立制，落实岗位责任制，指导开源节流，参与主要经济合同的谈判并监督其执行情况，编制财务收支、成本费用等计划和预算，审查核定计划外重大收支项目，并负责各项经营计划的协调平衡，落实完成计划的措施，对执行中存在的问题提出改进意见；控制酒店物品的采购、收货、库存、发放等工作，确保所有进货价廉物美、库存适量和物尽其用；协调与酒店各部门的关系，并负责与财政、银行、税务、外汇和保险机构的联系；定期向总经理如实反映酒店经济活动和财务收支情况，正确及时地提供管理信息，作为改善酒店经营管理决策的依据。张总心里清楚：酒店发展到今天，规模扩大了一倍，曾仁的作用实在是功不可没。

酒店的经营活动离不开资金，资金的增减变动情况通过会计记账进行核算和监督。真实有用的会计信息对酒店考核经营业绩，改善经营管理，帮助投资者作出正确投资决策有极其重要的作用。为了维护市场经济秩序，明确经济责任，保障国家税收收入，酒店会计行为及税收缴纳行为必须依法实施。

本项目内容所涉及的主要法律依据如下：

《中华人民共和国会计法》（2007年1月1日起执行）

《企业会计准则》（2007年1月1日起执行）

《中华人民共和国公司法》（2006年1月1日起执行）

《中华人民共和国企业所得税法》（2008年1月1日起执行）

《中华人民共和国营业税暂行条例》（2009年1月1日起执行）

任务4.1　酒店如何建账做账

【任务准备】

1. 建账的相关概念和基本原则

建账就是根据《中华人民共和国会计法》和国家统一会计制度的规定，以及企业具体行业要求和将来可能发生的会计业务情况，确定账簿种类、格式、内容及登记方法。

现金日记账是用来逐日反映库存现金的收入、付出及结余情况的特种日记账。它是由单位出纳人员根据审核无误的现金收、付款凭证和从银行提现的银付凭证逐笔进行登记的。

银行存款日记账是用来反映银行存款增加、减少和结存情况的账簿。企业应按币种设置银行存款日记账进行明细分类核算，其格式有三栏式、多栏式和收付分页式三种。

总分类账簿是根据总分类科目开设账户，用来登记全部经济业务，进行总分类核算，提供总括核算资料的分类账簿，又称总分类账，简称总账。总分类账所提供的核算资料，是编制会计报表的主要依据，任何单位都必须设置总分类账。

明细分类账簿是根据二级会计科目或明细子目开设账页、明细登记某一类经济业务的账簿，明细分类账簿是根据企业单位经营管理的需要由企业单位自主设置。

建账必须遵循以下基本原则。

(1) 依法原则。各单位必须按照《中华人民共和国会计法》和国家统一会计制度的规定设置会计账簿，包括总账、明细账、日记账和其他辅助性账簿，不允许不建账、不允许在法定的会计账簿之外另外建账。

(2) 全面系统原则。设置的账簿要能全面、系统地反映企业的经济活动，为企业经营管理提供所需的会计核算资料，同时要符合各单位生产经营规模和经济业务的特点，使设置的账簿能够反映企业经济活动的全貌。

(3) 组织控制原则。设置的账簿要有利于账簿的组织、建账人员的分工，有利于加强岗位责任制和内部控制制度，有利于财产物资的管理，便于账实核对，以保证企业各项财产物资的安全完整和有效使用。

(4) 科学合理原则。建账应根据不同账簿的作用和特点，使账簿结构做到严密、科学，有关账簿之间要有统驭或平行制约的关系，以保证账簿资料的真实、正确和完整；账簿格式的设计及选择应力求简明、实用，以提高会计信息处理和利用的效率。

【法条】

《中华人民共和国会计法》第三条规定：各单位必须依法设置会计账簿，并保证其真实、完整。

《中华人民共和国会计法》第九条规定：各单位必须根据实际发生的经济业务事项进行会计核算，填制会计凭证，登记会计账簿，编制财务会计报告。任何单位不得以虚假的经济业务事项或资料进行会计核算。

《中华人民共和国会计法》第四十三条规定：伪造、变造会计凭证、会计账簿，编制虚假财务会计报告，构成犯罪的，依法追究刑事责任。

《中华人民共和国公司法》第一百六十四条规定：公司应当依照法律、行政法规和国务院财政部门的规定建立本公司的财务、会计制度。

2. 与做账有关的概念

会计做账是指会计进行账务处理的过程，一般从填制凭证开始到编制报表结束的整个过程。

会计凭证包括原始凭证和记账凭证。

原始凭证又称单据，是在经济业务发生或完成时取得或填制的，用以记录或证明经济业务的发生或完成情况的文字凭据。它不仅能用来记录经济业务发生或完成情况，还可以明确经济责任，是进行会计核算工作的原始资料和重要依据，是会计资料中最具有法律效力的一种文件。工作令号、购销合同、购料申请单等不能证明经济业务发生或完成情况的各种单证不能作为原始凭证并据以记账。

记账凭证又称记账凭单，或分录凭单，是会计人员根据审核无误的原始凭证按照经济业务事项的内容加以归类，并据此确定会计分录后所填制的会计凭证。它是登记账簿的直接依据。

会计账簿简称账簿，是由具有一定格式、相互联系的账页所组成，用来序时、分类地全面记录一个企业、单位经济业务事项的会计簿籍。设置和登记会计账簿，是重要的会计核算基础工作，是连接会计凭证和会计报表的中间环节，做好这项工作，对于加强经济管理具有十分重要的意义。

会计报表是根据日常会计核算资料定期编制的，综合反映企业某一特定日期财务状况和某一会计期间经营成果、现金流量的总结性书面文件。它是企业财务报告的主要部分，是企业向外传递会计信息的主要手段。我国现行制度规定，企业向外提供的会计报表包括资产负债表、利润表、现金流量表、资产减值准备明细表、利润分配表、股东权益增减变动表、分部报表和其他有关附表。

【任务完成】

1. 建账

1）酒店刚成立时的建账流程

（1）根据企业的规模等，选择使用《企业会计准则》或《企业会计制度》或《小企业会计制度》。

本书中盛源酒店，选用的是《企业会计准则》。

（2）选用账簿。

酒店属于服务业，主要业务是对外提供劳务服务，会计核算相对于工业企业成本核算比较简单，所以账簿设置相对也较简单。

① 现金日记账和银行存款日记账。

现金日记账与银行存款日记账的建立同工业商品流通企业相同，使用方式与登记方式也完全相同。现金日记账和银行存款日记账均应使用订本账。

② 总分类账簿。

根据《会计法》规定，单位必须设立总账，记录包含所设置的全部账户的总括信息。总账使用订本账。

③ 明细分类账簿。

明细分类账簿是对经济业务的详细内容分类登记的账簿，是对总分类账进行的补充反映。明细分类账要使用活页式账页。

固定资产明细账一般采用卡片账。

(3) 设置会计科目。

会计科目的设置原则：

① 合法性原则，指所设置的会计科目应当名称、含义与会计制度保持一致。

② 相关性原则，指所设置的会计科目应为提供有关各方所需要的会计信息服务，满足对外报告与对内管理的要求。会计科目设置后不应轻易变动，要保持相对稳定。

③ 实用性原则，指所设置的会计科目应符合单位自身特点，满足单位实际需要。酒店在不影响会计核算要求和会计报表指标汇总等前提下，可以根据实际情况自行增设、减少或合并某些会计科目。酒店常用会计科目表见表4-1。

表4-1 酒店常用会计科目表(总分类科目表)

资 产 类	负 债 类	所有者权益类	损 益 类
库存现金	短期借款	实收资本	主营业务收入
银行存款	应付账款	资本公积	其他业务收入
其他货币资金	预收账款	本年利润	汇兑损益
交易性金融资产	应付职工薪酬	利润分配	公允价值变动损益
应收账款	应交税费		投资收益
预付账款	应付利息		营业外收入
应收利息	其他应付款		主营业务成本
其他应收款	长期应付款		其他业务成本
坏账准备			营业税金及附加
原材料	成本类		销售费用
库存商品	研发支出		管理费用
商品进销差价			财务费用
存货跌价准备			资产减值损失
固定资产			营业外支出
累计折旧			所得税费用
固定资产减值准备			以前年度损益调整
在建工程			
工程物资			
固定资产清理			

续表

资　产　类	负　债　类	所有者权益类	损　益　类
无形资产			
累计摊销			
无形资产减值准备			
商誉			
长期待摊费用			
待处理财产损益			

（4）填制账簿内容。

① 封皮。

② 扉页，或使用登记表，明细账中称经管人员一览表。

③ 总分类账的账户目录。

总分类账外形采用订本式，故应给每个账户预先留好页码，把科目名称及其页次填在账户目录中。明细分类账由于采用活页式账页，在年底归档前可以增减账页，所以不用非常严格的预留账页。现金或银行存款日记账不需要预留账页。

2）企业成立第二年或以后年度建账，即年初建账

（1）总账、日记账和多数明细账应每年更换一次，即新的年度开始时都需要重新建账。

（2）有些明细账可以继续使用，如财产物资明细账和债权、债务明细账等。如果这些账簿更换新账，重抄一遍的工作量很大，因此不必每年更换一次；固定资产卡片等卡片式账簿及各种备查账簿，也都可以跨年度连续使用。

2. 做账

单位做账的过程主要包括三个环节：填制会计凭证、登记会计账簿、编制财务会计报告。

1）填制会计凭证

会计凭证分为原始凭证和记账凭证。

从原始凭证到记账有如下程序：审核原始凭证；根据原始凭证中所记录的经济业务内容，按照会计制度规定用复式记账方法，确定应借、应贷会计科目和金额；按照记账凭证的内容、格式及填制方法，填制记账凭证；记账凭证经填制、审核后，交记账人员记账。

（1）原始凭证的内容及审核要求。

酒店办理各项会计事项，每发生一笔经济业务，必须取得或者填制原始凭证，及时送交财务部。

① 原始凭证的内容必须具备凭证的名称；填制凭证期；填制凭证单位名称或填制人姓名；经办人员的签名或盖章；接受凭证单位名称；经济业务内容；数量、单价和金额。

② 取得的原始凭证，必须盖有填制单位的公章(指具有法律效力和特定用途，能够证明单位身份和性质的印鉴)；从个人取得的原始凭证，必须有填制人员的签名或盖章。自制原始凭证必须有经办单位领导人或其指定的人员签名或盖章。对外开出的原始凭证，必须加盖本单位公章。

③ 凡填有大写和小写金额的原始凭证大写与小写金额必须相符。购买实物的原始凭证，必须有验收证明。支付款项的原始凭证，必须有收款单位和收款人的收款证明。

④ 一式几联的原始凭证联作为报销凭证。应当注明各联的用途，只能以一联作为报销凭证。

⑤ 办理退款时必须取得对方的收款收据或汇款银行的凭证。

⑥ 员工的借款凭据，必须附在记账凭证之后。收回借款时应当另开收据，不得退还原借款收据。

⑦ 经上级有关部门批准的经济业务应当将批准文件作原始凭证附件。如果批准文件需要单独归档的，应当在凭证上注明批准机关名称、日期和文件字号。

⑧ 原始凭证不得涂改、挖补。发现原始凭证有错误的，应当由开出单位重开或更正，更正处应当加盖开出单位的公章。

(2) 记账凭证的内容及填制要求。

① 记账凭证的内容必须具备填制凭证的日期；凭证编号；经济业务摘要；会计科目；金额；所附原始凭证张数；填制凭证人员、稽核人员、记账人员、财务负责人、会计主管人员签名或盖章。收款和付款记账凭证还应当由出纳人员签名或盖章。以自制的原始凭证或原始凭证汇总表代替记账凭证的，也必须具备记账凭证应有的项目。

② 填制记账凭证时，应当对记账凭证进行连续编号。一笔经济业务需要填制两张以上记账凭证的，可以采用分数编号法编号。

③ 记账凭证可以根据每一张原始凭证填制，或者根据若干张同类原始凭证汇总填制，也可以根据原始凭证汇总表填制。但不得将不同内容和类别的原始凭证汇总填制在一张记账凭证上。

④ 除结账和更正错误的记账凭证可以不附原始凭证外，其他记账凭证必须附有原始凭证。如果一张原始凭证涉及几张记账凭证，可以把原始凭证附在一张主要的记账凭证后面，并在其他记账凭证上注明附有该原始凭证的记账凭证的编号或附原始凭证复印件。

⑤ 如果在填制记账凭证时发生错误，应当按照会计准则规定的方法重新填制。

⑥ 记账凭证填制完经济业务事项后，如有空行，应当自金额栏最后一笔金额数字下的空行处至合计数上的空行处划线注销。

⑦ 实行会计电算化的酒店，对于机制记账凭证要认真审核，做到会计科目使用正确，数字准确无误。打印出的机制凭证要加盖制单人员、审核人员、记账人员及财务负责人、主管人员的印章或者签字。

（3）记账凭证的审核。

在登记账簿之前，会计人员对于记账凭证要进行严格审核。只有经过审核无误的记账凭证才能作为登记账簿的依据。

① 审核其记录的经济业务与所附的原始凭证内容是否相符。

② 审核各借贷账户的名称、金额及其对应关系是否正确无误。

③ 审核记账凭证中有关项目的填列是否规范和齐全，有关人员是否签字盖章，审批手续是否完备。

（4）会计凭证传递和保管。

财务部要妥善保管会计凭证，会计凭证的传递程序应当科学、合理。

① 会计凭证应当及时传递，不得积压。

② 会计凭证登记完毕后，应当按照分类和编号顺序保管。

③ 记账凭证应当连同所附的原始凭证或原始凭证汇总表，按照编号顺序，折叠整齐，按期装订成册，在封面注明酒店名称、年度、月份和起讫日期、凭证种类、起讫号码。

④ 会计凭证不得外借，如因特殊原因需要使用会计凭证须经财务负责人、会计主管人员批准，并应当专设登记簿登记，由提供人员和借用人员共同签名或盖章。

【法条】

《中华人民共和国会计法》第十条规定：下列经济业务事项，应当办理会计手续，进行会计核算：

（一）款项和有价证券的收付；

（二）财物的收发、增减和使用；

（三）债权债务的发生和结算；

（四）资本、基金的增减；

（五）收入、支出、费用、成本的计算；

（六）财务成果的计算和处理；

（七）需要办理会计手续、进行会计核算的其他事项。

2）登记会计账簿

会计账簿根据制单人、指定的审核人员和会计部负责人审核无误后签证的记账凭证登记。

(1) 登记会计账簿的要求。

① 登记会计账簿时，应当将会计凭证日期、编号业务内容摘要、金额和其他有关资料逐项记入账内，清楚、登记及时、字迹工整。

② 登记完毕后，要在记账凭证上签名或盖章，并注明已经登账的符号，表示已经记账。

③ 账簿中书写的文字和数字上面要留有适当空间，不要写满格。

④ 登记账簿要用碳素墨水或蓝黑墨水书写。(冲销错误分录、登记负数等会计制度规定的除外)

⑤ 各种账簿按页次顺序连续登记，不得跳行、隔页。如果发生跳行、隔页，应当将空行、空页画线注销，或者注明“此行空白”、“此页空白”字样，并由记账人员签名或盖章。

⑥ 凡需要结出余额的账户，结出余额后，应当在“借或贷”等栏内写明“借”或“贷”等字样。没有余额的账户，应当在“借或贷”等栏内写“平”字，并在余额栏内用“Q”表示。现金日记账和银行存款日记账必须逐日结出余额。

⑦ 每一账页登记完毕结转下页时，应当结出本页合计数及余额，写在本页最后一行和下页第一行有关栏内，并在摘要栏内注明“过次页”和“承前页”字样；也可以将本页合计数及金额只写在下页第一行有关栏内，并在摘要栏内注明“承前页”字样。

⑧ 账簿记录发生错误，不准涂改、挖补、刮擦或用药水消除字迹，必须按照规定的错账更正方法进行更正。

⑨ 酒店应当定期对会计账簿记录明有关数字与会计凭证、库存实物、货币资金、有价证券、有价证券、往来单位或个人等数字进行相互核对，保证账账相符、账实相符。

⑩ 酒店应当按照规定定期结账。结账前，必须将本期内所发生的各项经济业务全部登记入账。结账时，应当结出每个账户的期末余额。

【法条】

《会计法》第十六条规定：各单位发生的各项经济业务事项应当在依法设置的会计账簿上统一登记、核算，不得违反本法和国家统一的会计制度的规定私设会计账簿登记、核算。

(2) 实行会计电算化的酒店，总账和明细账应当定期打印。发生收款和付款业务的，在输入收款凭证和付款凭证的当天，必须打印出现金日记账和银行存款日记账，并与库存现金核对无误。用计算机打印的会计账簿必须连续编号，经审核无误后装订成册，并由记账人员和财务负责人、会计主管人员签字或盖章。

3) 编制财务会计报告

财务会计报告是企业对外提供的反映企业某一特定日期的财务状况和某一会计期

间的经营成果、现金流量等会计信息的文件。财务会计报告上应当由单位负责人和主管会计工作的负责人、会计机构负责人(会计主管人员)签名并盖章。

财务会计报告包括会计报表及其附注和其他应当在财务会计报告中披露的相关信息和资料。会计报表包括资产负债表、利润表、现金流量表等报表。

资产负债表是指反映企业在某一特定日期的财务状况的会计报表，见表4-2。

利润表(也称损益表)是指反映企业在一定会计期间的经营成果的会计报表，见表4-3。

现金流量表是反映企业在一定会计期间的现金和现金等价物流入和流出的会计报表。

【法条】

《会计法》第二十条规定：财务会计报告应当根据经过审核的会计账簿记录和有关资料编制，并符合本法和国家统一的会计制度关于财务会计报告的编制要求、提供对象和提供期限的规定；其他法律、行政法规另有规定的，从其规定。

《会计法》第二十一条规定：财务会计报告应当由单位负责人和主管会计工作的负责人、会计机构负责人(会计主管人员)签名并盖章；设置总会计师的单位，还须由总会计师签名并盖章。

单位负责人应当保证财务会计报告真实、完整。

表4-2　资产负债表

编制单位：　　　　　　年　　月　日　　　　　　单位：元

资　　产	期末余额	年初余额	负债和所有者权益（或股东权益）	期末余额	年初余额
流动资产			流动负债		
货币资金			短期借款		
交易性金融资产			交易性金融负债		
应收票据			应付票据		
应收账款			应付款项		
预付账款			预收款项		
应收利息			应付职工薪酬		
应收股利			应交税费		
其他应收款			应付利息		
存货			应付股利		
一年内到期的非流动资产			其他应付款		
其他流动资产			一年内到期的非流动负债		

续表

资　　产	期末余额	年初余额	负债和所有者权益（或股东权益）	期末余额	年初余额
流动资产合计			其他流动负债		
非流动资产			流动负债合计		
可供出售金融资产			非流动负债		
持有至到期投资			长期借款		
长期应收款			应付债券		
长期股权投资			长期应付款		
投资性房地产			专项应付款		
固定资产			预计负债		
在建工程			递延所得税负债		
工程物资			其他非流动负债		
固定资产清理			非流动负债合计		
生物性生物资产			负债合计		
油气资产			所有者权益		
无形资产			实收资本		
开发支出			资本公积		
商誉			减：库存股		
长期待摊费用			盈余公积		
递延所得税资产			未分配利润		
其他非流动资产			所有者权益合计		
非流动资产合计					
资产合计			负债和所有者权益合计		

表4-3　利润表

编制单位：　　　　　　　　　　年　　　月　　　　　　　　　　单位：元

项　　目	行　　次	本　月　数	本年累计数
一、营业收入			
减：营业成本			
营业税金及附加			
销售费用			
管理费用			

续表

项　　目	行　　次	本　月　数	本年累计数
财务费用			
资产减值损失			
加：公允价值变动收益			
投资收益			
二、营业利润			
加：营业外收入			
减：营业外支出			
其中：非流动资产处置损失			
三、利润总额			
减：所得税费用			
四、净利润			
五、每股收益			
(一)基本每股收益			
(二)稀释每股收益			

特别提示

酒店会计档案保管期限(表4-4)应当是多久呢?

表4-4　酒店会计档案保管期限表

序号	档案名称	保管期限	备　　注
一	会计凭证类		
1	原始凭证	15年	
2	记账凭证	15年	
3	汇总凭证	15年	
二	会计账簿类		
4	总账	15年	包括日记账
5	明细账	15年	
6	日记账	15年	现金和银行存款日记账保管25年
7	固定资产卡片		固定资产报废清理后保管5年
8	辅助账簿	15年	

续表

序号	档案名称	保管期限	备　注
三	财务报告类		包括各级主管部门汇总财务报告
9	月、季度财务报告	3 年	包括文字分析
10	年度财务报告(决算)	永久	包括文字分析
四	其他类		
11	会计移交清册	15 年	
12	会计档案保管清册	永久	
13	会计档案销毁清册	永久	
14	银行余额调节表	5 年	
15	银行对账单	5 年	

任务 4.2　酒店常用结算方式及控制

【任务准备】

客人到酒店消费和接受服务后要进行结算。酒店日常经营中，结算方式主要有现金结算、银行信用卡结算、支票结算、转账结算、旅行支票结算等，见表 4－5。

表 4－5　酒店常用结算方式及特点

结算方式名称	概　　念	特　　点
现金结算	现金是指立即可以投入流通的交换媒介	直接、便利，应用面广
银行信用卡结算	信用卡是由银行或专门机构向持卡人提供的一种信贷，供持卡人用于赊购、支付的信用工具	减少现金流通数量，节约清点、运送和保管现金的人力和物力，可以防止收到假币
支票结算	支票是出票人签发的，委托办理存款业务的银行或其他金融机构，在见票时无条件支付确定的金额给收款人或持票人的票据	简便、灵活、迅速和可靠
转账结算	俗称挂账，指酒店与个人、公司、机构签订协议或合同，在明确支付范围的前提下，同意支付客人的费用	可以享受酒店的优惠折扣，消费完毕，可以直接签账离店
旅行支票结算	是专供旅客购买和支付旅途费用的一种定额本票，是国际旅行中常用的支付凭证之一	全世界通用，没有指定的付款地点和银行，付款日期也没有限制，具有现金一样的流动性

酒店对不同的结账方式要建立健全严格的工作标准和流程，同时为了防止各种错误和舞弊现象的发生，还要采用相应的控制方法，最大程度地维护酒店的经济利益。

【任务完成】

1. 现金结算方式的程序及控制

1）现金结算程序

（1）收银员接受经客人签名的账单和现金。

（2）收银员核实账单上应收的金额，于台面上清点现金。

（3）收现金时应注意辨别真伪，观察币面是否完整无损，是否符合银行收受标准。

（4）在账单上注明实收现金的金额及币别，钱币放入收银柜，将应找回的余款交给客人，唱收唱付。

（5）除人民币外，其他币别的硬币不接收。

2）现金结算方式的控制方法

在对现金结算方式进行控制时，主要是进行现金盘点。会计人员可根据客人消费单上的金额和电脑结账单上所列的消费方式核对与营业现金的实存数额，进行账实核对。每日终了，留下库存现金限额后，余款存入开户银行。

【法条】

《中华人民共和国现金管理暂行条例》第十条规定：经核定的库存现金限额，开户单位必须严格遵守。需要增加或者减少库存现金限额的，应当向开户银行提出申请，由开户银行核定。

《中华人民共和国现金管理暂行条例》第十二条规定：开户单位应当建立健全现金账目，逐笔记载现金支付。账目应当日清月结，账款相符。

《中华人民共和国现金管理暂行条例》第二十条规定：开户单位有下列情形之一的，开户银行应当依照中国人民银行的规定，责令其停止违法活动，并可根据情节轻重处以罚款：（一）超出规定范围、限额使用现金的；（二）超出核定的库存现金限额留存现金的。

案例4－1

盛源酒店会计人员在清点营业现金时，发现营业现金的实有数与收银系统中所列的现金收入金额不相符。营业现金为61200元，而收银系统上显示的现金收入为67900元，营业现金比电脑记录现收入少6700元。经核查有关明细记录，原来当天有一位老客户在结账时发现所带现金金额不够。收银员在征得经理的同意下，允许这位客人在第二天上午前来结账，补上余款。因为营业现金的盘点一般是在第二天的早上，客人所欠余款尚未交付，因此产生了上述差异。

分析：

上述案例中反映出酒店在现金结算方式的控制方面有纰漏。正确的做法是：当客人在现金结账的方式下，如果金额不够，经有关领导同意，可以给这位客人设一个挂账账户，等第二天客人补交余款时，再把这个挂账账户注销，这样可以避免账实不符。

2. 支票结算方式的程序及控制

1）支票结算程序

（1）检查支票的真伪。

（2）检查支票填写项目是否完整，付款单位名称、账号信息是否清晰可辨。

（3）检查印鉴是否清晰，如有模糊，请客人更换或改变结算方式，避免银行收取支票时拒绝划款的情况，这时客人已离店，使酒店经济利益受到损失。

（4）审核支票的出票日期，是否是过期支票。

（5）如客人持空白支票联存根的，支票及存根应同时填写，并将存根交还给客人。

2）支票结算方式的控制

（1）支票应有付款单位名称、开户行名称和账号；印鉴应完整、清晰，不模糊，不过底线；应有付款单位支票专用章和单位法人章。如有欠缺，应先问交票人是否印鉴相符，并在背书留下联系人姓名和联系电话。

（2）检查支票的出票日期中文大写是否规范。

（3）支票的收款人必须填写全称，字迹要清晰、端正。

（4）支票是否在有效期限内支付。

（5）私人支票一般不可以受理，若受理须由酒店经理级以上人员担保，如出现问题则由担保人承担责任。

（6）建立支票登记簿，安排专门人员收取保管支票。

【法条】

《中华人民共和国票据法》第八十四条规定：支票必须记载下列事项：(一)表明“支票”的字样；(二)无条件支付的委托；(三)确定的金额；(四)付款人名称；(五)出票日期；(六)出票人签章。支票上未记载前款规定事项之一的，支票无效。

《中华人民共和国票据法》第八十七条规定：支票的出票人所签发的支票金额不得超过其付款时在付款人处实有的存款金额。

出票人签发的支票金额超过其付款时在付款人处实有的存款金额的，为空头支票。

禁止签发空头支票。

案例4-2

某酒店前台在2月份的一天，接受了市外经贸委胡先生为来自北京的唐先生等3人的房间预订，他们于当天入住了酒店；总台收银人员小崔当时接受了其中一位宾客以外经贸委为单位的空白支票作为酒店费用押金，也未要求提供担保，随后在收银领班的工作核对中也未注意和确认这张充满问题的“支票”。客人当天在餐饮吧台消费香烟是1870元、餐费却只有80元，在酒店商场消费香烟也达到了1700元，这种不平衡也没有引起服务员的关注，就直接将消费划入前台作记账处理。

第二天上午，客房服务员在清扫房间时，却发现客人当晚并未回店入住；直到第三天仍未见到宾客。查对时得到对方(单位为外经贸委)的确认，支票为空头假支票，向当地公安机关报了警，此情况为诈骗，给酒店造成2810元(成本)损失。

分析：上述案例反映出该酒店财务管理上的纰漏，对支票结算没有严格把关，加上各个部门工作人员的麻痹大意给酒店带来了不应有的损失。收银员没有按照财务管理要求操作，对空白支票各项目没有仔细验证核对确认，给了犯罪分子可乘之机；在收银领班的工作核对中，对非正常消费也没有引起足够重视，及时上报。再加上客房服务员没有及时反馈客人信息，最终使酒店蒙受损失。

资料来源：职业餐饮网2011.3.15

3. 信用卡结算方式的程序及控制

目前选择信用卡消费的客人越来越多，酒店收银也会方便很多，只需往刷卡机上一刷，客户签名，付款即完成。

1）酒店信用卡受理程序

(1) 客人须将信用卡和身份证同时交与收银员，身份证用于核对持卡人是否与住店登记人资料一致，信用卡上的名字应与身份证上的名字相同；身份证上的相片应与持卡人相同；卡片正面的拼音姓名、卡片背面的签名、身份证件上的姓名三者一致。

(2) 确认是否为本酒店可受理的信用卡；检查所受理的信用卡卡面是否完整无缺，是否有涂改、剪角、毁坏等情况。

(3) 确认信用卡在有效期内，且未列入“止付名单”，按照“信用卡优先通过EDC(POS)机刷卡顺序”刷卡。

(4) 认真填写信用卡票据，要求字迹清楚，准确无误。

(5) 票据填写完后，请持卡人签名，核对卡主签名是否与卡上原有的签名相同。

(6) 票据填写完毕，将“持卡人留存”联撕下交回顾客。

2）信用卡结算方式的控制

酒店收银员接受信用卡时要做到：

(1) 核对有关项目。信用卡上是否有持卡人签名；与客人身份证姓名核对；核对信用卡受理范围。

(2) 核查信用卡有效期。如果信用卡过期或未到期，应委婉告诉客人此卡不能接受使用。

(3) 核查信用卡编号。如查出此卡号码在发卡银行通告的“止付名单”上，就要扣留此信用卡，并将该卡交回发卡银行。

(4) 注意金额的限制。每种信用卡都有最高使用限额。信用卡超过限额实际消费超过授权金额的一律要致电银行信用卡发卡中心再补授权，取回授权号码，一笔消费只能用一个授权码。

(5) 填写信用卡票据。核查完毕，按照各种信用卡的签购单上的各个项目要求，填写信用卡票据。填写时一定要仔细看清各项目的要求，认真填写。

(6) 核对持卡人签名是否和信用卡上签名笔迹一致。如果发现持卡人签名和信用卡上签名笔迹不一致，可以请顾客出示护照(身份证明)核实。如果是冒充签名使用信用卡，应扣留信用卡。

(7) 按信用卡使用原则去做。未按信用卡使用原则去做，造成的经济损失由经手人负责。

4. 转账结算方式的程序及控制

1）转账结算方式的程序

(1) 签约。酒店与个人、公司或机构签订协议或合同，在明确支付范围的前提下，同意支付客人的费用。个人、公司或机构与酒店签约后，即成为酒店的协议单位，还可以享受酒店的优惠折扣。

(2) 签账。签约单位的客人在酒店消费完毕，可以直接签账离店。

(3) 转账。收银员将账单转到财务部，作为应收账款处理，由酒店财务部定期与签约方以转账的方式结账。

采用转账结账方式的个人或单位一般都是酒店信用较好，消费频繁、金额较大的老客户。

2）转账结算方式的控制

(1) 查明签章客户是否属于与酒店签订转账合约的签章名单内。

(2) 应确认签账的客人是否为转账单位所承认。客人签账的金额、范围、消费的项目是否在合约或协议内，是否被转账单位认可。

(3) 如果对客人的签账有疑问，应请示主管或与签约单位联系。

案例4-3

明月公司是盛源酒店的签约单位，采用挂账的结算方式。明月公司办公室小刘负责外来客人的安排接待，王经理签字挂账。因为公司业务多，客人多，一来二去，小刘与酒店关系慢慢熟络，王经理的字迹小刘自然也很清楚。因此小刘多次借着公司的名义，利用公司的账户宴请朋友，收银员询问时，均回答是公司的客户。

分析：上述案例反映出酒店在转账结算方式控制方面有纰漏。酒店在处理挂账用户时，一定要规定收银人员让挂账客人亲自签单。如果有自称是挂账客人允许其利用客人账户挂账的，一定要电话询问挂账客人本人，看是否有此事。挂账人的消费单一定要保留好，以便日后结账。

5. 外币旅行支票结算方式的程序及控制

1）外币旅行支票受理程序

（1）鉴别旅行支票真伪，支票在灯光下有折光反映，票面有凹凸花纹，检查该票据是否在受理范围之内。

（2）核对签名，请持票人在旅行支票下方复签栏上签字后，仔细核对复签与支票上方初签栏签名笔迹是否相符。

旅行支票在办理时，初签栏上有持票人初签签名，如结算时客人出示的是已复签的支票，应请客人在支票背面当场再签一次，若初签复签字迹不符，酒店对该旅行支票应拒绝受理。

（3）请客人出示客户的护照或身份证进行核对，在外币兑换水单上写清证件号码，将证件复印件做水单附件。

（4）核对旅行支票金额，拨打授权电话查询该票据是否为挂失止付、作废支票。若金额较大，则要求授权，将授权号码填在“外币兑换水单”上。

（5）验明以上各项目后，以票面金额扣除0.75%的原币贴息，按旅行支票所示币别当日外汇牌价的汇买价折算成人民币进行结算。

（6）填制外币兑换水单，并请客户在水单上签名，填上国籍、住址等。

2）对外币旅行支票的控制

（1）保持旅行支票票面清洁，票面上不得盖任何印章。

（2）注意酒店受理的旅行支票种类范围，注意是否有地区限制文字，在限制地区境外的不能兑付。

（3）客人到商场购买商品，可以使用旅行支票，但不接受私人支票。当支票实际价值大于所购商品价值时，应以现钞退回差额。

（4）已转让的旅行支票不予受理。

(5) 收银员每天受理的旅行支票，须在收款员日报表上注明水单号码、外币金额、汇率、兑付人民币额，注明所扣贴息。

(6) 对旅行支票真伪有怀疑的，应请银行兑换处鉴定。

【法条】

《票据法》第一百零二条规定：有下列票据欺诈行为之一的，依法追究刑事责任。

(一) 伪造、变造票据的；(二)故意使用伪造、变造的票据的；(三)签发空头支票或故意签发与其预留的本名签名式样或者印鉴不符的支票，骗取财物的；(四)签发无可靠资金来源的汇票、本票，骗取资金的；(五)汇票、本票的出票人在出票时作虚假记载，骗取财物的；(六)冒用他人的票据，或者故意使用过期或作废的票据，骗取财物的；(七)付款人同出票人、持票人恶意串通，实施前六项所列行为之一的。

案例 4-4

签错的支票

某日夜晚，一位外籍住店客人正在兑换外币，在填写旅行支票时，不慎将名字签错了地方，面对签错的支票，酒店总台外币兑换员对客人说："这张支票签名的地方不对，请换一张。"客人不同意，双方发生了争执，兑换员坚持不予兑换，客人满腹怒气，来到大堂经理处。

大堂经理小杨听客人说了事情的经过，但他对兑换外币业务并不熟悉，于是先把客人安排到酒吧休息，随即，他拨通银行的电话，诚恳地向他们请教。银行方面说办法简单：只要在正确的地方再补签个名就可以了。找到办法后，小杨很快到客人身边，告诉他解决的办法，并将客人带到总台外币兑换处，向兑换员讲明情况，使客人顺利地兑换了外币。

任务 4.3　酒店依法纳税

【任务准备】

1. 税收的概念和特征

税收是国家为实现其职能，凭借政治权力，按照法律规定，通过税收工具强制地、无偿地参与国民收入和社会产品的分配和再分配取得财政收入的一种形式。

税收具有如下特征。

1) 强制性

强制性是指国家以社会管理者的身份，用法律的形式，对征纳双方权利与义务的制约。国家征税是凭借政治权力，而不是凭借财产所有权。国家对不同所有者都可以行使征税权而不受财产所有权归属的限制。

2）无偿性

无偿性是指国家征税对具体纳税人既不需要直接偿还，也不付出任何形式的直接报酬。无偿性是税收的关键特征。它使税收区别于国债等财政收入形式，决定了税收是筹集财政收入的主要手段，并成为调节经济和矫正社会分配不公的有力工具。

3）固定性

固定性是指国家征税必须通过法律形式，事先规定纳税人、课税对象和课征额度。它包括三个层次，即课税对象上的非惩罚性，课征时间上的连续性和课征比例上的限度性。税收的固定性特征，是税收区别于罚没、摊派等财政收入形式的重要特征。

2. 我国税法规定的税类及与酒店有关的主要税种

1）我国税法规定的税类

税法体系中各税法从不同角度可分为不同类型。最常见的一种分类方法是按照课税对象将全部税种划分为流转税类、行为税类、所得税类、财产税类、资源税类5种类型。

（1）流转税类是对商品生产、商品流通和劳动服务的流转额为课税对象的税种。流转额包括两种：一是商品流转额即商品交易的金额；二是非商品流转额，即各种劳务收入或服务性业务收入的金额。我国现行的增值税、消费税、营业税、关税等都属于流转税。

（2）行为税类也称特定行为目的税类。它是国家为了实现某种特定目的，以纳税人的某些特定行为为课税对象的税种。这种税类的特点：征税的选择性较为明显，税种较多，并有较强的时效性。我国现行的屠宰税、印花税、城市维护建设税、契税、土地增值税、耕地占用税等都属于行为税类。

（3）财产税类。它是以纳税人拥有的财产数额和财产价值为课税对象的税种。其特点是税收负担和财产价值、数量关系密切，体现量能负担、调节财富、合理分配的原则。我国现行的房产税、城市房地产税、车船使用牌照税、船舶吨税、城镇土地使用税等都属于财产税。

（4）所得税类也称收益税类，它是以纳税人的各种收益额为课税对象的税种。所得税类属于终端税种，由于体现了纳税能力负担的原则，即所得多的多征，所得少的少征，无所得的不征，因此目前成为世界各国征收的主要税种。我国现行的企业所得税、外商投资企业和外国企业所得税、个人所得税、农业税及牧业税（包括农业特产税）等属于所得税。

(5) 资源税类。它是以某些自然资源和某些社会资源为课税对象的税种。其征税范围仅限于矿产品和盐，包括原油、煤炭、其他非金属矿原矿、黑色金属矿原矿和盐等税目。实行定额税率，从量定额征收。

2) 与酒店有关的主要税种

(1) 营业税。营业税是对服务类企业所征收的主要税种，是对提供劳务、转让无形资产或销售不动产的单位和个人所征收的税种。酒店属于服务类企业范围，因此征收营业税。营业税是按经营收入净额的一定比例征收的。经营收入净额是指扣除折扣后的实收款，如酒店客房对房价打折，网吧对非繁忙时段上网打折，扣除折扣款为实收款，即净额。营业税税额不受成本、费用高低的影响。

(2) 城市维护建设税、教育费附加和地方教育费附加。

税法规定，城市维护建设税和教育费附加按缴税单位增值税、消费税、营业税实际缴纳税额的比例征收。酒店主要缴纳的是营业税，因此三者的征税基础是营业税。

(3) 印花税是对单位经营活动中签订的各种合同、数据、营业账簿、权利许可证等应税凭证文件所征收的税。

(4) 城镇土地使用税、房产税。

按纳税人实际占用的土地面积、房产价值为征税依据的税种。

(5) 企业所得税：对纳税单位生产经营所得和其他所得征收的税。

【任务完成】

1. 酒店纳税的程序与要求

依法纳税是企业的法定义务。根据《中华人民共和国税收征收管理法实施细则》的有关规定，酒店在纳税过程中的主要程序与要求包括以下几个方面。

(1) 酒店应当自领取营业执照之日起30日内办理开业税务登记。

(2) 酒店应当自领取营业执照或发生纳税义务之日起15日内，依法设置账簿，根据合法有效凭证记账，并将企业财务会计制度报送税务机关备案。

(3) 酒店在生产经营过程中应当依法开具、使用、取得、保管发票。

(4) 酒店应当依法进行纳税申报。

(5) 纳税人应依法缴纳税款、扣缴义务人依法代扣代缴税款。

(6) 酒店应当配合和接受税务机关的税务检查。

(7) 税务登记事项发生变化时，酒店应当及时办理变更、注销税务等登记手续。

(8) 违反税法，不仅可能面临各项行政处罚，还可能构成犯罪，被依法追究刑事责任。

2. 酒店应交主要税种的计税依据、税率及应纳税额的计算

1) 营业税

(1) 计税依据：营业税的计税依据是指纳税人提供酒店业应税劳务向对方收取的全部价款和价外费用。

（2）税率：酒店业适用服务业税目，按照5%的税率征收营业税。

（3）应纳税额的计算公式：营业税应纳税额＝经营收入×适用税率。

营业税税目税率见表4－6。

表4－6　营业税税目税率表

税　　目	税　　率
一、交通运输业	3%
二、建筑业	3%
三、金融保险业	5%
四、邮电通信业	3%
五、文化体育业	3%
六、娱乐业	5%～20%
七、服务业	5%
八、转让无形资产	5%
九、销售不动产	5%

案例4－5

盛源酒店3月份发生的当月营业收入如下：酒店客房收入110万元，饮食部餐饮收入170万元；歌舞厅门票收入36万元、台位费收入10万元、相关的烟酒和饮料收入22万元，合计收入68万元。计算本月营业税额。（营业税税率：歌舞厅为20%，其余为5%）

（1）酒店客房收入应交纳的营业税为：

$$1100000 \times 5\% = 55000(元)$$

（2）饮食服务收入应交纳的营业税为：

$$1700000 \times 5\% = 85000(元)$$

（3）歌舞厅收入应交纳的营业税为：

$$680000 \times 20\% = 136000(元)$$

（4）本月应交营业税总额：55000＋85000＋136000＝276000（元）

（4）酒店营业税的特别规定：

① 一项销售行为如果既涉及应税劳务又涉及货物的，为混合销售行为。从事货物的生产、批发或零售的企业、企业性单位及个体经营者的混合销售行为，视为销售货物，不征收营业税；其他单位和个人的混合销售行为，视为提供应税劳务，应当征收营业税。

纳税人的销售行为是否属于混合销售行为，由国家税务总局所属征收机关确定。

② 纳税人兼营应税劳务与货物或非应税劳务行为的，应分别核算应税劳务的营业额与货物或非应税劳务的销售额。不分别核算或者不能准确核算的，其应税劳务与货物或非应税劳务一并征收增值税，不征收营业税。

纳税人兼营的应税劳务是否应当一并征收增值税，由国家税务总局所属征收机关确定。

对于同一项劳务，增值税和营业税只能征收一种，酒店提供酒水、代销小商品之类的销售业务是以提供劳务为主，同时附带销售货物，属于混同销售行为，只征收营业税；如果对外设立食品屋，销售酒店自制食品，这属于兼营，应征收增值税。

【法条】

《中华人民共和国营业税暂行条例》第三条规定：纳税人兼有不同税目的应当缴纳营业税的劳务(以下简称应税劳务)、转让无形资产或者销售不动产，应当分别核算不同税目的营业额、转让额、销售额(以下统称营业额)；未分别核算营业额的，从高适用税率。

2）城市维护建设税

（1）计税依据：城市维护建设税的计税依据是酒店实际缴纳的营业税税额。

（2）税率：城市维护建设税税率分别为7%、5%、1%。不同地区的纳税人实行不同档次的税率。

（3）应纳税额计算公式：

应纳税额 =（实际缴纳的增值税 + 消费税 + 营业税）× 适用税率

依上例计算的营业税为税基，计算盛源酒店本月应交城市维护建设税：

276000 × 7% = 1932(元)

【法条】

《中华人民共和国城市维护建设税暂行条例》第四条规定：城市维护建设税税率如下：纳税人所在地在市区的，税率为7%；纳税人所在地在县城、镇的，税率为5%；纳税人所在地不在市区、县城或镇的，税率为1%。

3）教育费附加

（1）计税依据：教育费附加的计税依据是酒店实际缴纳的营业税税额。

（2）税率：教育费附加适用税率为3%，地方教育费附加税率2%。

（3）应纳税额计算公式：

应纳税额 =（实际缴纳的增值税 + 消费税 + 营业税）× 适用税率

依上例计算的营业税为税基，计算盛源酒店本月应交教育费附加：

276000 × 3% + 276000 × 2% = 1380(元)

【法条】

《国务院关于进一步加大财政教育投入的意见》规定：拓宽经费来源渠道，多方筹集财政性教育经费。

（一）统一内外资企业和个人教育费附加制度。国务院决定，从2010年12月1日起统一内外资企业和个人城市维护建设税和教育费附加制度，教育费附加统一按增值税、消费税、营业税实际缴纳税额的3%征收。

（二）全面开征地方教育附加。各省（区、市）人民政府应根据《中华人民共和国教育法》的相关规定和《财政部关于统一地方教育附加政策有关问题的通知》（财综［2010］98号）的要求，全面开征地方教育附加。地方教育附加统一按增值税、消费税、营业税实际缴纳税额的2%征收。

4）印花税

（1）计税依据：根据应税凭证的种类，分别规定以下几种：①合同或具有合同性质的凭证，以凭证所载金额作为计税依据；②营业账簿中记载资金的账簿，以固定资产原值和自有流动资金总额作为计税依据；③不记载金额的营业执照、专利证、专利许可证照，以及企业的日记账簿和各种明细分类账簿等辅助性账簿，按凭证或账簿的件数纳税。

（2）税率：银行及其他金融组织和借款人所签订的借款合同按借款金额0.5‰贴花；财产租赁合同按租赁金额1‰贴花；财产保险合同包括财产、责任、保证、信用等保险合同按投保金额0.3‰贴花。记载资金的账簿，按实收资本和资本公积的合计金额5‰贴花。权利、许可证照，包括政府部门发给的房屋产权证、工商营业执照、土地使用证等其他账簿，按件贴花5元。

（3）应纳税额计算公式：

应纳印花税＝计税依据×核定比例×税率

应纳税额＝应纳税记载的金额（或费用、收入额）×适用税率

或　　应纳税额＝应纳税凭证的件数×适用税额标准

5）城镇土地使用税

（1）计税依据：以实际占用的土地面积为计税依据。

（2）税率：城镇土地使用税采用有幅度的差别定额税率，即按大、中、小城市和县城、建制镇、工矿区分别规定不同的税额。每平方米土地的年税额为：大城市0.5～10元；中等城市0.4～8元；小城市0.3～6元；县城、建制镇和工矿区0.2～4元。

（3）应纳税额计算公式：

全年应纳税额＝实际占用应税土地面积（平方米）×适用税额

6）房产税

（1）计税依据：计税办法分为从价计征和从租计征两种。对经营自用的房屋，以房产的计税余值作为计税依据；对于出租的房屋，以租金收入为计税依据。

（2）税率：从价计征年税率为1.2%；从租计征税率为12%。

（3）应纳税额计算公式：

从价计征其计算公式为：年应纳税额 = 房产账面原值 ×（1 − 30%）×1.2%；

从租计征其计算公式为：年应纳税额 = 年租金收入 × 适用税率。

7）企业所得税

（1）计税依据：酒店所得税的计税依据是酒店每一纳税年度的各类所得。

（2）税率：所得税的税率是25%。

（3）应纳税额计算公式：

应纳税额 = 应纳税所得额 × 适用税率 − 准予减免和抵免的税额

应纳税所得额 = 收入总额 − 准予扣除的项目

酒店应纳税所得额的计算，以权责发生制为原则，属于当期的收入和费用，不论款项是否收付，均作为当期的收入和费用；不属于当期的收入和费用，即使款项已经在当期收付，均不作为当期的收入和费用。

【法条】

《中华人民共和国企业所得税法实施条例》第四十条规定：企业发生的职工福利费支出，不超过工资薪金总额14%的部分，准予扣除。

《中华人民共和国企业所得税法实施条例》第四十一条规定：企业拨缴的工会经费，不超过工资薪金总额2%的部分，准予扣除。

《中华人民共和国企业所得税法实施条例》第四十二条规定：除国务院财政、税务主管部门另有规定外，企业发生的职工教育经费支出，不超过工资薪金总额2.5%的部分，准予扣除；超过部分，准予在以后纳税年度结转扣除。

《中华人民共和国企业所得税法实施条例》第四十三条规定：企业发生的与生产经营活动有关的业务招待费支出，按照发生额的60%扣除，但最高不得超过当年销售（营业）收入的5‰。

《中华人民共和国企业所得税法实施条例》第四十四条规定：企业发生的符合条件的广告费和业务宣传费支出，除国务院财政、税务主管部门另有规定外，不超过当年销售（营业）收入15%的部分，准予扣除；超过部分，准予在以后纳税年度结转扣除。

案例4－6

盛源酒店年营业收入2800万元，会计利润82万元，在费用项目中，销售费用690万元，其中广告费430万元；管理费用450万元，其中业务招待费12万元；计入成本费用中的实发工资总额180万元、拨缴职工工会经费4万元，职工福利费和职工教育经费30万元，计算酒店应交企业所得税。

（1）广告费应调增所得额 = 430 − 2800 × 15% = 10（万元）

（2）业务招待费调增所得额 = 12 − 12 × 60% = 15 − 7.2 = 7.8（万元）

2800 × 5‰ = 14（万元）12 × 60% = 7.2（万元）

因为14 > 7.2，所以应按7.2万元扣除。

(3) 职工工会经费、职工教育经费调增所得额 = 4 + 30 − 180 × 18.5% = 0.7(万元)

(4) 应纳税所得额 = 82 + 10 + 7.8 + 0.7 = 100.5(万元)

(5) 酒店应交企业所得税 = 100.5 × 25% = 25.125(万元)

(4) 有关所得税的特别规定。

① 在计算应纳税所得额时，下列支出不得扣除：

向投资者支付的股息、红利等权益性投资收益款项；企业所得税税款；税收滞纳金；罚金、罚款和被没收财物的损失；《所得税法》第九条规定以外的捐赠支出；赞助支出；未经核定的准备金支出；与取得收入无关的其他支出。

② 在计算应纳税所得额时，企业按照规定计算的固定资产折旧，准予扣除。

③ 企业对外投资期间，投资资产的成本在计算应纳税所得额时不得扣除。

④ 企业纳税年度发生的亏损，准予向以后年度结转，用以后年度的所得弥补，但结转年限最长不得超过五年。

3. 各税种纳税期限

(1) 营业税的纳税期限分别为 5 日、10 日、15 日、1 个月或 1 个季度。纳税人的具体纳税期限，由主管税务机关根据纳税人应纳税额的大小分别核定；不能按照固定期限纳税的，可以按次纳税。

纳税人以 1 个月或 1 个季度为一个纳税期的，自期满之日起 15 日内申报纳税；以 5 日、10 日或 15 日为一个纳税期的，自期满之日起 5 日内预缴税款，于次月 1 日起 15 日内申报纳税并结清上月应纳税款。

(2) 城建税、教育费附加按月申报，与营业税的纳税期限一致。

(3) 企业所得税预缴申报的纳税期限分别为一个月或一个季度。酒店应当自月份或季度终了之日起 15 日内，向税务机关报送预缴企业所得税纳税申报表、财务会计报告和税务机关规定应当报送的其他有关资料。

税法规定：企业应当自年度终了之日起五个月内，向税务机关报送年度企业所得税纳税申报表，并汇算清缴，结清应缴应退税款。纳税人发生解散、破产、撤销情形，并进行清算的，应在办理工商注销登记之前，纳税人有其他情形依法终止纳税义务的，应当在停止生产、经营之日起 60 日内，向主管税务机关办理企业所得税纳税申报。

(4) 房产税、城镇土地使用税、车船税等，按当地人民政府和税务机关的规定期限缴纳。

(5) 印花税的纳税期限是在印花税应税凭证书立、领受时贴花完税。

(6) 限期缴纳最后一日，遇到休息日，顺延一日遇到长假(春节、五一、十一节)，按休息日顺延；滞纳金按天加收 5‰。

(7) 经税务机关责令限期缴纳后仍未缴纳的，税务机关可处以罚款。

案例4-7

扬中市某某大酒店偷税案公告

公　告

扬地税稽公［2010］1号

现将扬中市某某大酒店偷税案公告如下：

扬中市某某大酒店，成立于2009年1月8日，法定代表人某某，经济性质为个体工商户，主要经营中餐、住宿、舞厅服务、卷烟、日用杂品零售。该户租用某单位房产经营。2009年平均职工人数55人，实行计时工资制，实发工资917550.00元。账面主营业务收入5676362.00元，利润总额-7959.84元，征收方式为定期定额。

采用全面检查法，重点审核了该户2009年度的账册、报表、申报表等有关纳税资料。

一、主要违法事实：

1. 营业税：

该户2009年账面经营收入5676362.00元，经查少申报经营收入326250.00元(餐饮收入抵房租)，计营业收入6002612.00元，根据《中华人民共和国营业税暂行条例》第一条、第二条、第四条规定，应申报缴纳营业税300130.60元，已申报缴纳272828.25元，少申报缴纳营业税27302.35元。

2. 城市维护建设税：

根据《中华人民共和国城市维护建设税暂行条例》第二条、第三条、第四条规定，该户应申报缴纳城市维护建设税21009.14元，已申报缴纳19097.98元，少申报缴纳城市维护建设税1911.16元。

3. 教育费附加及地方教育费附加方面：

根据《国务院关于教育费附加征收问题的紧急通知》(国发明电［1994］2号)第一条以及《关于调整教育费附加等政府性基金征收办法的通知》(苏政发［2003］66号)第一条规定，该户应缴教育费附加9003.92元，已申报缴纳8185.31元，少申报缴纳教育费附加818.61元；应缴地方教育附加3001.31元，已申报缴纳2728.29元，少申报缴纳地方教育附加273.02元。

4. 印花税：

该户2009年应申报贴缴印花税的营业账本、权利证书8本，根据《中华人民共和国印花税暂行条例》第一条、第二条、第三条规定，应申报贴缴印花税40.00元，未申报贴缴。

5. 个人所得税：

(1) 该户2009年度实发工资、奖金等917550.00元，根据《中华人民共和国个人所得税法》第一条、第二条、第三条、第八条规定，全年应代扣代缴个人所得税18136.30元，未代扣代缴。

(2) 该户2009年度实际经营收入6002612.00元，根据《中华人民共和国个人所得税法》第一条、第二条、第三条、第八条以及国税发［2006］183号《国家税务总局关于个体工商户定期定额征收管理有关问题的通知》第三条规定，应申报缴纳个人所得税120052.24元，已申报缴纳109131.30元，少申报缴纳个人所得税10920.94元。

二、处理及处罚决定：

1. 依据《中华人民共和国税收征收管理法》第六十三条第一款规定，该户通过虚假申报而少缴税款的行为，属偷税，全额追缴少申报缴纳的营业税 27302.35 元，按规定加收滞纳金，并处以 50% 的罚款，计罚款 13651.18 元。

2. 依据《中华人民共和国城市维护建设税暂行条例》第二条、第三条、第四条规定，全额追缴少缴纳的城市维护建设税 1911.16 元。

3. 依据《国务院关于教育费附加征收问题的紧急通知》（国发明电［1994］2 号）第一条及《关于调整教育费附加等政府性基金征收办法的通知》（苏政发［2003］66 号）第一条规定，全额追缴该户少缴纳的教育费附加 818.61 元、地方教育附加 273.02 元。

4. 依据《中华人民共和国税收征收管理法》第六十四条第二款规定，全额追缴该户未缴纳的印花税税款 40.00 元，按规定加收滞纳金，并处以 50% 的罚款，计罚款 20.00 元。

5. 依据《中华人民共和国个人所得税法》第一条、第二条、第三条、第八条及国税发［2006］183 号《国家税务总局关于个体工商户定期定额征收管理有关问题的通知》第三条的规定，全额追缴该户少缴纳的个体生产经营所得个人所得税 10920.94 元。

依据《中华人民共和国税收征收管理法》第六十九条及《国家税务总局关于贯彻〈中华人民共和国税收征收管理法〉及其实施细则若干具体问题的通知》（国税发［2003］47 号）的规定，对该户未代扣代缴工资薪金个人所得税 18136.30 元，由该户补扣补缴，并对未扣缴个人所得税处以 60% 的罚款，计罚款 10881.78 元。

以上合计应补缴地方各税 59402.38 元、罚款 24552.96 元、加收滞纳金 1025.34 元，合计滞、补、罚 84980.68 元，已全部组织入库，结案时间为 2010 年 3 月 31 日。

特此公告

扬中市地方税务局稽查局

二〇一〇年三月三十一日

信息来源：扬中市地方税务局

任务 4.4 酒店利润的分配及酒店清算的处理

【任务准备】

1. 利润的含义

利润是指企业一定期间内获得的经营成果。酒店利润有不同层次，如经营利润、营业利润、利润总额等，每个层次有不同的利润含义。

经营利润是指用酒店营业部门创造的收入减去营业成本和营业费用及营业税后的余额，用公式表示为：

经营利润 = 营业收入 - 营业成本 - 营业费用 - 营业税

营业利润是指由正常业务活动所取得的利润，是经营利润再减去管理费用、财务费用后的余额，用公式表示为：

营业利润 = 经营利润 - 管理费用 - 财务费用

利润总额是宾馆酒店一定时期内实现的全部利润，是由营业利润、投资净收益及营业外收支净额组成的，用公式表示为：

利润总额 = 营业利润 + 投资净收益 + 营业外收支净额

2. 利润分配的意义与原则

1）利润分配的意义

利润分配，是将酒店实现的净利润，按照国家财务制度规定的分配形式和分配顺序，在国家、企业和投资者之间进行的分配。利润分配的过程与结果，是关系到所有者的合法权益能否得到保护，酒店能否长期、稳定发展的重要问题，为此，酒店必须加强利润分配的管理和核算。

2）利润分配的原则

（1）合法性原则。即酒店利润分配要严格依照法律法条和有关制度进行。这里的法律法条和制度既包括国家的相关法律，如公司法、税法等都对酒店利润分配提出了相应的规定；也包括政府的各种规定，如企业财务通则、企业财务制度等也对酒店利润分配提出了具体的要求；另外还包括酒店内部的各种制度或规定，如制定的奖励办法等在对利润进行分配时都应该严格遵循。

（2）兼顾各方利益原则。酒店投资者、酒店管理者、在酒店工作的一般员工等各方利益都要在利润分配中得到合理体现，才能够有效地调动各方面的积极性，才能有利于酒店的长期稳定发展。

（3）有利于酒店持续发展原则。利润分配时要正确处理积累与消费的关系，积累过大，会伤害投资者积极性，使酒店的长远发展受到影响；消费比例过大，降低了酒店承担风险的能力，同样不利于酒店持续发展。

（4）投资与收益对等原则。利润分配时“谁投资谁受益”，收益大小与投资比例相对等。

3. 酒店的解散与清算

1）酒店的解散

酒店解散，是指业已成立的酒店，因发生法律或章程规定的解散事由而停止其积极的业务活动，并开始处理未了结事务的法律行为。

酒店解散可分为自愿解散、强制解散和破产解散。

（1）自愿解散。也称任意解散，是指基于公司或股东的意愿而解散酒店。包括：公司章程规定的营业期限届满；公司章程规定的其他解散事由的出现；股东大会的决议解散；公司因合并和分立而解散。

（2）强制解散。也称非自愿解散，是指并非依公司或股东自己的意愿，而是基于法律规定、行政机关命令或司法机关裁判而解散公司。包括：公司违反法律、行政法规被依法责令关闭；公司违法被撤销公司登记；公司违法被吊销营业执照。

（3）破产解散。酒店因不能清偿到期债务，被依法宣告破产。破产解散适用破产法律规定。

除酒店合并或分立外，酒店在解散事由出现后，均应当成立清算组进行清算。酒店因合并或分立而解散的，债权人在酒店合并或分立前可以提前要求酒店清偿债务或提供相应的担保。即使在酒店合并或分立后，债权人仍可以向与消灭的法人有权利义务继受关系的法人主体主张权利，因此不会对债权人利益产生多大不利影响，无须通过清算程序来清理酒店的各种法律关系。但是，当酒店出现其他解散事由时，酒店不能存续且权利义务关系也无人继受，此时应当通过相应的程序清理消灭酒店现存的所有法律关系。

2）酒店的清算

酒店的清算是指在酒店面临终止的情况下，负有清算义务的主体按照法律规定的方式、程序对酒店的资产、负债、股东权益等酒店的状况作全面的清理和处置，使得酒店与其他社会主体之间产生的权利和义务归于消灭，从而为酒店的终止提供合理依据的行为。

根据《公司法》规定，酒店应在解散事由出现之日起15日内成立清算组，开始清算。有限责任公司的清算组由股东组成，股份有限公司的清算组由董事或股东大会确定的人员组成。逾期不成立清算组进行清算的，债权人可以申请人民法院指定有关人员组成清算组进行清算。人民法院应当受理该申请，并及时组织清算组进行清算。

【法条】

《中华人民共和国公司法》第一百八十一条规定：公司因下列原因解散：

（一）公司章程规定的营业期限届满或者公司章程规定的其他解散事由出现；（二）股东会或股东大会决议解散；（三）因公司合并或分立需要解散；（四）依法被吊销营业执照、责令关闭或被撤销；（五）人民法院依照本法第一百八十三条的规定予以解散。

《中华人民共和国公司法》第一百八十三条规定：公司经营管理发生严重困难，继续存续会使股东利益受到重大损失，通过其他途径不能解决的，持有公司全部股东表决权10%以上的股东，可以请求人民法院解散公司。

《中华人民共和国公司法》第一百八十四条规定：公司因本法第一百八十一条第

(一)项、第(二)项、第(四)项、第(五)项规定而解散的，应当在解散事由出现之日起15日内成立清算组，开始清算。有限责任公司的清算组由股东组成，股份有限公司的清算组由董事或股东大会确定的人员组成。逾期不成立清算组进行清算的，债权人可以申请人民法院指定有关人员组成清算组进行清算。人民法院应当受理该申请，并及时组织清算组进行清算。

【任务完成】

1. 酒店按法定顺序分配利润

酒店实现的利润总额按国家规定做相应调整后，应先依法缴纳所得税，利润总额减去缴纳所得税后的余额即为可供分配的利润。

需要特别指出的是，在进行利润分配之前，酒店若有因违反法律被没收的财物损失，或因违反税收征管条例支付了各种税收的滞纳金和罚款，应从税后净利润中先扣除再进行分配。这两项只能由酒店的税后利润承担，不能在税前列支。在扣除被没收的财务损失、支付各项税收的滞纳金和罚款后，酒店利润按以下顺序分配：

1）弥补酒店以前年度的亏损

酒店以前年度内的亏损，如果未能在5年内用税前利润弥补完，就要用税后利润弥补。以前年度亏损未弥补前，酒店不能提取公积金和公益金，也不能向投资者分配利润。

2）提取法定盈余公积金

法定盈余公积金的提取比例为10%，可用于弥补亏损或者转增资本金，可以提高酒店抗风险的能力，保护债权人的利益。但转增资本金后，酒店的法定盈余公积金一般不能低于注册资本的25%。

3）提取任意盈余公积金

任意盈余公积金的提取不受法律限制，根据公司章程或股东会(股东大会)决议。任意盈余公积金可以用于弥补亏损、转增资本金、购置固定资产、增补流动资金等。

4）向所有者分配利润

酒店可供分配的利润由本年度利润经上述程序分配后的余额和年初未分配利润组成。即使酒店本年度亏损，仍可进行利润分配。酒店是否向投资者分配利润，分多少，还是提取任意公积金或形成未分配利润留待以后各年分配，由酒店根据具体情况来决定。

【法条】

《企业财务通则》第五十条规定：企业年度净利润，除法律、行政法规另有规定外，按照以下顺序分配：

(一) 弥补以前年度亏损。

(二) 提取10%法定公积金。法定公积金累计额达到注册资本50%以后，可以不再提取。

（三）提取任意公积金。任意公积金提取比例由投资者决议。

（四）向投资者分配利润。企业以前年度未分配的利润，并入本年度利润，在充分考虑现金流量状况后，向投资者分配。属于各级人民政府及其部门、机构出资的企业，应当将应付国有利润上缴财政。

《企业财务通则》第五十一条规定：企业弥补以前年度亏损和提取盈余公积后，当年没有可供分配的利润时，不得向投资者分配利润，但法律、行政法规另有规定的除外。

案例 4－8

盛源酒店本年利润 82 万元，所得税 25.125 万元，酒店按税后净利润 10% 提取法定盈余公积金，按 8% 提取任意盈余公积金，按 10% 分配投资者利润，本酒店因违反税收管理条例，支付滞纳金和罚款 3 万元。假设上一年度酒店没有亏损。酒店的利润分配情况如下：

参加分配的净利润数额 = 82 − 25.125 − 3 = 53.875（万元）

提取的法定盈余公积金 = 53.875 × 10% = 5.3875（万元）

提取的任意盈余公积金 = 53.875 × 8% = 4.31（万元）

分配投资者利润 = 53.875 × 10% = 5.3875（万元）

酒店未分配利润 = 53.875 − 5.3875 − 4.31 − 5.3875 = 38.79（万元）

2. 酒店清算的处理

1）清算的程序

（1）通知债权人。清算组应当在成立之日起 10 日内通知债权人，并于 60 日内上公告，以催告债权人前来申报其债权。

（2）清理财产。清算组在通知债权人的同时，应当调查和清理酒店的财产，如实编制酒店资产负债表、财产清单和债权、债务目录。

（3）制订清算方案。财产清理完毕后，清算组应当制订清算方案，提出收取债权和清偿债务的具体安排。

（4）进行财产分配。根据清算方案，清算组把酒店未了结的业务一一处理完毕，收取企业享有的债权后，可以进行财产分配，包括清偿企业的债务，分配剩余财产。

（5）办理酒店注销登记。清算结束后，清算组织应当制作清算报告，经依法确认后报企业登记机关，按照登记机关的要求办理注销登记。公司注销的，还需在报纸等媒体上进行公告。

2）清算后酒店财产的分配顺序

破产财产在优先拨付破产费用后，按照下列顺序清偿。

（1）支付职工工资、社会保险费用、法定补偿金。

（2）缴纳税款。

（3）清偿企业债务。

（4）分配给企业投资人。

破产财产不足清偿同一顺序的清偿要求的，按照比例分配。

【法条】

《中华人民共和国公司法》第一百八十七条规定：清算组在清理公司财产、编制资产负债表和财产清单后，应当制订清算方案，并报股东会、股东大会或人民法院确认。公司财产在分别支付清算费用、职工的工资、社会保险费用和法定补偿金，缴纳所欠税款，清偿公司债务后的剩余财产，有限责任公司技照股东的出资比例分配，股份有限公司按照股东持有的股份比例分配。

清算期间，公司存续，但不得开展与清算无关的经营活动。公司财产在未依照前款规定清偿前，不得分配给股东。

3）酒店宣告破产

在清算过程中，发现酒店所有财产不足以偿付债务，即所谓的“资不抵债”，那就意味着酒店破产了，应当向人民法院申请破产，根据《企业破产法》的法律规定进行破产清算。

【法条】

《中华人民共和国破产法》第一百一十三条规定：破产财产在优先清偿破产费用和共益债务后，依照下列顺序清偿：

（一）破产人所欠职工的工资和医疗、伤残补助、抚恤费用，所欠的应当划入职工个人账户的基本养老保险、基本医疗保险费用，以及法律、行政法规规定应当支付给职工的补偿金；

（二）破产人欠缴的除前项规定以外的社会保险费用和破产人所欠税款；

（三）普通破产债权。

破产财产不足以清偿同一顺序的清偿要求的，按照比例分配。

破产企业的董事、监事和高级管理人员的工资按照该企业职工的平均工资计算

【实务演练】

1. 以酒店取得当天的客房收入为例，说明该会计事项账务处理的过程(原始凭证的取得及审核、记账凭证的填制及审核、会计报表的形成)。

2. 某日早晨，盛源酒店住店客人王先生在总台出示建设银行信用卡后办理结账手续离店。员工小张在POS机上顺利为客人完成了结账工作。此时，王先生提出将昨天登记时押的一张手工卡单退还给他，但经过小张及当班主管的仔细查找却没有发现该卡，由于客人已在空白卡单上签了名，王先生担心卡单遗失会给自己带来安全隐患，于是向大堂副总投诉，并要求酒店为此出具书面担保书，以保证其信用卡的安全。

经与当时接待人员紧急联系后，酒店了解到：当时办理登记的员工小张(实习生)错用VISA卡单押印了该客人所持的建设银行信用卡，并请客人在卡单上签了字，在POS机上做过了预授权，而客人对此却不清楚。之后员工小吕在核对卡单时发现同事小张将王先生的信用卡押错了，由于小张事先在POS机上做了预授权，小吕认为既然酒店的利益已得到保障，且酒店并不是建设银行信用卡的特约商户，那么小张所押的VISA卡虽然有客人的签字，但其实是一张无效卡单。于是就随手将卡单撕毁后仍进了垃圾筒，这样一来，便导致了结账时找不到信用卡的情况。

经过酒店大堂副总与客人的沟通，并承诺在客人入住酒店期间，在特定的卡单号段内如果发生损失将由酒店承担责任，客人对酒店的做法表示接受。

思考：

（1）员工小张的做法错误在哪里？分析其错误的原因。

（2）员工小吕维护了酒店的利益，其处理方式是否正确？请说明理由。

3. 丰茂酒店2010年5月应纳营业税及其他地方各税820000元。该酒店到纳税期限时发现账面可支付的资金不足。总会计师于某与会计王某仔细研究后，决定向主管地税机关按照440000元进行申报，并于纳税期限的最后一天6月10日到其开户银行缴纳入库。2010年9月地税局在对该酒店进行检查时，发现了上述问题。地税局于9月15日作出税务处理决定，限期9月20日前缴纳入库，但该酒店到期后仍未缴纳。经地税局催缴后，丰茂酒店才于9月30日将380000元税款缴纳入库。

思考：

（1）丰茂酒店的行为属于什么性质的税务违法行为，请简要说明理由。

（2）依照有关法律对丰茂酒店的违法行为应作出什么处理意见？

（3）假设2010年6月12、13日和9月18、19、25、26日分别是星期六、星期日，各月平均为30天，计算该笔税款应纳的滞纳金。

4. 迎宾酒店期末所有者权益合计3000万元，实收资本2000万元，法定盈余公积600万元，未分配利润400万元，留存收益1000万元。本酒店经股东会议通过增加资本的决议。红星公司准备对迎宾酒店投资，投资额占酒店注册资本的20%。

思考：

（1）迎宾酒店最多可以增资的数额是多少？

（2）红星公司的投资数额至少为多少才能被迎宾酒店所接受？

【扩展阅读】

《中华人民共和国会计法》

《企业会计准则》

《中华人民共和国公司法》

《中华人民共和国企业所得税法》

《中华人民共和国企业所得税法实施条例》

《中华人民共和国税收征收管理法实施细则法》
《中华人民共和国营业税暂行条例》
《国务院关于进一步加大财政教育投入的意见》
《中华人民共和国破产法》

5

酒店经营中常见的民事合同管理

（1）能够独立起草、订立买卖合同，识别合同风险，完成日常采购任务，并在法定或约定情形下对合同进行变更或解除。

（2）能够根据合同法的有关规定处理常见的保管、租赁合同纠纷，保护酒店的合法权益。

（1）理解合同的概念和特征。

（2）掌握买卖合同的订立程序及成立的时间、地点。

（3）掌握合同变更和解除的特征及条件，并学会规避常见合同风险。

（4）了解租赁、保管合同的基本知识、常见风险，掌握纠纷处理的原则和方法。

引例

盛源酒店是胶东地区的一家知名综合性酒店。随着管理和经营上的日趋成熟，固定客源的不断增加，酒店准备扩大经营规模，将经营面积由原来的3000平方米增加到5000平方米，同时对原有的30多个包间全部重新装修，更新厨房设备。这样一来，就需要采购大宗的厨房设备、酒店家具、餐饮用品、清洁用品等。酒店采购部经理赵阳尽管有多年管理工作经验，但手下员工只有一名助理和两名采购员，并且两名采购员都是新员工，以往只负责过食品和办公用品的采购，标的额较小，无大额采购经验。如何在最短的时间内保质保量完成采购任务，是关系到酒店重新开业和良性成长的前提和基础。法律顾问提醒赵阳：要完成好采购任务，从合同签订时起就要做好各种风险的防范，如果发生纠纷也要积极应对。

为了保护合同当事人的合法权益，维护社会经济秩序，促进社会主义现代化建设，第九届全国人民代表大会第二次会议于1999年3月15日通过了《中华人民共和国合同法》（以下简称《合同法》），自1999年10月1日起施行，我国曾经施行的《经济合同法》、《涉外经济合同法》、《技术合同法》同时废止。

《合同法》总共428条，由总则、分则及附则构成。总则部分包括一般规定、合同的订立、合同的效力、合同的履行、合同的变更和转让、合同的权利义务终止、违约责任和其他规定8项内容；分则部分对买卖合同、供用电、水、热力合同、赠与合同、借款合同、租赁合同、融资租赁合同、承揽合同、建设工程合同、运输合同、技术合同、保管合同、仓储合同、委托合同、行纪合同、居间合同这15种典型合同，分别作了详细规定。酒店在经营管理过程中，主要涉及买卖合同、租赁合同、保管合同。

任务5.1 签订一份买卖合同

【任务准备】

1. 合同的概念及特征

合同是平等主体的自然人、法人、其他组织之间设立、变更、终止民事权利义务关系的协议。《合同法》所说的合同是民事合同，《民法通则》也规定了民事合同，《民法通则》与《合同法》规定不一致的，依照特别法优先适用的规则，优先适用《合同法》。根据《合同法》的规定，合同具有以下特征：

（1）合同是平等主体的自然人、法人和其他组织所实施的一种民事法律行为。民事法律行为作为一种最重要的法律事实，是民事主体实施的能够引起民事权利和民事义务产生、变更或终止的合法行为，它在性质上不同于事实行为。所谓事实行为，是指不以意思表示为要件，并不能产生当事人预期的法律效果的行为，如侵权行为、拾得遗失物等。事实行为并不是法律行为，因此与合同是不同的。合同作为民事法律行为，在本质上属于合法行为。这就是说，只有在合同当事人所作出的意思表示符合法律要求的情况下，合同才具有法律约束力，并应受到国家法律的保护。而如果当事人作出了违法的意思表示，即使达成协议，也不能产生合同的效力。由于合同是一种民事法律行为，因此民法关于民事法律行为的一般规定，如民事法律行为的生效要件、民事行为的无效和撤销等，均可适用于合同。

（2）合同以设立、变更或终止民事权利义务关系为目的和宗旨。这就是说，一方面，尽管合同主要是债权债务关系协议，但也不完全限于债权债务关系，而要涉及整个民事关系；另一方面，合同不仅导致民事法律关系的产生，而且可以成为民事法律关系变更和终止的原因。所谓产生民事权利义务关系，是指当事人订立合同旨在形成某种法律关系，从而具体地享受民事权利、承担民事义务。所谓变更民事权利义务关系，是指当事人通过订立合同使原有的合同关系在内容上发生变化。所谓终止民事权利义务关系，是指当事人通过订立合同，旨在消灭原合同关系。无论当事人订立合同旨在达到何种目的，只要当事人达成的协议依法成立并生效，就会对当事人产生法律效力，当事人也必须依照合同的规定享有权利和履行义务。

（3）合同是当事人协商一致的产物或意思表示一致的协议。由于合同是合意的结果，因此它必须包括以下要素：第一，合同的成立必须要有两个以上的当事人；第二，各方当事人须作出意思表示，即当事人各自从追求自身利益出发而作出某种意思表示；第三，各个意思表示是一致的，也就是说当事人达成了一致的协议；第四，当事人必须在平等、自愿基础上进行协商，形成合意。合同是由平等主体的自然人、法人或其他组织所订立的，因此订立合同的主体在法律地位上是平等的，任何一方都不得将自己的意志强加给另一方。合同是反映交易的法律形式，而任何交易都要通过交易当事人的合意才能完成，所以合同必须是当事人协商一致的产物或意思表示一致的协议。

【法条】

《中华人民共和国合同法》第二条规定：合同是平等主体的自然人、法人、其他组织之间设立、变更、终止民事权利义务关系的协议。

2. 要约

1）要约的概念及有效条件

要约是指一方当事人向他人作出的以一定条件订立合同的意思表示。前者称为要约人，后者称为受要约人。要约要取得法律效力，应该具备如下条件。

（1）要约是由特定人作出的意思表示。这一特定的人是自然人还是法人，是本人还是代理人可以在所不问，但他必须是在客观上可以确定的人，只有这样，受要约人才能对之承诺。

(2) 要约必须具有订立合同的意图。要约人应表明，一经受要约人承诺，要约人即受该意思表示的约束，与之建立合同关系。

(3) 要约必须是向相对人发出的意思表示。否则，就没有承诺的对象，也不可能有承诺法律效果的产生。要约的相对人可以是特定的人，也可以是不特定的人。

(4) 要约的内容必须具体、确定。要约的目的在于取得相对人的承诺，与之建立合同关系，因此，要约除须表明要约人订立合同的愿望以外，还须表明拟订立合同的主要条款，如标的、数量和质量、价款或报酬等，以供被要约人考虑是否承诺。

知识卡片

要约与要约邀请的区别

要约邀请，也称要约引诱，是指行为人邀请他人向其发出要约。要约邀请不是合同订立的必要程序，仅是当事人订立合同的一种预备行为，因而不具有法律意义，对行为人不具法律约束力。在实际生活中，拍卖公告、招标公告、寄送商品目录及价目表、商业广告等，都是较为常见的要约邀请。

《中华人民共和国合同法》第十五条规定：要约邀请是希望他人向自己发出要约的意思表示。寄送的价目表、拍卖公告、招标公告、招股说明书、商业广告等为要约邀请。商业广告的内容符合要约规定的，视为要约。

如何区别要约和要约邀请，在实践中极为复杂。例如商业广告，如果符合要约的规定，则视为要约；否则，为要约邀请。在我国司法实践中，常常以是否包含合同主要条款作为判断一项广告是要约还是要约邀请的标准：如果广告中包含了合同的主要条款，如名称、价款、型号、性能等内容，应视为一种要约；如果没有包含合同主要条款，则认为只是要约邀请。再比如价目表的寄送通常被认为是要约邀请，但如果行为人向不特定的相对人派发某种商品的订单，并在订单中明确声明愿受承诺的约束，或者从订单的内容可以确定他具有接受承诺后果拘束的意图，则应认为该订单不是要约邀请，而是要约。因此，很多时候，除了按照《合同法》第十五条的规定，还需要根据当事人的意愿、交易习惯或是否包含合同的主要条款等标准来对要约和要约邀请作出区分。

2）要约的法律效力

要约的法律效力又称要约的拘束力，主要涉及要约的生效时间和存续时间问题。要约到达受要约人时生效。采用数据电文形式订立合同，收件人指定特定系统接收电文的，该数据电文进入该特定系统的时间，视为到达时间；未指定特定系统的，该数据电文进入收件人的任何系统的首次时间，视为到达时间。

受要约人接到要约后，只是在法律上取得承诺的权利，并不因此承担必须承诺的义务。在要约的有效期间内，要约人不得随意改变要约的内容，更不得随意撤回要约，否则由此给受要约人造成损害的，要约人应承担赔偿责任。但是属于以下情况之一的，要约对要约人不再具有拘束力：①拒绝要约的通知到达要约人的；②要约人依法撤销要约的；③承诺期限届满，受要约人未作出承诺的；④受要约人对要约的内容作出实质性变更的；⑤要约人死亡或丧失民事行为能力，或者作为法人的要约人被撤销的。

【法条】

《中华人民共和国合同法》第三十条规定：承诺的内容应当与要约的内容一致。受要约人对要约的内容作出实质性变更的，为新要约。有关合同标的、数量、质量、价款或报酬、履行期限、履行地点和方式、违约责任和解决争议方法等的变更，是对要约内容的实质性变更。

3）要约的撤回、撤销

要约在生效前是可以撤回的。要约人撤回要约，应当向对方发出通知，撤回要约的通知应当在要约到达受要约人之前或者与要约同时到达受要约人，迟到的撤回通知无效。

生效的要约还可以撤销。撤销要约的通知应当在受要约人发出承诺通知之前到达受要约人。但有下列情形的，要约不得撤销：①要约人确定了承诺期限或者以其他方式明示要约不可撤销；②受要约人有理由认为要约是不可撤销的，并已经为履行合同作了准备工作。

3. 承诺

1）承诺的概念及有效条件

承诺是指受要约人同意要约的意思表示。受要约人通常是指受要约人本人，但也包括其授权的代理人。承诺一旦生效，将导致合同的成立，因而承诺必须具备如下条件才能生效：

（1）承诺必须由受要约人向要约人作出。受要约人以外的任何第三人即使知道要约的内容并对此作出同意的意思表示，也不能认为是承诺。

（2）承诺必须是在合理期限内向要约人发出。所谓“合理期限内”是指要约确定承诺期限的，所确定的期限即为合理期限；要约未确定承诺期限的，则应当确定一段合理时间作为承诺期限，它应包括三项内容：要约到达受要约人的时间；作出承诺所需要的时间；承诺通知到达要约人所必需的时间。

【法条】

《中华人民共和国合同法》第二十四条规定：要约以信件或电报作出的，承诺期限自信件载明的日期或者电报交发之日开始计算。信件未载明日期的，自投寄该信件的邮戳日期开始计算。要约以电话、传真等快速通讯方式作出的，承诺期限自要约到达受要约人时开始计算。

(3) 承诺的内容必须与要约的内容相一致。若受要约人对要约的内容作出实质性变更的，则是一种新要约而非承诺。

2) 承诺的生效时间

承诺生效，也就意味着合同成立，因此，承诺生效时间至关重要。根据《合同法》的规定，承诺通知到达要约人时生效；承诺不需要通知的，根据交易习惯或要约的要求作出承诺的行为时生效；采用数据电文形式订立合同的，其承诺到达时间，与前述采用此种形式的要约到达时间相同。

【法条】

《中华人民共和国合同法》第二十三条规定：承诺应当在要约确定的期限内到达要约人。要约没有确定承诺期限的，承诺应当依照下列规定到达：(一)要约以对话方式作出的，应当即时作出承诺，但当事人另有约定的除外；(二)要约以非对话方式作出的，承诺应当在合理期限内到达。

3) 承诺的撤回

承诺生效前是可以撤回的。承诺撤回的程序、要求，与要约撤回的程序、要求完全相同。

【法条】

《中华人民共和国合同法》第二十七条规定：承诺可以撤回。撤回承诺的通知应当在承诺通知到达要约人之前或与承诺通知同时到达要约人。

【任务完成】

1. 合同订立的过程

合同订立的过程就是当事人双方使其意思表示趋于一致的过程，这一过程在《合同法》上称为要约和承诺。对于酒店采购来说，采购是采和购两个行为，采为采选，购为购买。采选即讨价还价，购买即实际交易。讨价还价阶段简称为询价阶段，实际购买阶段简称为订购阶段。如果与《合同法》一致起来，询价相当于要约邀请，订购则对应的是要约与承诺。

例如，盛源酒店采购部经理赵阳根据一则广告向东胜厨房设备公司打电话询问厨房设备的价格，东胜公司发过来产品介绍和价目表，这些都属于要约邀请；经过对产品的仔细了解和货比三家，赵阳向东胜公司发出了盛源酒店拟购买的厨房设备的型号、数量、价格，这样的意思表示就是要约；东胜公司接到订单后表示愿意按盛源酒店的条件接受订货，这样的意思表示就是承诺。合同一经承诺即告成立。

【法条】

《中华人民共和国合同法》第十三条规定：当事人订立合同，采取要约、承诺方式。

通常情况下承诺生效时合同成立；当事人采用合同书形式订立合同的，自双方当事人签字或盖章时合同成立，双方当事人签字或者盖章不在同一时间的，最后签字或者盖章时合同成立；当事人采用信件、数据电文形式订立合同的，可以在合同成立之前要求签订确认书，签订确认书时合同成立，在此情况下，确认书具有最终承诺的意义。

例如，甲公司于2010年10月5日向乙公司发出要约，乙公司于10月10日向甲公司发出承诺并于当日到达，甲公司于10月15日在合同上签字后再寄给乙公司，乙公司于10月20日在合同上盖章，后甲、乙双方又于10月25日签订了合同确认书。在这个案例中，甲乙之间的合同成立时间应为2010年10月25日，因为确认书具有最终承诺的意义，双方签订了确认书标志着合同的成立。

特别提示

合同的实际成立：法律、行政法规规定或当事人约定采用书面形式订立合同，当事人未采用书面形式但一方已经履行主要义务，对方接受的，该合同成立。此时可从实际履行合同义务的行为中推定当事人已经形成了合意和合同关系，当事人一方不得以未采取书面形式或未签字盖章为由，否认合同关系的实际存在。

2. 约定买卖合同的内容

买卖合同的内容是指买卖合同当事人之间的权利和义务，具体到每一个买卖合同法律关系中，就是买卖合同当事人确定相互权利义务关系的各项条款。

买卖合同的主要条款，依据买卖合同标的物和买卖方式的不同而不同，没有一个确定、统一的模式。不过，依据我国《合同法》第十二条和第一百三十一条的规定，基于买卖合同的特殊法律关系，签订买卖合同时应特别注意以下条款：一是标的物的名称、数量、质量及包装方式；二是标的物的价格、金额、货币及价格术语；三是标的物的交付的时间、地点和方式；四是标的物的保险和运输方式；五是标的物的检验标准、方法和检验时间；六是价款支付的时间、地点，支付方式和结算方式。

上述条款只是一种提示性的，当事人可以根据合同的具体情况来约定。例如，标的物为不动产的，就不存在运输问题；在涉外买卖合同中，还往往有一个选择合同所适用的法律问题。不管怎样，买卖合同条款是当事人双方权利义务的具体化，是他们履行合同、解决合同纠纷的重要依据之一。因而，在订立买卖合同时，合同条款应尽可能订得具体、明确、全面。

【法条】

《中华人民共和国合同法》第十二条规定：合同的内容由当事人约定，一般包括以下条款：(一)当事人的名称或姓名和住所；(二)标的；(三)数量；(四)质量；

（五）价款或报酬；（六）履行期限、地点和方式；（七）违约责任；（八）解决争议的方法。当事人可以参照各类合同的示范文本订立合同。

《中华人民共和国合同法》第一百三十一条规定：买卖合同的内容除依照本法第十二条的规定以外，还可以包括包装方式、检验标准和方法、结算方式、合同使用的文字及其效力等条款。

买卖合同范本

出卖人：（以下简称甲方）

住所地：

法定代表人：

买受人：（以下简称乙方）

住所地：

法定代表人：

甲、乙双方根据《中华人民共和国合同法》等有关法律规定，在平等、自愿的基础上，经充分协商，就乙方购买甲方产品达成以下买卖合同条款：

一、产品名称、型号、数量

二、产品质量

1. 质量标准：

2. 乙方对产品质量的特殊要求：

3. 乙方对产品质量有异议的，应当在收到产品后五日内提出确有证据的书面异议并通知到甲方；逾期不提出异议的，视为甲方产品质量符合本合同约定要求。但乙方使用甲方产品的，不受上述期限限制，视为甲方产品符合合同约定要求。

三、产品价款

1. 产品的单价与总价：

上述货物的含税价为：　　　　　　　　　总价款为：

2. 甲方产品的包装费用、运输费用、保险费用及交付时的上下力支费用等按下列约定承担：

甲方产品的包装物由　　　提供，包装费用由　　　　　承担。

甲方产品的运输由　　　　办理，运输费用由　　　　　承担。

甲方产品的保险由　　　　办理，保险费用由　　　　　承担。

甲方产品交付时的上下力支费用由　　　　　　　　　　承担。

乙方承担的上述费用，乙方应当在甲方交货前一次性给付甲方。

四、产品交付

甲方产品交付方式为：乙方提货/甲方送货/甲方代办托运。

产品交付地点为甲方所在地，交货时间为合同生效后　　　天，若乙方对甲方产品有特殊要求的，甲方应当在乙方提供相关确认文件后　　　天内交货。但乙方未能按约定付款甲方有权拒绝交货，乙方未能及时提供相应文件的，甲方有权延期交货。

在合同约定期限内甲方违约未能及时交货的，产品的灭失、毁损的风险由甲方承担；产品交付后或乙方违约致使甲方拒绝交货、延期交货的，产品的灭失、毁损的风险由乙方承担。

五、价款结算

乙方应在本合同书签订　　　　日内向甲方预付货款　　　　元，甲方交付前给付价款　　　元，余款由乙方在收到甲方产品之日起　　　天内付清。

乙方应当以现金、支票或即期银行承兑汇票方式支付甲方价款。

双方同意乙方未能付清所有价款之前，甲方产品的所有权仍属于甲方所有。

六、合同的解除与终止

双方协商一致的，可以终止合同的履行。一方根本性违约的，另一方有权解除合同，但应当及时书面通知到对方。

七、商业秘密

乙方在签订和履行本合同中知悉的甲方的全部信息(包括技术信息和经营信息等)均为甲方的商业秘密。无论何种原因终止、解除本合同的，乙方同意对在签订和履行本合同中知悉的甲方的商业秘密承担保密义务。非经甲方书面同意或为履行本合同义务之需要，乙方不得使用、披露甲方的商业秘密。保密期限为____年。

乙方违反上述约定的，应当赔偿由此给甲方造成的全部损失。

八、违约责任

本合同签订后，任何一方违约，都应当承担违约金　　　　元。若违约金不足以弥补守约方损失的，违约方应当赔偿给守约方造成的一切损失(包括直接损失、可得利益损失及主张权利的费用等)。

九、不可抗力

因火灾、战争、罢工、自然灾害等不可抗力因素而致本合同不能履行的，双方终止合同的履行，各自的损失各自承担。不可抗力因素消失后，双方需要继续履行合同的，由双方另行协商。

因不可抗力终止合同履行的一方，应当于事件发生后　　日内向对方提供有权部门出具的发生不可抗力事件的证明文件并及时通知对方。未履行通知义务而致损失扩大的，过错方应当承担赔偿责任。

十、其他约定事项

1. 乙方联系人或授权代表在履行合同过程中对甲方所作的任何承诺、通知等，都对乙方具有约束力，具有不可撤销性。

2. 乙方联系地址、电话等发生变化的，应当及时通知到甲方，在乙方通知到甲方前，甲方按本合同列明的联系方式无法与乙方联系的，由乙方承担相应的责任。

3. 本合同未约定的事项，由双方另行签订补充协议，补充协议与本合同书具有同等法律效力。

十一、争议解决

本合同履行过程中产生争议的，双方可协商解决。协商不成的，按下列第　　种方式解决：

1. 提交仲裁委员会仲裁；2. 依法向所在地人民法院起诉。

十二、本合同经双方盖章或授权代表签字后生效。

十三、本合同书一式四份，双方各执两份。

甲　方：　　　　　　　　　　　　　　乙　方：

任务 5.2　防范合同风险

【任务准备】

在《合同法》上，广义的合同风险是指各种非正常的损失，它既包括可归责于合同一方或双方当事人的事由所导致的损失，又包括不可归责于合同双方当事人的事由所导致的损失；狭义的合同风险仅指因不可归责于合同双方当事人的事由所带来的非正常损失。本书探讨的是广义的合同风险，主要包括以下几种情况：

1. 主体没有订立合同的资格，没有实际履行能力

在现实经济生活中，最常见的合同风险就是订立合同的主体没有订立合同的资格，根本没有履行能力。这种情况主要出现在以法人及其他组织为一方当事人而订立的合同中，主要表现形式为：①订立合同的一方根本没有提供法人资格证明；②合同一方虽提供了《企业法人营业执照》副本或复印件，但其实为伪造的证明；③合同一方提供了正式的《企业法人营业执照》，但其实际虚报注册资本，无实有资金，并没有实际履行能力；④合同一方在订立合同时虽提供了正式的《企业法人营业执照》，但因未参加工商局年检已被吊销营业执照。

2. 代理人超越代理权限，以被代理人名义签订买卖合同

在买卖合同的签订中，经常有代理人以被代理人名义签订合同的情况。在被代理人授权范围内，代理人所签订合同的权利义务应由被代理人承受。但代理人超越代理权或代理权授权期限已届满后所订立的合同，未经被代理人追认，由行为人承担后果，这种情况很有可能会给合同另一方当事人造成损失。

3. 标的物为法律禁止或限制流通物

在买卖活动中当事人不了解买卖物品在法律上有无限制、禁止买卖的规定，盲目签订合同却因标的物为法律禁止流通物或限制流通物而导致合同的无效。根据我国法律和法规的规定，限制流通物主要有以下几种：①禁止流通物，如矿藏、黄色书刊；

②限制在一定主体之间流转的物，如毒品；③有条件准许转让的物，如国有企业闲置资产的转让。

4. 合同的内容中出现漏洞导致权利得不到保护

很多合同因为订约人对业务不熟悉或谈判经验不足而在合同内容中出现漏洞。常见漏洞有：①质量约定不明确；②履行地点不明确；③付款期限不明确；④违约责任不明确；⑤付款方式不明确；⑥履行方式不明确；⑦计量方法不明确；⑧检验标准不明确等。

5. 合同的恶意履行

签订了一份内容齐备、详尽完善的合同并不代表没有任何风险，在实际履行中有可能出现恶意履行的情况，一般有①借口产品质量差而拒付货款；②产品有质量问题而故意不告知；③在发生多交货时不予通知；④在对方履行不符合约定时，不及时采取措施避免或减少损失的发生。

酒店在订立、履行合同过程中，除了防范上述常见的合同风险外，还应注意一种极端的情况，那就是合同欺诈，合同欺诈的主要表现有：①以预付款或定金、押金的方式骗取货款；②编造合理的理由，侵吞押金或相应资金；③伪造证件或资信情况，假冒特定身份，骗取合同资金等；④通过中介组织设立广告骗局；⑤假为购货，实为出货骗款；⑥虚构标的，骗取对方信任，获取资金。

【任务完成】

防范合同风险，既要在合同订立时防范，还要在合同履行过程中防范。

1. 合同订立时的风险防范

1）了解我国《合同法》及相关法律、法规

《合同法》就合同的含义、订立合同的基本原则、合同的形式、合同的生效、无效等与合同有关的内容进行了比较系统、详细的规定。另外，其他与《合同法》相关的法律、法规如《中华人民共和国民法通则》、《中华人民共和国担保法》等也对《合同法》中的某类具体的合同在签订中应注意的问题作出了相应的规定。因此，在合同的订立、履行过程中应当参照《合同法》及其他相关规定来操作，以避免因该合同与相关法律规定不符而导致合同无效或者需要对合同的内容作出相应的变更。

2）了解合同对方的基本情况，审查其是否具有签约的主体资格

在合同签订前先了解一下对方的基本情况，可以有效地避免合同欺诈和违约情形的出现。如果合同对方是企业的可以保留其营业执照复印件；如果是个人，应当详细记录其身份证号码、住址、电话。由于我国法律规定法人分支机构不具有独立的法人资格，一般不能独立对外承担民事责任，因此在签订合同时，应当与该企业法人签订，只有在企业法人授权于分支机构，并出示法人授权证明的情况下该企业的分支机构才有签约的权利。

3）审查合同的主要条款

（1）标的物及标的物的数量应当约定准确。由于同类产品其规格、型号甚至数量都会因包装方法的不同而各有不同，因此，在签订合同时，对合同标的物的规格、型号及数量应作出明确的约定，以避免因各方理解不同而影响合同的履行。合同当事人在确立合同的数量条款时，应注意下述问题：①要明确合同标的的计量单位；②合同中的数量必须清楚、准确，不能使用“大约”、“左右”等概念；③合同的数量条款不得违反有关法律、法规的规定。

（2）质量条款的约定应明确。在合同纠纷中，由于质量问题发生的争议占合同纠纷的很大比例，所以对质量条款的约定绝对不能有半点疏忽。议定质量条款时，应注意下述问题：①应具体、明确约定合同标的的规格和质量标准；②应明确约定合同标的的具体项目要求或规定封存合同标的样品；③应约定合同标的物的包装质量；④应约定对合同标的物质量的检验办法；⑤根据合同产品的性质，确定保修的期限和费用的负担。

（3）付款时间及价款的约定应明确。合同双方应明确约定付款的时间，如果约定不明则会给合作方找到拖延付款的理由。另外，有些企业在购销合同中，所购标的可能会是多类产品，但却只在合同中写明所有产品的总价款，而未明确具体每种产品的单价，这样一旦合同部分履行后发生争议，就难以确定尚未履行的部分产品的价款，不利于守约方权利的维护。

（4）标的物的交货时间应明确。如合同中约定“保证在下个月交货”，这样的约定就是比较不规范的说法。如果正好在这个月遇到了两次价格调整，在前半个月，货物的价格上涨，此时，卖方可以未到履行期为由拒绝向买方交货。而等到下半个月的时候，遇到该产品价格下降时，卖方又以该合同在履行期内为由，向买方交付货物。所以，在签订合同时，应当对交货时间作出明确的约定，最好精确到日，如“卖方在合同生效后三天内发货”。

（5）违约后的责任承担要约定清楚。由于在合同违约后计算损失往往是很困难也是非常复杂的，因此合同当事人最好事先在合同中约定损失赔偿的范围，即预先于合同条款中约定损失赔偿额的计算方法或损失赔偿额，当违约时，就按该方法计算或按该赔偿额赔偿，不再计算实际损失。当事人自行约定的数额不宜过高，否则，对超出部分，法律不予保护。如果签约方想以“定金”方式作为违约责任的承担方式，必须在合同中写明“定金”字样。在实践中，不少人将“定金”写成了“订金”，而“订金”通常被认定为预付款，不具有担保功能。另外，定金与违约金两者是不能同时适用的，只能在两者中选择一种责任方式来适用。

知识卡片

“定金”与“订金”的区别

“定金”是指当事人约定由一方向对方给付的，作为债权担保的一定数额的货币，它属于一种法律上的担保方式，目的在于促使债务人履行债务，保障债权人的债权得以实现。签合同时，对定金必须以书面形式进行约定，同时还应约定定金的数额和交付期限。定金的数额在法律上有一定限制，《担保法》规定定金数额不超过主合同标的额的20%。给付定金一方如果不履行债务，无权要求另一方返还定金；接受定金的一方如果不履行债务，需向另一方双倍返还定金。债务人履行债务后，依照约定，定金应抵作价款或收回。

而对“订金”，目前法律上没有明确规定，一般被视为“预付款”。订金的数额依当事人之间自由约定，法律一般不作限制。订金不具有担保性质，交付和收受订金的当事人一方不履行合同债务时，不发生丧失或双倍返还预付款的后果，订金仅可作损害赔偿金。在合同签订过程中，有些个人或企业利用对方当事人法律知识的欠缺，故意设下陷阱，将定金写成“订金”，以规避定金罚则。因此，为避免损失，与他人签订合同时，一定要区分清“定金”和“订金”。

【法条】

《中华人民共和国合同法》第一百一十四条规定：当事人可以约定一方违约时应当根据违约情况向对方支付一定数额的违约金，也可以约定因违约产生的损失赔偿额的计算方法。约定的违约金低于造成的损失的，当事人可以请求人民法院或仲裁机构予以增加；约定的违约金过分高于造成的损失的，当事人可以请求人民法院或仲裁机构予以适当减少。

《中华人民共和国合同法》第一百一十五条规定：当事人可以依照《中华人民共和国担保法》约定一方向对方给付定金作为债权的担保。债务人履行债务后，定金应当抵作价款或收回。给付定金的一方不履行约定的债务的，无权要求返还定金；收受定金的一方不履行约定的债务的，应当双倍返还定金。

(6) 选择有效的解决争议的办法。根据我国《民事诉讼法》的规定：“合同双方当事人可以在书面合同中协议选择被告住所地、合同履行地、合同签订地、原告住所地、标的物所在地人民法院管辖，但不得违反本法对级别管辖和专属管辖的规定。”因此，当合同当事人约定管辖法院时，所选择管辖的法院一定要明确，不能同时选择两个法院或违反有关专属管辖和级别管辖的规定。既然我国法律给予了合同双方当事人在合同争议发生时选择管辖法院的权利，当事人在订立合同过程中应充分利用好该项权利，尽量约定自己方所在地法院管辖。

另外，如果合同双方约定以仲裁的方式解决合同纠纷，就要明确约定某一个仲裁机构，而且该仲裁机构必须客观存在，否则将导致仲裁条款无效。

2. 合同履行中的风险防范

1）接收支票时的风险防范

在支票付款的情况下，有可能是购货方用别的单位的支票支付货款。实践中，只要支票是真实有效的，一般都可以接受。接收支票时应重点审查以下内容，避免银行退票带来的麻烦和损失：①收款人名称是否正确；②书写是否清楚，字迹是否潦草；③大小写的金额是否一致；④大写数字是否正确；⑤印鉴(公章和法定代表人印章)是否清晰；⑥如果是经过背书的支票，应审查背书是否连续；⑦有无伪造变造的痕迹。

2）出具收据和接收收据时的风险防范

在合同履行过程中，如果对方要求先出发票并挂账，应当让对方出具收条，并一定要在收据中注明"以上款项未付"，这样做，该张收据就同时具有欠款确认书的作用。对于其他的收据也应将有利的相关信息都包含进去。

3）第三人代为履行和向第三人履行风险防范

第三人代债务人向我方履行的情况下，相当于我方多了一个保障，因此应乐于接受。但是有的时候，债务人会要求将其债务全部转让给第三人，转让后其不再承担任何责任，这时候应充分了解该第三人的履约能力，不能草率答应。合作方要求我方向第三人履行时，应取得债权人的书面通知书。

4）中止和解除合同

遇到法定条件或者合作方违约可能损害到我方利益的情况时，可以采取中止履行和解除合同的方法来保护我方的权益。

（1）中止履行的条件：依据《中华人民共和国合同法》第六十八条的规定。

【法条】

《中华人民共和国合同法》第六十八条规定：有确切证据证明对方有下列情况之一的，可以中止履行：一、经营状况严重恶化；二、转移财产、抽逃资金，以逃避债务；三、丧失商业信誉；有丧失或可能丧失履行债务能力的其他情形。

（2）解除合同的条件：合同的解除分为意定解除和法定解除两种情况，具体内容见任务5.3。

案例5－1

原告山东鑫远酒店与被告深圳金德家具有限公司签订一份《购销协议》，协议约定由原告向被告购买酒店客房家具120套，每套单价为4900元人民币。原告向被告支付定金10万元人民币，同时双方还约定了交货的具体时间、地点。合同履行期届满，被告不能按时交货，原告诉至法院要求被告双倍返还定金并赔偿损失。被告则辩称协议上写的是"订金"而不是"定金"，因此不适用定金罚则。法院审理查明：双方协议上注明的确实是"订金"

二字，因此判决被告向原告返还10万元订金，并赔偿损失1万元。由于一字之差，原告遭受了很大的损失，而如果原告方订约人有风险防范的法律意识和相关的法律知识，这样的损失完全可以避免。

任务5.3 依法变更与解除合同

【任务准备】

1. 合同变更的概念与特点

合同的变更，是指合同依法成立后尚未履行或尚未完全履行前，由于客观情况发生了变化，使原合同已不能履行或不应履行，经双方当事人同意，依照法律规定的条件和程序，对原合同条款进行的修改或补充。

合同的变更有广义和狭义之分。从广义上讲，是指合同内容和主体发生变化；从狭义上讲，仅指合同内容的变更。我国《合同法》所规定的合同变更是指狭义的合同变更，即仅指合同内容的变更。而合同主体的变更则称为合同转让。合同的变更具有如下特点：

(1) 从原则上说，合同的变更必须经当事人双方协商一致，并在原合同的基础上达成新的协议。因为合同是在双方当事人协商一致的基础上订立的，是双方当事人意思表示一致的体现。对合同进行变更将使双方当事人权利义务关系发生变化，任何一方均不能将自己的意志强加给对方。未经对方同意而擅自变更合同，不仅不能对合同的另一方产生约束力，而且还可能构成违约。这里所讨论的合同变更，仅指当事人之间的协议变更，不包括人民法院或仲裁机构根据当事人的请求，变更或撤销因欺诈、胁迫或乘人之危、重大误解、显失公平而订立的合同的法定变更。

(2) 合同的变更，是指对原合同关系的内容作某些修改或补充，是对合同内容的局部调整。例如合同标的数量增减、交货时间、地点的改变，价款和结算方式的改变等等。合同的变更不应包括合同标的变更。标的是合同关系中权利义务指向的对象，是合同的实质内容。标的变更，合同的权利义务会发生根本的改变，从而导致原合同关系的消灭。合同变更仅仅是对局部内容的调整。

(3) 合同的变更会形成新的债权债务内容。由于合同的变更，当事人不能完全按原合同的内容来履行，而应按变更后的权利义务关系来履行。但这并不是说在合同变更时，必须首先消灭合同关系。事实上，合同的变更是指在保留原合同的实质内容的基础上，产生一个新的合同关系，它仅仅是在变更的范围内使原债权债务关系发生变化，而变更之外的债权债务关系仍继续有效并应履行。所以从这个意义上讲，合同变更只是使原合同关系相对消灭。

【法条】

《中华人民共和国合同法》第七十七条规定：当事人协商一致，可以变更合同。法律、行政法规规定变更合同应当办理批准、登记等手续的，依照其规定。

2. 合同解除的概念与特点

合同的解除是指在合同依法成立后尚未全部履行前，当事人基于协商、法律规定或当事人约定而使合同关系归于消灭的一种法律行为。合同的解除具有以下特点：

(1) 合同的解除以当事人之间存在有效合同为前提。依法成立的合同对当事人产生约束力，订约双方必须按合同的约定行使权利履行义务。但在实际生活中，因某些事由致使合同的履行成为不必要或不可能的情况不可避免地会时有发生，因此，合同的解除也就同样不可避免。

(2) 合同的解除必须具备一定的条件。法律设立合同解除制度的目的，就是要保障合同解除的合法性，禁止当事人在没有任何法定或约定依据的情况下任意解除合同。合同解除的条件有法定和意定两种形式。所谓法定的解除条件，是指当事人一方在法定解除合同的条件成立时，直接行使解除权而事先不必征得对方当事人的同意。《合同法》中列举了5种情形，这5种情形可以概括为两个方面：一方面是客观原因造成不能实现合同目的；另一方面是当事人一方根本违约而导致合同的解除。所谓意定解除条件既包括订立合同时就约定了解除合同的条件，也包括合同履行过程中，双方通过协商解除合同，即约定解除和协议解除。

(3) 合同的解除是一种消灭合同关系的法律行为。在具备了合同解除条件的情况下，当事人可以解除合同。但当事人解除合同必须实施一定的行为，即解除行为，这种解除行为是一种法律行为。如果仅有合同解除的条件，而没有当事人的解除行为，合同不能自动解除。解除合同的法律行为，既可以是单方法律行为，也可以是双方法律行为。

3. 合同变更与解除的区别

合同变更与合同解除都是为了调整合同关系、调整当事人之间利益而设立的法律规范，两者有许多相同之处，比如合同变更和合同解除都是以存在一个有效合同为前提，都改变了原有的合同关系，都经常采用协商的方法，等等。但是，合同变更和合同解除毕竟是两个不同的法律概念，两者的区别主要表现在：

(1) 合同变更是对原合同的非实质性条款进行修改或补充，而并非根本改变合同的实质内容，更不需要消灭原合同关系，它只是对原合同的部分内容进行调整；而合同解除则要消灭原有的合同关系，终止合同的履行。

(2) 合同变更的方式主要由双方当事人协商而产生，而合同解除则可因多种因素而发生，协商只是合同解除的一种方式。合同变更必须协商，而合同解除则并不一定要协商。

(3) 合同解除是一种违约后的补救措施，它是在合同一方违约的情况下，另一方可以享有的合同解除权；但合同变更并非与补救联系在一起，一方违约之后，非违约方也并不产生合同变更的权利，而往往需要采用合同解除等补救措施。

(4) 合同变更因没有消灭原合同关系，因此也就不产生溯及既往的问题。变更的效力一般只涉及合同未履行部分，当事人只按合同变更后的内容履行，变更前已履行的部分则不再变动；而合同的解除将使合同关系消灭，因而在某些情况下会发生溯及既往的效力，尤其是在一方违约的情况下，非违约方不仅有权解除合同，而且有权要求违约方赔偿损失；而合同的变更并不与违约联系在一起，一般不存在损失赔偿问题。

【任务完成】

1. 依法变更合同

1）双方协商变更

以这种方式变更合同实质上就是成立新合同以取代旧合同，故而协商变更合同的程序，应该遵循合同订立时的要约承诺规则，而且变更后的合同内容要发生法律效力，也应符合合同的生效要件。协议变更合同还应特别注意把握如下几点。

(1) 当事人对合同变更内容约定不明确的，推定为未变更。换言之，如果就变更合同的意思表示没有达成一致，则原合同继续有效，当事人仍应按原协议执行。

(2) 当事人就变更合同内容协商一致后，如果法律、行政法规规定变更合同应当办理批准、登记等手续的，必须依照规定办理相关手续才能发生变更的效力。

2）人民法院或仲裁机构裁决变更

(1) 对在重大误解或显失公平情况下订立的合同的变更。

重大误解是指行为人因对行为的性质、对方当事人、标的物的品种、质量、规格和数量等的错误认识，使行为的后果与自己的意思相悖，并造成较大损失的行为。显失公平是指一方当事人利用优势或利用对方没有经验，致使双方的权利义务明显违反公平、等价有偿原则的行为。根据《合同法》第五十四条的规定，在重大误解或显失公平情况下订立的合同，当事人任何一方都有权请求人民法院或仲裁机构变更或者撤销。如果当事人一方请求变更，人民法院或仲裁机构不得撤销；如果当事人一方要行使撤销权，则应当在知道或应当知道撤销事由之日起一年内行使，这个期间是除斥期间，期间届满，当事人的撤销权就告消灭。

知识卡片

所谓除斥期间，又称预定期间，指某种权利的法定存续期间，权利人在此期间内若不行使权利，期间届满后，该项实体权利即告消灭。

(2) 对一方以欺诈、胁迫的手段或者乘人之危，使对方在违背真实意思的情况下订立的合同的变更。

欺诈行为是指一方当事人故意告知对方虚假情况，或者隐瞒事实真相，诱使对方作出错误意思表示而订立合同的行为。胁迫是指以给他人的人身或财产造成损害为要挟，迫使对方作出不真实的意思表示而订立合同的行为。通常是在合同订立时为强制对方订立合同而实施的。在合同订立后，一方以胁迫手段迫使对方变更或解除合同也可构成胁迫。

因欺诈、胁迫订立的合同应分为两类：一类是一方以欺诈、胁迫的手段订立合同损害国家利益，这样的合同是无效合同；另一类是一方以欺诈、胁迫的手段订立合同并没有损害国家利益，只是损害了集体或第三人的利益，对此类合同应按可变更、可撤销合同处理。

乘人之危，是指行为人利用对方当事人的急迫需要或危难处境，迫使其作出违背本意而接受于其非常不利的条件的意思表示。

对于一方以欺诈、胁迫的手段或者乘人之危，使对方在违背真实意思的情况下订立的合同，只有受损害方有权请求人民法院或者仲裁机构变更或者撤销。同样道理，如果受损害方请求变更，人民法院或仲裁机构不得撤销；如果受损害方要行使撤销权，则应当在知道或应当知道撤销事由之日起一年内行使。

(3) 情势变更使合同履行显失公平情况下的合同变更。

因情势变更的出现，当事人一方可提出延期履行或部分履行的变更要求，但其并不享有单方变更合同的权利。因为情势变更的情况比较复杂，对合同履行的影响可能是全部的或永久的，也可能是局部的或暂时的，为避免出现债务人以此为借口逃避合同拘束的情况，应由法院或仲裁机关从维护双方当事人利益的角度出发，根据一方当事人的请求并结合情势变更对合同履行影响的程度，作出相应的变更裁决。

2. 依法解除合同

1) 双方意定解除合同

意定解除包括约定解除和协议解除。约定解除属于意思自治的范畴，只要不违背法律和诚实信用原则，当事人可以将任何情形约定为合同解除的条件。协议解除是当事人双方协商一致重新遵循要约承诺规则订立一个新的合同，其内容主要是把原来的合同废弃，使基于原合同发生的债权债务归于消灭，对双方当事人的权利义务关系重新安排、调整和分配。事实上，协议解除条件也属于意思自治范畴，与约定解除不同的是，协议解除是以新合同解除既有合同。因此，解除协议须具备合同有效要件，当事人应当具备相应的行为能力，意思表示真实，协议内容不得违反强行性规范和社会公共利益。

合同解除后，是否产生损害赔偿责任，应视情况而定。如果合同是因违约行为而解除的，则违约的一方当事人应承担赔偿合同不履行给非违约方所造成的损失；如果合同是因不可抗力的原因而解除的，则当事人双方都不承担合同不履行的赔偿责任。

【法条】

《中华人民共和国合同法》第九十三条规定：当事人协商一致，可以解除合同。当事人可以约定一方解除合同的条件。解除合同的条件成立时，解除权人可以解除合同。

2）依据法定条件解除合同

在法定条件下，一方当事人可以行使解除权以解除合同。

(1) 因不可抗力致使不能实现合同目的。

不可抗力，是指不能预见、不能避免并不能克服的现象，包括某些自然现象，如地震、台风等；也包括某些社会现象，如战争等。不可抗力影响合同履行的，只有达到不能实现合同目的的程度时，当事人才能解除合同。因不可抗力导致合同部分不能履行的，当事人能否解除合同，应依合同目的能否实现而定：如果合同部分履行不能，而其他部分的履行对相对人已无利益时，则表明合同目的不能实现，当事人可以解除合同。否则，当事人只能变更合同。

当事人一方因不可抗力不能履行合同的，应当及时通知对方，以减轻可能给对方造成的损失，并应当在合理期限内提供证明。因不可抗力致使合同不能履行，该当事人据此免除其履行合同的责任。

(2) 在履行期限届满之前，当事人一方明确表示或者以自己的行为表明不履行主要债务。

在履行期限届满前，债务人拒绝履行的行为称为预期违约，又称为先期违约。所谓明确表示不履行主要债务，是指当事人一方在订立合同以后以明示的方式拒绝履行合同的主要义务，这通常被称为明示预期违约。当然，如果当事人只是明确表示不履行次要的义务，尚不能成立对方当事人的解除权。所谓以自己的行为表明不履行主要债务，是指当事人一方的行为已经表明他不可能履行合同上的主要义务，例如当事人负有交付特定物的义务，但在合同成立以后，他却把特定物出卖于第三人，并且第三人已经取得该特定物的所有权，这种情形被称为默示预期违约。

在合同履行过程中，当出现预期违约行为时，毁约方并不一定都要承担预期违约的责任，而是否要承担责任取决于债权人的选择：在明示预期违约的情况下，债权人有权决定是否接受预期违约，如果接受，可按实际违约追究对方的责任，行使解除合同、请求损害赔偿的权利；如果不接受，坚持合同效力，意味着债权人放弃了因预期违约而获得的权利，只能待合同履行期届满对方违约时按实际违约追究其责任。在默示预期违约的情况下，债权人不得立即主张违约的救济——解除合同，而应通过书面形式要求对方提供正常履行的适当担保，若其提供担保，则合同继续有效，否则可解除合同要求损害赔偿。

(3) 当事人一方迟延履行主要债务，经催告后在合理期限内仍未履行。

迟延履行，又称为债务人迟延，是指债务人能够履行，但在履行期限届满时尚未履行债务的现象。它作为合同解除的条件，主要适用于对履行期限没有特别要求的合同，即使债务人在履行期限届满后履行，也不至使合同目的落空。在这种情况下，原则上不允许债权人立即解除合同，而是应由债权人向债务人发出履行催告，给其规定一个宽限期，债务人在该宽限期届满时仍未履行的，债权人有权解除合同。

在迟延履行的情况下，债权人要解除合同必须满足两项要求：一是债务人迟延履行主要债务，如果债务人迟延履行的不是主要债务，而是一般债务，债权人不能解除合同；二是经催告在合理期限内仍未履行，债权人必须要有催告行为，至于合理期限，应依据债务履行的具体情况而定，如债务的性质、种类、数额以及需要时间等。当这两个要求都满足了，说明债务人没有履行合同的诚意，债权人有权解除合同，并要求债务人承担相应的违约责任。

催告

催告，是债权人催促债务人履行债务的意思表示。作为解除权的发生要件，催告通常发生在债务人履行迟延之后。如果合同没有确定债务履行期限，任何时候都可以催告。催告表现为债权人提示债务人应该履行的债务，并要求其在一定的日期或者一定的期间内履行。催告应该给对方相当的犹豫期间。相当的期间，是指债务人作出履行准备与作出履行的必要期间，依据债务内容以及其他客观情势决定。

(4) 当事人一方迟延履行债务或者有其他违约行为致使不能实现合同目的。

在合同中，如果合同的履行期对当事人的权利义务至关重要，违反了规定的期限将会导致合同目的不能实现，则应允许解除合同。例如，某商店为满足中秋节的月饼供应，与一家月饼生产厂商签订了合同，规定供方最迟在中秋节前 10 天供货。但一直到中秋节过后，供方才供货。这种情况下供方的履行对需方来说已无任何利益，即无法实现合同的目的，所以需方可以解除合同。除迟延履行外，其他违约行为也有可能导致不能实现合同目的，这也构成解除合同的条件，如瑕疵履行、部分履行等。

在当事人一方迟延履行债务或者有其他违约行为致使不能实现合同目的地情况下，另一方有权解除合同。合同解除后，尚未履行的，终止履行；已经履行的，根据履行情况和合同性质，当事人可以要求恢复原状、采取其他补救措施，并有权要求赔偿损失。

(5) 法律规定的其他情形。

这是一兜底条款，即除上述条件外，有法律规定的其他解除合同的情形时，当事人也可以解除合同。例如，当事人在行使不安抗辩权而中止履行的情况下，如果对方在合理期限内未恢复履行能力并且未能提供适当的担保，则中止履行的一方可以解除合同。另外在合同法分则的买卖合同、租赁合同、承揽合同和委托合同中也有关于合同解除的具体规定。

在出现上述法定解除合同的情形时，解除权人应当采取“通知”方式解除合同。对通知是书面形式还是口头形式法律没有规定，只要能证明对方确实收到了合同解除的通知即可。解除通知到达对方当事人后，不必征得对方同意即发生解除合同的效力，如有法律、行政法法律、行政法规规定须办理相关手续的，从其规定。如果对方当事人有异议的，可以要求通过诉讼或仲裁确认解除无效，解除权人应对产生合同解除权的原因和解除通知已到达对方的事实负相应的举证责任。

【法条】

《中华人民共和国合同法》第九十四条规定：有下列情形之一的，当事人可以解除合同：（一）因不可抗力致使不能实现合同目的；（二）在履行期限届满之前，当事人一方明确表示或者以自己的行为表明不履行主要债务；（三）当事人一方迟延履行主要债务，经催告后在合理期限内仍未履行；（四）当事人一方迟延履行债务或者有其他违约行为致使不能实现合同目的；（五）法律规定的其他情形。

案例5－2

盛源酒店与青岛天恩食品有限公司买卖合同纠纷案

2008年10月，盛源酒店与青岛天恩食品有限公司签订购销合同1份，约定天恩公司作为酒店指定的酒水饮料供应商，负责约定酒水的供应，酒店不得以任何理由及方式从其他渠道进货，否则视作违约，酒店将负责退赔天恩公司提供的全部进场费用；天恩公司分两期支付酒店进场费用55万元，首期33万元于合同签订日付5万元，余款于酒店开业前付清；酒店承诺在合同期内完成各品牌的目标销量。

合同签订后，天恩公司按照约定分5次支付了首期33万元进场费，但酒店方自2008年11月至次年7月17日，对合同所涉主要约定销量的品牌如乐时乳酸菌奶、麒麟饮料、青岛、三得利啤酒和华夏长城红酒等，实际销量仅达到约定销量的22.88%。2009年6月，天恩公司还发现盛源酒店向其他供应商采购与合同约定品牌相同的小糊涂仙酒，价款为3552元。2009年7月25日，为销售量问题，天恩公司与盛源酒店进行协商，但未有成果，8月3日，天恩公司向盛源酒店发出解除合同通知函，该函表示，盛源酒店自履行合同以来，不能遵照约定专场专卖，从其他渠道进货，不能完成各类品牌饮料的每月包销量，且明确表示拒绝按约履行义务，因此决定解除双方订立的购销合同，要求酒店返还33万元进场赞助费。盛源酒店则表示其在2009年7月以传真方式多次向天恩公司订货，但天恩公司不予供货，造成酒店经济损失，故要求继续履行合同，并由天恩公司赔偿其经济损失25000元。

法院审理认为，盛源酒店与天恩公司所订购销合同依法成立，具有法律约束力，双方当事人应当依约履行自己的合同义务。酒店未能达到约定销售量，难以实现缔约目的，并且违反合同约定，从其他渠道采购与合同约定品牌相同的货物，一定程度上损害了天恩公司的利益，因此天恩公司提出解除双方合同的理由成立。盛源酒店所辩称的2009年7月多次向天恩公司订货，但天恩公司不予供货的问题，由于此时双方已为销量产生矛盾，天恩公司的行为有其合理之处。据此判决：一、解除双方的购销合同，盛源酒店返还天恩公司进场赞助费267，000元，此款于判决生效之日起十日内履行；二、对盛源酒店要求天恩公司继续履行合同并赔偿经济损失25，000元的诉讼请求不予支持。本诉受理费6，560元，由盛源酒店负担5，668元，天恩公司负担892元。

任务5.4　租赁合同的风险防范

【任务准备】

由于盛源酒店经营得法，一直处于快速扩张过程中，连续开了多家分店。这样一来，不但要租赁经营场所，还要为大量的新员工租赁员工宿舍。不管是酒店总经理张总还是人力资源部经理艾嘉都希望在房屋租赁这件事情上不要出现任何差错。要做好这件事情，必须掌握法律关于租赁合同的相关规定。

1. 租赁合同的概念与特征

租赁合同是出租人将租赁物交付承租人使用、收益，承租人支付租金的合同。租赁合同中交付租赁物供对方使用、收益的一方称为出租人，使用租赁物并支付租金的一方称为承租人。

租赁合同的特征如下。

1）租赁合同是转让财产使用权的合同

租赁合同以承租人使用、收益租赁物为直接目的，承租人所取得的仅是对租赁物的使用、收益权，而非租赁物的所有权，这是买卖合同与租赁合同的根本区别。由于租赁合同转移的仅是租赁物的使用权，因而承租人并不享有对租赁物的处分权，这是租赁合同区别于消费借贷合同的重要一点。

2）租赁合同为有偿合同

租赁合同中，出租人所负担的交付租赁物供承租人使用、收益的义务与承租人所负担的交付租金的义务互为等价，因此，租赁合同为有偿合同。在这点上，租赁合同与借用合同有所不同。借用合同中，尽管在出借人负担交付借用物供借用人使用、收益义务的同时，借用人也要负担按期返还借用物的义务，但双方当事人所负担的义务不具有对价性，所以借用合同为双务无偿合同。

3）租赁合同为诺成合同

租赁合同中，出租人与承租人双方意思表示达成一致合同即成立，所以租赁合同为诺成合同。

4）租赁合同具有临时性

租赁合同具有临时性的特征，不适用于财产的永久性使用。我国《合同法》第二百一十四条规定租赁期限不得超过20年，超过20年的，超过部分无效。租赁期间届满，当事人可以续订租赁合同，但约定的租赁期限自续订之日起不得超过20年。

2. 租赁合同双方当事人的法律义务

（1）出租人的主要义务有：①按合同规定的时间、地点、数量、质量、方式等将租赁物交付承租方使用；②按合同规定对租赁物进行维修，保持出租物的正常使用状态；③为出租财产不受第三人主张权利而负担保义务；④由承租人提供担保物的财产租赁合同，在合同终止时，应及时返还担保物。

（2）承租人的主要义务有：①承租人必须按照合同规定的标准、日期、方式向出租人支付租金；②承租人必须合理使用、善意保管出租物；③承租人不经出租人同意，不得擅自将出租物转租他人；④未经出租人同意，不得擅自拆改、更换租赁物；⑤租赁合同到期或终止时，及时返还租赁物；⑥合同规定的其他义务。

【任务完成】

1. 识别租赁合同常见风险

租赁合同以特定的动产或不动产为标的物，在订立和履行中存在一定的风险，特别是长期的租赁，风险更大，稍有疏忽，就有可能引发纠纷。租赁合同中的常见风险主要有以下几种。

1）对合同主体资格审查不够

一方面表现为出租方不是房屋产权人或产权人授权的房屋经营管理人，导致交了租金却住不上房；另一方面表现为承租人缺乏主体资格及资信能力致使租赁物无法收回或无法按期收回租金。

2）代理人超越代理权限，以被代理人名义签订租赁合同

在租赁合同的签订中，经常有代理人以被代理人名义签订合同的情况。在被代理人授权范围内，代理人所签订合同的权利义务应由被代理人承受。但代理人超越代理权或代理权授权期限已届满后所订立的合同，未经被代理人追认的，由行为人承担后

果，这有可能会给合同另一方当事人造成损失。

3）租赁合同内容中易出现的风险

具体包括对标的物约定不明确，尤其是对租赁物的数量和质量约定不明确导致纠纷；对标的物的使用约定不明确，承租人对标的物进行超负荷、掠夺性使用，致使租期届满后租赁物已无法继续使用；租赁物的维修和保养约定不明确，根据合同法的有关规定，一般应由出租人负责维修和保养，但当事人另有约定的除外。

4）租赁合同履行中易出现的风险

具体包括出租人不按合同规定交付租赁物，实践中主要表现为迟延履行；出租人不履行合同规定的维修和保养义务；承租人不按合同支付租金，主要是迟延交付；承租人擅自改变租赁物的现状；承租人擅自将租赁物转租他人；承租人逾期不返还租赁物等。

5）承租人被出租人利用租赁物套取押金的风险

在租赁合同欺诈中经常出现出租人利用租赁合同，要求承租人交纳与租赁物价值相当的押金，而当租赁期届满时，承租人却找不到出租人，出租人实际已经席卷大笔押金潜逃，承租人被迫花费较高金额“购买”了并不想购买的物品。

6）营业执照的风险

经营者要合法经营，需要办理营业执照等手续。法律规定，经营者需要有经营场所的，在办理营业执照时，需要提供房产证或租赁合同。一般而言，工商局在办理营业执照时，如果前一经营者在该商铺的营业执照未注销或变更为其他注册地址，新的承租人则无法利用该商铺办理出新的营业执照，因此在租赁房屋做经营场所时一定要注意这一点。另外，有些产权人擅自分割商铺，分别出租给多个商家，这也会导致商家之间办理营业执照时面临障碍。

2. 防范租赁合同风险

1）租赁合同签订中的风险防范

（1）当事人主体资格方面的风险防范。

① 租赁合同当事人的主体资格及确认。租赁合同的主体主要有法人以及个体工商户、农村承包经营户等。合同一方当事人在签约前一定要认真审查对方当事人的主体资格。如果合同的对方当事人是企业，可以审查其营业执照或到当地工商行政管理机关去寻求帮助。

② 租赁合同当事人的履约能力、资信状况及确认。对方当事人的履约能力及资信状况对租赁合同的履行是至关重要的。如果对方无履约能力，对另一方当事人来说，不但不会带来任何经济利益，反而会造成不应有的经济损失。如果对方具有履约能

力，还要看其商业信誉如何。只有确信对方具有履约能力，商业信誉良好，合同履行较有保障，才能与之签约。在实践中，要搞清对方的资信情况，主要是看其营业执照，了解注册资金、经营范围、企业经济性质、法定代表人或企业负责人等。另外，可到当地工商行政管理机关去查询，或通过对方的老客户，从侧面了解对方的资信状况。

③ 代订租赁合同的代理人资格方面的问题及防范。代订租赁合同应其备以下三个条件：代理人必须事先取得委托单位的委托证明；代理人必须在委托人授权的范围内签订租赁合同，如超出此范围，需经委托人追认，否则，将由代理人自行承担责任：代理人必须以被代理人的名义签订合同，否则，就不可能对委托人产生法律效力。

【法条】

《中华人民共和国民法通则》第六十五条：民事法律行为的委托代理，可以用书面形式，也可以用口头形式。法律规定用书面形式的，应当用书面形式。书面委托代理的授权委托书应当载明代理人的姓名或者名称、代理事项、权限和期间，并由委托人签名或者盖章。

（2）租赁合同内容合法性方面的风险防范。

要使租赁合同成立并生效，合同的内容必须合法。合同内容合法是指租赁合同的全部条款都符合法律规定。根据最高人民法院的司法解释，审查合同内容是否合法，主要审查以下几个方面。

① 审查合同的标的是否属于法律、法规、政策禁止生产经营的范围，租赁合同不能以国家禁止的流通物为标的。另外在租赁房屋时，要避免签订三类无效的租赁合同：未经竣工验收的房屋出租，房屋租赁合同无效；违章建筑的房屋出租，房屋租赁合同无效；被确定为拆迁的房屋出租，房屋租赁合同无效。

② 审查合同中有关标的数量、质量、价款和违约责任等规定是否违反国家法律、法规和政策。

③ 审查合同的内容是否违反国家利益或社会公共利益，有无规避法律的行为。

（3）租赁合同形式方面的风险防范。

租赁合同应以书面形式签订。因为在租赁合同中，通常不能即时清结，且涉及双方的权利义务关系比较复杂，只有以书面形式签订合同，才能明确双方当事人的具体权利、义务关系，一旦发生纠纷，也容易判明是非、划分责任。对于无需审批的租赁合同，自当事人在合同书上签字盖章后生效；法律、法规规定必须经过有关主管部门审核批准的合同，批准之后生效；合同当事人约定公证、鉴证生效的，经公证、鉴证后生效；涉外租赁合同中，要求签订确认书的，于确认书签字盖章之日起生效。

【法条】

《中华人民共和国合同法》第二百一五条：租赁期限六个月以上的，应当采用书面形式。当事人未采用书面形式的，视为不定期租赁。

2）租赁合同履行中的风险防范

（1）认真履行合同义务。

租赁合同一经签订，就具有法律约束力，双方当事人必须严格遵照执行，认真、切实、全面地履行合同义务，这样才能从根本上避免合同在履行中产生纠纷。

（2）根据对方的违约情形，主张其违约责任。

根据有关法律、法规，违约方承担违约责任的方式主要有继续履行、支付违约金、支付赔偿金以及采取其他补救措施等形式，当事人可以根据对方的违约情形，主张其违约责任。

（3）正确适用租赁合同的一些特殊原则。比如“承租人的优先购买权”、“买卖不破租赁”原则以及有关转租的规定等，正确主张和维护自己的权益。

知识卡片

所谓承租人的优先购买权，是指出租人转让房屋时，承租人在同等条件下，依法享有优先于其他人而购买该房屋的权利。优先购买权只存在于房屋租赁情形下。《合同法》第二百三十条规定：出租人在出卖租赁房屋时，应当通知承租人，承租人享有优先购买权。根据最高人民法院审判委员会2009年6月22日通过的《最高人民法院关于审理城镇房屋租赁合同纠纷案件具体应用法律若干问题的解释》第二十四条的规定，出租人履行通知义务后，承租人在十五日内未明确表示购买的，将丧失优先购买权。

知识卡片

我国《合同法》第二百二十九条规定：租赁物在租赁期间发生所有权变动的，不影响租赁合同的效力。即在租赁合同有效期间，租赁物因买卖、继承等原因使租赁物的所有权发生变更的，租赁合同对新所有权人仍然有效，新所有权人不履行租赁义务时，承租人得以租赁权对抗新所有权人，这在法理学上被称为“买卖不破租赁”。应注意：我国《合同法》所确立的“买卖不破租赁”原则仅限于房屋等不动产的租赁，动产租赁不应当适用该原则。

3）租赁合同纠纷解决中的风险防范

租赁合同纠纷，是指出租人与承租人相互之间对租赁合同的履行情况以及不履行的后果所产生的争议。当事人合同意识淡薄，不严格执行合同规定，是发生纠纷的主要原因。合同纠纷发生后，要积极采取措施予以解决。这个过程中应注意的问题有以下几个。

（1）选择适当的解决纠纷的方式。

根据《合同法》的规定，租赁合同发生纠纷时，可通过4种途径来解决。

① 协商。协商是租赁合同双方当事人解决纠纷常用的一种方法。它程序简单，只需双方当事人会面磋商，时间、地点都可随意选择。双方当事人对纠纷的及时协商可

以消除对立情绪，使问题得到及时处理，避免损失的进一步扩大，同时可以节省诉讼而带来的诉讼费用和其他费用的开支。

② 调解。调解应当遵循自愿、合法的原则。在实践中，租赁合同纠纷的调解有的由有关组织主持，有的由行政机关主持，有的由仲裁机构和人民法院主持。前两种方式达成的调解协议书不具有法律效力，而后两种方式达成的调解协议书则具有法律效力，双方必须执行。

③ 仲裁。以仲裁的方式解决租赁合同的纠纷，具有形式灵活、程序简便、解决争议时间短、费用低等优点，在涉外租赁合同纠纷解决中被普遍采用，在解决国内租赁合同纠纷中也越来越受欢迎。仲裁机构对租赁合同纠纷案件的管辖权以双方当事人的书面仲裁协议或合同中的仲裁条款为依据。仲裁程序的特点是当事人可就仲裁员、仲裁机构等进行选择，更多地体现了意思自治原则，仲裁裁决也易于被当事人所接受。

④ 诉讼。诉讼虽有程序复杂、费用较高、时间较长的缺点，但作为最具有强制性的解决纠纷的方式，仍不失为解决租赁合同纠纷的重要方式。

通过上述几种方式解决租赁合同纠纷时，特别是以协商、调解方式解决合同纠纷时，要注意解决纠纷的结果应不得违反国家有关的法律、法规和政策，不得违反社会公共利益，不得损害国家或他人的利益，否则，此种解决结果是无效的。

（2）解决租赁合同纠纷时要注意时效。

根据《民法通则》的规定，向人民法院请求保护民事权利的诉讼时效期间是 2 年，法律另有规定的除外。诉讼时效从知道或应当知道权利被侵害时起计算。就租赁合同来说，当出现纠纷时，当事人应在诉讼时效期间 2 年内向人民法院提起诉讼并主张权利，否则，法院将不再予以保护。但需特别注意：延付或拒付租金的，适用特别的诉讼时效 1 年的规定。

【法条】

《中华人民共和国民法通则》第一百三十五条：向人民法院请求保护民事权利的诉讼时效期间为两年，法律另有规定的除外。

《中华人民共和国民法通则》第一百三十六条：下列的诉讼时效期间为一年：(一)身体受到伤害要求赔偿的；(二)出售质量不合格的商品未声明的；(三)延付或者拒付租金的；(四)寄存财物被丢失或者损毁的。

案例 5－3

2000 年 4 月，甲公司与乙公司签订了房屋租赁合同，甲公司租用乙公司房屋，租期 8 年，每年租金 5 万元。2004 年 2 月甲公司搬走，但没有与乙公司解除合同。到 2010 年 8 月乙公司来人带来一文件到甲公司，要甲公司支付所欠租金 40 多万元及滞纳金。原来甲公司的租房经办人及有关领导现都已离开了，单位里没有人知道租房合同没有解除这件事，几年来也没有人来催房租。因不知来龙去脉，甲公司办公室人员丙在文件上面签上“已收到”。

本案涉及支付租金时效问题。按《民法通则》第一百三十七、一百三十八条规定："诉讼时效期间从知道或者应当知道权利被侵害时起计算……超过诉讼时效期间，当事人自愿履行的，不受诉讼时效限制。"租赁合同中延付或者拒付租金的时效期间为1年，属于特殊时效，乙公司应于2009年4月之前催要最后一年的租金，否则应当认定已超过诉讼时效。甲公司办公室人员丙在文件上面签"已收到"，只表示收到文件，并不表示对文件内容的"自愿履行"，对本案的诉讼时效的计算没有影响。因此在本案中由于超过诉讼时效，乙公司最终丧失了胜诉权，造成了40多万元的损失。在租赁合同中，支付租金是一个重要条款，一般双方都很重视，一旦争议出现后应及时主张权利，避免丧失胜诉权。

资料来源：企博网

任务5.5 解决酒店保管合同纠纷

【任务准备】

保管合同是保管人有偿或无偿地为寄存人保管物品，并在约定期限内或应寄存人的请求，返还保管物品的合同。

格式合同又称标准合同、定型化合同、制式合同，是指当事人一方预先拟定合同条款，对方只能表示全部同意或者不同意的合同。

通常星级酒店都免费为客人提供前台行李寄存服务和贵重物品保管服务，在这种情况下，客人和酒店之间需要订立保管合同，这种合同通常是格式合同，条款的内容由格式合同提供方也就是酒店单方事先拟定。在合同缔结前或缔结过程中，酒店应当以合理方式告知客人格式条款的存在及其内容，并在需要的时候给予必要说明，以便客人决定是否缔约。一旦客人选择了寄存服务，根据《合同法》规定，酒店就负有保管寄存人交付的保管物，并返还该物的义务。在这种情况下，如果寄存物丢失毁损，酒店毫无疑问是要承担赔偿责任的。可是，如果客人没有选择寄存服务而在客房中丢失了行李物品，酒店应不应该承担责任？客人自驾车到酒店食宿，车辆在酒店停车场丢失，酒店应不应该承担责任？这两个问题长期以来一直困扰着酒店和客人双方当事人。

【任务完成】

解决酒店保管合同纠纷应做到：

1. 确认客人和酒店之间的保管合同关系是否存在

客人入住酒店，常先付费缴纳押金，然后领取钥匙入住客房，酒店与客人之间形成了以住宿、保管、服务为主要内容的混合合同关系。我国《合同法》对此合同关系并无专门规定，酒店与客人达成提供住宿服务的协议是确定的，只要客人对酒店提供服务的质量、价格没有异议，酒店按照规定提供服务就可以使合同成立，但对于住宿服务之外的，例如客人钱财、行李的保管一般却没有合意。我国《合同法》也没有明确规定酒店对客人财产的法定保管义务。但根据《合同法》第六十条有关附随义务的规定，酒店除了提供让客人满意的食宿服务外，还应承担相应的通知、协助、保密等一系列附随义务，比如保障客人的人身、财产安全。一般而言，酒店对客人财产安全的保护义务指酒店应采取与其收费及等级相一致的安全措施使客人财产不因酒店设施的物理瑕疵或第三人的不法行为而受损，包括保安措施的制定与执行、保安人员的配备以及安全监控设施的安装等。因此，基于以上《合同法》原理，认为只要客人与酒店之间的服务合同成立，他们之间附随的保管合同也就随之成立了。

【法条】

《中华人民共和国合同法》第六十条规定：当事人应当按照约定全面履行自己的义务。当事人应当遵循诚实信用原则，根据合同的性质、目的和交易习惯履行通知、协助、保密等义务。

2. 分清有偿保管还是无偿保管

我国《合同法》对无偿保管合同和有偿保管合同的责任标准不同。有偿保管合同的保管人所应尽的注意义务比无偿保管合同的保管人要重得多，除法定免责事由外，在保管期间发生保管物毁损、灭失的，不论保管人主观上是否具有过错，都应承担损害赔偿责任；但在无偿保管合同中，保管人的保管行为并未获得相当的报酬，故保管人的注意义务为普通人的注意义务，保管人如已尽一般人所应负担的义务，即无重大过失，就无须承担损害赔偿责任。而由于酒店与客人之间的服务合同是有偿合同，所以应将酒店对客人财产的保管义务视为有偿保管合同下的义务，即当被保管的财物受损，酒店只要有过错就要承担赔偿责任。

【法条】

《中华人民共和国合同法》第三百七十四条规定：保管期间，因保管人保管不善造成保管物毁损、灭失的，保管人应当承担损害赔偿责任，但保管是无偿的，保管人证明自己没有重大过失的，不承担损害赔偿责任。

3. 分析是否存在免责情形

为防止酒店的责任过重，实现酒店与客人之间利益的平衡，以下三种情形酒店是免责的：①由于不可抗力造成客人财物损毁或灭失的，酒店可以免责；②由于客人自身或者其陪同者、探望者的原因造成其财物损毁或灭失的，酒店可以免责；③由于保管物本身的性质或者原有瑕疵，宾馆拒绝保管未果的可以免责，如保管物为易燃、易爆、易腐蚀物等或本身存在质量问题的物品。

4. 承担过错责任

无论是《合同法》的第六十条，还是《中华人民共和国消费者权益保护法》的第十一条，都倾向于对消费者的保护。2004 年最高人民法院研究室《关于住宿期间旅客车辆丢失赔偿案件如何适用法律问题的答复》更是明确了这一点。这意味着只要客人在酒店登记住宿，不管有没有书面的保管凭证，酒店和客人之间就客人的财产都形成事实上的保管关系，当客人财产受损时，酒店应当承担过错责任。

【法条】

2004 年最高人民法院研究室《关于住宿期间旅客车辆丢失赔偿案件如何适用法律问题的答复》指出：根据《中华人民共和国合同法》第六十条的规定，旅客在宾馆住宿期间，依宾馆的指示或者许可，将车辆停放于宾馆内部场地后，宾馆对车辆即负有保管义务。但是，宾馆未对车辆停放单独收费且证明自己对车辆被盗没有重大过失的，不承担损害赔偿责任。

《中华人民共和国消费者权益保护法》第十一条规定：消费者因购买、使用商品或者接受服务受到人身、财产损害的，享有依法获得赔偿的权利。

案例 5－4

2009 年 5 月的一天，张某到上海出差，入住于长宁区的某五星级酒店标准客房，价格为每天 113 美元。当日下午，张某外出办事，晚上归来后发现自己的财物被盗。经清点，发现丢失人民币 3300 元及价值 15000 余元的手提电脑一部。而且因电脑的丢失，张某无法及时取得事先存在电脑中的信息资料而丧失了一宗很有可能达成的生意，造成了数十万元的经济损失。后来，经公安机关调取酒店录像，发现犯罪嫌疑人方某有极大的作案嫌疑。他在当日下午 2 时左右进入该酒店，5 时左右离开。在此期间，方某在酒店电梯上下达 7 次之多，但酒店并未对方某进行访客登记，亦未注意其行踪。案发后，方某不知去向，公安机关一直没能将其抓获。张某要求酒店赔偿其损失，酒店辩称酒店的各房间都放有服务指南，要求顾客将贵重物品及现金存放到前台，否则发生意外概不负责，因此酒店不应承担赔偿责任。由于对赔偿达不成一致意见，张某只能向法院提起诉讼。

在该案中，张某因与酒店之间存在着有效的服务合同关系，酒店应承担此合同的附随义务，对张某的财产负有保管义务。由于酒店没有采取切实的安全防范措施，监控、保安等用于履行保管义务的设施形同虚设，致使客人张某的财产处于极不安全的境地，最后造成财产的巨大损失。张某丢失的现金人民币 3300 元应被视为可以随身携带的现金的合理范围，至于电脑也应归为随身携带物品中，因为在现代生活中电脑已被公认为是不可或缺的商务用品，要求客人将电脑交于酒店保管，不仅是不合理的而且也是不可能做到的。所以张某丢失的财物人民币 3300 元及价值 15000 余元的手提电脑一部都属于酒店应赔偿的范围。但对于因丧失生意机会而造成的经济上的损失，是一种或然的间接损失，属于酒店根本无法预见的损失，酒店对此不负赔偿义务。该案最终经过法院调解，酒店赔偿张先生人民币一万元并提供豪华客房免费住宿两晚。

案例5-5

2010年1月6日晚上，深圳的蒋先生和朋友到位于福田区景田南路的某大酒店吃饭，将其丰田牌汽车停放在该酒店楼下的停车场。当晚10时40分左右，他准备驾车回家时，发现其车不在停车位了，现场只剩下一堆被敲碎了的车窗玻璃。蒋先生随即报警，后警方认定车辆被盗，但至今未被追回。蒋某要求酒店赔偿被盗车辆价值178700元。蒋先生认为深圳市某酒店为经营活动需要，为其提供车辆停放服务，停车时有酒店的保安在旁边指挥并安排车位，双方事实上形成车辆保管关系。但酒店作为保管人没对其车辆尽到妥善保管义务，导致自己的车辆被盗，酒店应承担赔偿责任；酒店辩称其和蒋某之间没有形成保管合同关系，因为保管合同应有交付的行为，例如给付停车卡或停车票的行为，证明已经交付，但本案中没有这样的行为。蒋某没有向酒店提出要求保管车辆，酒店也没有接受这个要求，酒店的停车场是开放式的，到这里停车的人并不全是到酒店消费的人群，所以，它和蒋某之间没有形成保管合同关系，蒋某的请求没有事实和法律依据。

对于该案，一、二审法院审理认为，蒋某在深圳市某酒店吃饭，双方形成酒店服务合同关系，酒店负有保障消费者人身和财产安全的附随义务。酒店为经营活动需要，为蒋某提供车辆停放服务，双方形成车辆保管关系。由于酒店未尽到保管义务，导致蒋某的车辆被盗，酒店应对此承担赔偿责任。蒋某将车辆停放在酒店保安指定的位置，对车辆丢失没有过错，无须承担责任。据此，深圳市中级人民法院判决深圳市某酒店赔偿蒋某损失178700元，本案一、二审案件受理费均由深圳市某酒店负担。

资料来源：中顾法律网

【实务演练】

1. 盛源酒店客房部要采购一批客房用品，部门经理撰写了采购申请报告，经总经理审批后，连同采购清单一并送到采购部。作为一名采购员，按采购申请单内容要求，选定相应供应商，提出采购意见，并草拟一份采购合同。

2. 2007年3月，盛源酒店租赁了卢某的一套三居室楼房作为员工宿舍，双方签订了房屋租赁合同，合同约定卢某将其房屋出租给盛源酒店，租期5年，每年租金2万元。今年6月份，在承租人不知情的情况下，卢某将房屋出售给石某，并办理了房屋过户手续。房屋过户后，石某以自己儿子需要婚房为由，要求盛源酒店员工必须在8月底搬离该房屋，不再承认卢某与酒店间租赁合同的效力，由此与酒店发生争议。如果你是酒店方代表，你准备怎样处理这件事？

3. 2010年11月26日晚11时左右，杨某入住盛源酒店，并将车号为粤AW0810的保时捷卡宴汽车停放于盛源酒店地下车库，酒店保安指引杨某将车停在停车场出口处并承诺有人看守。次日早七时许杨某取车时发现车后窗玻璃被砸、左后三角玻璃被砸，车内物品导航仪一套、燕窝两盒、青花瓷汾酒一件、软中华烟两条丢失，丢失物品损失和车辆维修损失共计35500元，杨某要求酒店赔偿损失。如果你是酒店方代表，你认为杨某和酒店之间是否成立车辆保管关系？酒店是否应对杨某的车辆损失及物品丢失损失承担赔偿责任？

【扩展阅读】

《中华人民共和国民法通则》

《中华人民共和国担保法》

《中华人民共和国物权法》

《中华人民共和国消费者权益保护法》

6

酒店竞争行为管理

(1) 能够辨识各种不正当竞争行为，保护酒店的合法权益。
(2) 能够分清违反《反不正当竞争法》的法律责任。

(1) 理解不正当竞争的概念和特征。
(2) 明确不正当竞争行为的表现形式。
(3) 掌握违反《反不正当竞争法》的法律责任。

引例

盛源酒店张总正在召开各部门会议，人资部经理艾嘉汇报：①原我方中餐部管理人员任宜，在未与我方作任何协商，亦未解除劳动合同的情况下，利用其在任职期间形成的便利条件及研究成果，成立盛源餐饮公司；②盛源餐饮公司中餐店的招牌、玻璃门上、电梯、餐巾纸、宣传单、一次性毛巾、报纸、菜谱等实物上均印着“盛源”两个大字，且在互联网上刻意仿冒盛源商标标记进行服务宣传；③盛源餐饮公司未经我方同意使用了我方的客户名单及研发的菜肴；④盛源餐饮公司向就餐客人讲述损害我方形象的语言，并向记者提供虚假的陈述，误导记者作出失实的且有损我方形象的报道，损害了我方的商业信誉。

张总责成人资部经理艾嘉立即处理此事。艾嘉请法律顾问帮忙。法律顾问告诉她解决这些问题需要通晓我国《反不正当竞争法》等法律法规的相关规定。

为保障社会主义市场经济健康发展，鼓励和保护公平竞争，制止不正当竞争行为，保护经营者和消费者的合法权益，第八届全国人民代表大会常务委员会第三次会议于 1993 年 9 月 2 日通过了《中华人民共和国反不正当竞争法》（以下简称《反不正当竞争法》），自 1993 年 12 月 1 日起实施。

《反不正当竞争法》列举出 11 种不正当竞争行为：①采用假冒或混淆等不正当手段从事市场交易的行为；②商业贿赂行为；③引人误解的虚假宣传行为；④侵犯商业秘密行为；⑤不正当有奖销售行为；⑥损害他人商业信誉或商品声誉行为；⑦公用企业或者具有独占地位的经营者强制交易行为；⑧滥用行政权力限制竞争行为；⑨以排挤竞争对手为目的、以低于成本的价格销售商品的行为；⑩搭售和附加不合理交易条件行为；⑪串通投标行为。与酒店经营有关的不正当竞争行为主要是前 6 种。

任务 6.1　保护注册商标专用权

【任务准备】

1. 商标的概念

商标是商品和商业服务的标记，即商品的经营者和服务者用以标明自己所生产或销售的商品，或自己所提供的服务，与其他经营者生产或销售的同类商品或提供的同类服务相区别的标志。商标的起源可追溯到古代，当时工匠们将其签字或“标记”印制在其艺术品或实用产品上。随着岁月迁流，这些标记演变成为今天的商标注册和保护制度。这一制度帮助消费者识别和购买某产品或服务，因为由产品或服务上特有的商标所标示的该产品或服务的性质和质量符合他们的需求。

2. 注册商标的概念及特点

注册商标，即经商标局依法核准注册并刊登在商标公告上的商标，注册商标的商标注册人依法享有商标的专用权。非注册商标，即未经商标局核准注册的商标，非注册商标虽然可以使用，但不享有商标专用权。

注册商标具有排他性、独占性、唯一性等特点，属于注册商标所有人所独占，受法律保护，任何企业或个人未经注册商标所有权人许可或授权，均不可自行使用，否则既侵犯了商标权，违反了《商标法》，又是不正当竞争行为，违反了《反不正当竞争法》。

【任务完成】

酒店要保护好自身注册商标专用权应做到：

1. 坚持积极注册原则

注册是寻求法律保护的前提。注册商标的有效期为 10 年，注册商标有效期满，需要继续使用的，应当申请续展注册，每次续展注册的有效期为 10 年。

【法条】

《商标法》第三十八条规定：注册商标有效期满，需要继续使用的，应当在期满前 6 个月内申请续展注册；在此期间未能提出申请的，可以给予 6 个月的宽展期。宽展期满仍未提出申请的，注销其注册商标。每次续展注册的有效期为 10 年。续展注册经核准后，予以公告。

2. 识别假冒注册商标专用权行为

（1）该行为的主体是从事市场交易活动的经营者。不是经营者，不构成此行为的主体（如国家机关工作人员利用其特殊的身份进行欺骗行为，不属于该法规范的对象）。

【法条】

《反不正当竞争法》第二条第三款规定："本法所称的经营者，是指从事商品经营或者营利性服务（以下所称商品包括服务）的法人、其他经济组织和个人。"

（2）经营者在市场经营活动中，客观上实施了《反不正当竞争法》第五条禁止的不正当竞争手段。

【法条】

《反不正当竞争法》第五条规定：经营者不得采用下列不正当手段从事市场交易，损害竞争对手：（一）假冒他人的注册商标；（二）擅自使用知名商品特有的名称、包装、装潢，或者使用与知名商品近似的名称、包装、装潢，造成和他人的知名商品相混淆，使购买者误认为是该知名商品；（三）擅自使用他人的企业名称或者姓名，引人误认为是他人的商品；（四）在商品上伪造或者冒用认证标志、名优标志等质量标志，伪造产地，对商品质量作引人误解的虚假表示。

（3）经营者的欺骗性行为已经或足以使用户或消费者误认，即这种欺骗行为达到了较为严重的程度。

盛源酒店依法取得“盛源”商标权后，经过精心经营，“盛源”品牌已为相关公众所熟悉。盛源餐饮公司在其经营活动中，未经许可就直接仿冒“盛源”商标作为商业服务标记，并在商号的使用过程中将商标中的“盛源”文字突出使用，体现在盛源餐饮公司中餐店的招牌、玻璃门上、电梯、餐巾纸、宣传单、一次性毛巾、报纸、菜谱等实物上，且在互联网上刻意仿冒原告商标标记进行服务宣传，误导消费者。盛源餐饮公司的行为违反了“诚实信用、公平竞争”的基本法律原则及我国《商标法》、《反不正当竞争法》及相关法规的明确规定，侵犯了盛源酒店的商标权，构成了不正当竞争行为。

3. 注册商标专用权的保护途径

酒店的注册商标专用权受到侵犯，发生纠纷的，当事人首先协商解决；不愿协商或者协商不成的，商标注册人或者利害关系人可以向人民法院起诉，也可以请求工商行政管理部门处理。这是我国独有的处理商标侵权行为的双轨制，即司法与行政两条途径均可以处理商标侵权行为。

1）行政途径

商标权利人认为其注册商标专用权被他人侵害的，可以向侵权行为地县级以上工商行政管理机关投诉，请求处理。

（1）应提交的材料。

① 投诉书：应列明投诉人姓名或名称、地址、联系电话、商标权利情况（有商标代理机构代理的还应列明代理机构的名称、地址、电话）；被投诉人姓名或名称、地址、侵权事实及相关情况；投诉的法律依据和要求及投诉日期。

② 营业执照及复印件。

③ 商标注册证及复印件。

④ 侵权证据：包括侵权的实物、商标标识、有关票据、照片等。

⑤ 代理委托书。

国内商标注册人可以委托他人投诉，但应提交由委托人签署的授权委托书。委托商标代理组织投诉的，应出示能证明该组织具有代理资格的有效证件；国（境）外商标注册人要求保护其商标专用权的，应委托国家指定的商标代理组织代理投诉，并提交中文投诉文件及经认证或公证的代理委托书及相关的证明材料。

（2）有下列情形之一的投诉不予受理。

① 被投诉人不明确的；②所投诉的侵权事实不清楚的；③所提供的投诉书件不齐全，超过三天没有补齐的；④超出本级工商行政管理机关区域管辖范围的；⑤投诉人

就同一事实已向人民法院提起民事诉讼的。

(3) 工商行政管理机关对于商标侵权行为有权作出如下行政处罚措施。

① 责令立即停止侵权行为；②没收、销毁侵权商品和专门用于制造侵权商品、伪造注册商标标识的工具；③工商行政管理机关对侵犯他人注册商标专用权的，处以非法经营额一倍以上3倍以下的罚款；非法经营额无法计算的，处以10万元以下的罚款。

以上处罚可以单独作出，也可以并用；工商行政管理机关有权根据不同情况选择适用。当事人对处罚决定不服的，可以请求商标行政复议；对复议决定仍不服的，可以向人民法院提起商标行政诉讼。

如果侵权人期满既不起诉又不履行的，做出处理的工商行政管理部门可以申请有管辖权的人民法院强制其执行。进行处理的工商行政管理部门根据当事人的请求，可以就侵犯商标专用权的赔偿数额进行调解；调解不成的，当事人可以依照《中华人民共和国民事诉讼法》向人民法院提起民事诉讼。

特别提示

消费者发现市场上有商标侵权假冒行为怎么办?

消费者发现市场上有商标侵权假冒行为的，可以向违法行为地工商部门进行举报，也可以拨打12315的专线电话进行投诉。

2）司法途径

对侵犯注册商标专用权的行为，被侵权人也可以直接向人民法院起诉。人民法院通过审判程序，维护商标专用权人的合法权益。因侵犯注册商标专用权行为提起的民事诉讼，由侵权行为的实施地、侵权商品的储藏地或者查封扣押地、被告住所地人民法院管辖。侵权商品的储藏地，是指大量或者经常性储存、隐匿侵权商品所在地；查封扣押地，是指海关、工商等行政机关依法查封、扣押侵权商品所在地。对涉及不同侵权行为实施地的多个被告提起的共同诉讼，原告可以选择其中一个被告的侵权行为实施地人民法院管辖；仅对其中某一被告提起的诉讼，该被告侵权行为实施地的人民法院有管辖权。

商标侵权的民事责任：①停止侵害；②赔偿损失（侵犯商标专用权的赔偿数额，为侵权人在侵权期间因侵权所获得的利益，或者被侵权人在被侵权期间所受到的损失，包括被侵权人为制止侵权行为所支付的合理开支；侵权损失难以确定的，由人民法院根据侵权行为的情节判决给予50万元以下的赔偿），注，销售不知道是侵犯注册商标专用权的商品，能证明该商品是自己合法取得的并说明提供者的，不承担赔偿责任；③消除影响，恢复名誉；④赔礼道歉。商标侵权构成犯罪的依法追究刑事责任。

【法条】

《反不正当竞争法》第二十条的规定：其他经营者的合法权益受到上述不正当竞争行为损害的，可以提起侵权诉讼，以便获得赔偿。消费者的合法权益因上述不正当竞争行为受到损害的，可以依照《消费者权益保护法》请求法律救济。

《反不正当竞争法》第二十一条规定：经营者假冒他人的注册商标，擅自使用他人的企业名称或者姓名，伪造或者冒用认证标志、名优标志等质量标志，伪造产地，对商品质量作引人误解的虚假表示的，依照《中华人民共和国商标法》、《中华人民共和国产品质量法》的规定处罚。

经营者擅自使用知名商品特有的名称、包装、装潢，或者使用与知名商品近似的名称、包装、装潢，造成和他人的知名商品相混淆，使购买者误认为是该知名商品的，监督检查部门应当责令停止违法行为，没收违法所得，可以根据情节处以违法所得一倍以上三倍以下的罚款；情节严重的可以吊销营业执照；销售伪劣商品，构成犯罪的，依法追究刑事责任。

任务6.2　保护酒店知名商品特有的名称、包装和装潢

【任务准备】

1. 知名商品的含义及特点

知名商品是指在市场上具有一定知名度，为相关公众所知悉的商品。

知名商品具有如下特点：

1）知名商品不是经评定程序评定出来的荣誉称号

知名商品不是像名优商品之类的，经法定程序和法定组织或者民间组织评定出来的荣誉称号，而是在查处违法行为时认定保护客体的一种形式。这种知名商品的认定属于行政执法机关在查处违法行为时行使自由裁量权的行为，认定的结果不具有普遍效力，而只是在个案中认定的法律事实。

2）商品的知名性是指在市场上的一种知名度

知名商品反映了某一具体商品在市场上的一种知名度。这种知名度涉及两个因素，即市场的地域因素和人的因素。对于市场的地域因素，即在多大的市场范围内享有知名度才可以构成知名商品，工商行政管理机关一般按照地区认定商品的知名度，如根据省、市等市场范围认定知名商品。

3）知名商品是指为相关公众熟悉的商品

相关公众可以从以下几个方面加以理解：

（1）相关公众是指与该商品有交易关系的特定的购买层。所谓的“知名商品”不是指一般的购买者所知，而是指“相关公众”所知悉，“相关公众”的认定则视商品性质的不同而不同。

（2）相关公众是指一定地域范围内的相关公众。在我国知名商品的知名度是相对于特定地域而言的，作为认定知名度的人的因素，知悉商品的相关大众也是指特定地域范围内的相关大众，而不是全国范围内的相关大众。有些商品即使在国外很有知名度，但在国内不为人所知，同样构不成知名商品。

2. 知名商品的特有名称、包装和装潢

特有，是指商品名称、包装、装潢非为相关商品所通用，并具有显著的区别性特征。

名称，是指知名商品独有的与通用名称有显著区别的商品名称。

包装，是指为识别商品以及方便携带、储运而使用在商品上的辅助物和容器。

装潢，是指由经营者营业场所的装饰、营业用具的式样、营业人员的服饰等构成的具有独特风格的整体营业形象。在酒店，对服务起到美化和识别作用的装饰设计、装修风格，属于酒店服务的装潢。

知名商品的特有名称、包装、装潢是与通用的商品名称、包装和装潢对称的。通用的商品名称、包装和装潢，又可以称为普通商品名称、包装和装潢，是指在某一领域内已被特定行业普遍使用，为交易者共同承认的商品名称、包装、装潢。直接以表示本商品的质量、主要原料、功能、用途、数量等的文字、图形通常都是通用的。通用的商品名称、包装和装潢起不到区分经营者的作用，无法也没有必要对指定的使用人进行保护。《反不正当竞争法》所保护的都是非通用的商品名称、包装和装潢。

商品名称、包装和装潢都属于商品标示，具有区别商品出处、表示商品质量和广告的作用，而这些作用显然都是从它们的可识别性产生的。如果没有可识别性，这些标示也就没有什么意义了，正是由于存在可识别性，才有仿冒问题，《反不正当竞争法》才有保护的必要。这些标示的可识别性就是其显著的区别性特征。显著的区别性特征也是很难确定具体认定标准的。一般而言，区别性特征是否显著是相对而言的，是指与相关商品通用的名称、包装和装潢相比，其主体部分或者总体印象有着明显的特点。虽不必要要求与通用的名称、包装、装潢有截然不同的区别，但在一般人看来必须具有明显的区别。

知名商品及其特有的名称、包装、装潢的认定原则：①商品的名称、包装、装潢被他人擅自作相同或者近似使用，足以造成购买者误认的，该商品即可认定为知名商品；②特有的名称、包装、装潢依照使用在先的原则认定；③县级以上工商行政管理机关在监督检查时，对知名商品和特有的名称、包装、装潢一并予以认定；④对使用与知名商品近似的名称、包装、装潢，可以根据主要部分和整体印象相似、一般购买

者施以普通注意力会发生误认等综合分析认定；一般购买者已经发生误认或者混淆的，可以认定为近似。

【法条】

《反不正当竞争法》第五条规定：经营者不得采用下列不正当手段从事市场交易，损害竞争对手……(二)擅自使用知名商品特有的名称、包装、装潢，或者使用与知名商品近似的名称、包装、装潢，造成和他人的知名商品相混淆，使购买者误认为是该知名商品……

【任务完成】

酒店保护其知名商品特有的名称、包装和装潢，应做到：

(1) 酒店在借助商品特有的名称、包装、装潢开辟市场的过程中，应当遵守自主创新、特征显著、便于识别和诚实信用原则，避免与他人的在先权利相冲突，不得有碍社会公序良俗。

(2) 酒店在设计商品的特有名称时应做到：

① 优先考虑以下因素。

a. 为自己所独创并首先使用。

b. 与相同或类似商品的名称相比具有显著的区别特征，易使消费者将该名称与特定的商品联系在一起。

c. 不能直接表示商品的功能、用途以及质量、原材料或者其他特征。

d. 不属于国家商标局编印的《类似商品服务区分表》中该类商品通用名称后所列举的商品名称。

e. 单独使用或者与商标组合使用，不与国家商标局网站上公告的他人注册商标权利相冲突。

f. 将注册商标作为商品特有名称使用，其特有名称权将会得到更有效的保护。

② 避免使用下列文字或其组合。

a. 行政区划的地名或者公众知晓的外国地名。

b. 易与全国性社团组织或国际组织的名称或简称相冲突的。

c. 易与其他知名企业的字号相冲突的。

d. 他人正在使用的未注册商标。

尽量选择具有显著性的词汇，为日后将其作为商标注册打下基础。未获注册前，应当在特有名称下注明“商标”字样或者“TM(商标的英文缩写)”标志，以防被他人滥用。

(3) 酒店在设计产品包装、装潢时应做到：

① 与他人相同或类似商品的包装、装潢具有显著的区别性特征，并且与国家专利行政主管部门网站上公告的他人外观设计专利权利不发生冲突。

② 酒店在设计产品装潢时，应避免使用下列图形：与中华人民共和国或者其他国家的国旗、国徽、军旗、勋章相同或者近似；与全国性社团组织或国际组织的旗帜、徽记相同

或者近似；与国家工商总局网站上公告的已登记注册的特殊标志相同或者近似；与国家商标局网站上公告的他人图形商标或者他人正在使用的未注册图形商标相同或者近似。

（4）酒店应及时对商品特有的名称申请商标注册，对商品特有的包装、装潢申请外观设计专利，以强化对自身商品特有权利的保护。

（5）酒店应当通过广告，加强对商品特有的名称、包装、装潢的宣传，努力提高消费者通过商品特有的名称、包装、装潢对产品的认知程度。

（6）酒店应当加强商品质量管理，努力提高商品特有名称、包装、装潢对商品质量的证明能力。

（7）酒店应当将其商品特有的包装、装潢图片资料通过所在地工商局录入工商局《知名商品特有名称、包装、装潢数据库》，为工商行政管理机关保护知名商品特有权利提供便利条件。

（8）酒店应当建立使用特有名称、包装、装潢的商品档案，详细记载该商品投入市场的时间、销售区域及销售数量，广告费用的投入及发布广告的媒体、时间及广告发布合同等资料，为维护商品的特有权利提供基础。

（9）酒店发现自身商品特有的名称、包装、装潢被他人在相同或者类似的商品上做相同或者近似使用时，应及时固定相关证据，并向工商行政管理机关的公平交易执法机构投诉，以维护自身的合法权益。

（10）酒店发现自身商品特定名称被他人作为商标恶意抢注时，应当依据《商标法》的规定向商标评审委员会申请撤销该不当注册商标。发现其特有的包装、装潢被他人申报外观设计专利时，应当依照《专利法》的规定向国家专利行政主管部门申请撤销该不当注册专利。

案例6－1

宁波鼎盛酒店管理有限公司诉陈某某擅自使用知名商品特有的名称、包装、装潢纠纷案

2003年5月19日，陈志建设立宁波市海曙百味鸡煲店，此后又于2004年6月22日设立宁波市江东东柳百味鸡煲店。2005年9月14日，陈志建经国家工商行政管理总局商标局核准，取得“佳养记”文字及卡通鸡图案组合商标，注册号为第3607454号，核定服务项目第43类，注册有效期至2015年9月13日止。2005年12月23日，以陈志建为法定代表人的宁波鼎盛酒店管理有限公司经工商登记核准成立。2008年3月18日，陈志建出具授权书，授权宁波鼎盛酒店管理有限公司使用、经营和保护“百味鸡煲”和“佳养记”注册商标，期限自2005年12月23日起至2015年12月23日止，宁波鼎盛酒店管理有限公司有权对各种仿冒“百味鸡煲”特有名称和装潢的不正当竞争行为或其他不正当竞争行为、仿冒“佳养记”注册商标的侵权行为，以自己的名义进行调查取证、提起诉讼、要求索赔和取得有关赔偿款等。

陈志建先后在宁波、上海莘庄、江苏扬州等地开设“百味鸡煲”直营店和加盟店共计86家，宁波鼎盛酒店管理有限公司为其加盟店制订了单店营运手册，对店面装修及门店管理等作出了统一规定，还创办了“百味鸡煲”网站，在商务部进行了“跨省特许经营企业”的备案登记，并于2006年取得了中国特许经营企业信用调查评估A级资质，2007年成为“中国连锁经营协会”会员，“百味鸡煲”还先后取得了“中华百佳饮食特色名吃”、“中华饮食、特色餐饮名店”、“宁波满意餐饮企业”等荣誉称号。

“百味鸡煲”直营店(海曙店、百丈店、桑田店)门头底板为明黄色，左上方印有黑体“全国连锁餐饮机构”，中间位置的“百味鸡煲”文字采用中国红色的特殊字体，在“百味”与“鸡煲”之间，为卡通鸡图案和“佳养记”文字的组合商标，其中上方的卡通鸡亦采用中国红色，下方的“佳养记”文字为黑色加中国红边框；门头下方悬挂有黑底金字的“佳养记”牌匾。室内悬挂有明黄色为底色的标牌，从左至右印有中国红色的卡通鸡及“佳养记”图文组合商标、“百味鸡煲”文字和网址，下方为中国红色“中华特色餐饮名店”以及电话号码。加盟店中原告提供的江阴店、嘉兴店、上海店与直营店装潢风格基本一致，被告提供的百味鸡煲绍兴店门头部分中间悬挂有明黄色打底、中国红色“佳养记”招牌，两边为同样色彩的图文组合商标，下方以白色为底色，印有中国红色的“百味鸡煲”文字，其他如苏州店、椒江店等与直营店使用的字体、图文排列位置亦相同。

陈某某于2007年8月22日设立桐乡市濮院养生记奇味鸡煲店，并于2007年9月21日向国家工商行政管理总局商标局申请注册以鸡的图案和“养生记”文字相结合的图文组合商标。陈某某位于桐乡市濮院镇凯旋路698号的店面门头底板亦采用明黄色，左上方印有“濮院店”，中间位置的“奇味鸡煲”文字亦采用中国红色，字体与“百味鸡煲”相同，在“奇味”与“鸡煲”之间，为鸡的图案和“养生记”文字的商标标识，其中鸡的颜色为红白相间，造型与“百味鸡煲”注册商标中的卡通鸡图案略有不同，“养生记”文字为黑色加中国红边框；门头下方悬挂有黑底金字的“养生记”牌匾。2008年7月28日(即本案诉讼过程中)，陈某某对其店面设计，向国家知识产权局申请外观设计专利，国家知识产权局于2008年7月31日发文受理。此外，陈某某还通过许可加盟的方式，发展了多家“奇味鸡煲”加盟店，并建立了“奇味鸡煲”网站。

宁波鼎盛酒店管理有限公司以陈某某擅自使用知名商品特有的名称、包装、装潢为由将其诉至浙江省嘉兴市中级人民法院。诉请判令：①陈某某立即停止使用“奇味鸡煲”名称，已经使用的，予以消除；②陈某某立即停止仿冒“百味鸡煲”特有名称和装潢的不正当竞争行为；③陈某某立即停止仿冒“佳养记”注册商标的侵权行为；④陈某某就其不正当竞争行为和商标侵权行为，须在中国烹饪协会网站及主办刊物、浙江省级报刊及其网站上向鼎盛公司进行道歉；⑤陈某某赔偿鼎盛公司经济损失80万元；⑥陈某某承担鼎盛公司律师费及取证费共计85275元；⑦陈某某承担本案诉讼费用。

法院经审理认为，“百味鸡煲”由陈志建设立，卡通鸡和“佳养记”图文组合商标专用权的权利人亦为陈志建，其授权宁波鼎盛酒店管理有限公司使用、经营和保护“百味鸡煲”名称、装潢和“佳养记”注册商标，并可以自己名义就各种侵权行为提起诉讼，故宁波鼎盛酒店管理有限公司作为讼争名称和装潢的使用权人，有权对涉嫌侵犯“百味鸡煲”名称、装潢的不正当竞争行为行使诉权，本案原告主体适合。

本案双方主要争议的焦点在于“百味鸡煲”是否为知名商品，其名称、装潢是否构成特有以及被告陈某某的行为是否构成侵权的问题。

首先，根据《中华人民共和国反不正当竞争法》第五条第(二)项以及《最高人民法院关于审理不正当竞争民事案件应用法律若干问题的解释》第一条规定，在中国境内具有一定的市场知名度，为相关公众所知悉的商品，应当认定为“知名商品”，认定知名商品，应当考虑该商品的销售时间、销售区域、销售额和销售对象，进行任何宣传的持续时间、程度和地域范围，作为知名商品受保护的情况等因素，进行综合判断。“百味鸡煲”自2003年成立以来，直营店及加盟店的数量已达到86家，范围包括浙江、江苏、上海、福建、安徽、广东等地，其中浙江省内的直营店及加盟店达40多家，嘉兴地区为7家，“百味鸡煲”于2005年被确认为“中华饮食特色餐饮名店”，2007年8月“佳养记”百味鸡煲荣获“宁波满意餐饮企业”称号，宁波鼎盛酒店管理有限公司还创办了“百味鸡煲”网站，通过网络和其他媒体进行宣传，因此“百味鸡煲”系在市场上具有一定知名度，并为相关公众所知悉的商品，应确认为知名商品。

其次，根据《最高人民法院关于审理不正当竞争民事案件应用法律若干问题的解释》第二条规定，具有区别来源的显著特征的商品的名称、包装、装潢，应当认定为“特有的名称、包装、装潢”，在餐饮服务中，对服务起到美化和识别作用的装饰设计、装修风格，属于餐饮服务的装潢。“百味鸡煲”直营店及部分加盟店门头所使用的装潢，虽然在颜色上与其他鸡煲店如“一席地”等有相似之处，但其以明黄色为底、搭配中国红色“百味鸡煲”特殊字体文字，在“百味”与“鸡煲”之间使用卡通鸡图案和“佳养记”文字(黑色加中国红边框)的组合商标、门头下方悬挂黑底金字的“佳养记”牌匾的整体设计，在文字、色彩、图案及其排列方面，构思独特，其装潢底色、图案与其名称融为一体，具有显著的区别性特征，并非为相关商品所通用，应认定为知名商品特有的装潢。知名商品特有的装潢是随着该特有装潢在商品上使用，当该商品成为知名商品时，所产生的排他使用的民事权利。本案被告使用“奇味鸡煲”的时间为2007年9月，此时，“百味鸡煲”已成立四年之久，直营店及加盟店已有40多家，已成为知名商品。将被告“奇味鸡煲”的门头及门面设计与原告“百味鸡煲”的装潢相比较，虽然名称和商标略有不同，但仅为单纯的文字内容替换，两者同样使用明黄色与中国红的色彩搭配、字体相同、商标位置与文字等整体布局、“佳养记”、“养生记”牌匾悬挂位置及黑底金字的色彩均基本相同，整体视觉效果近似，足以使一般消费者将两者混淆，产生误认的可能，构成对知名商品特有的装潢权的侵犯，被告辩称“百味鸡煲”装潢不具有显著性和特有性、其行为不构成侵权的抗辩理由不能成立，其应当停止使用并消除与“百味鸡煲”相近似的门头及门面装潢。至于原告所称的其他门面设计、室内装潢、餐厅布置，与一般餐饮企业所使用的装修风格并无显著不同，菜单及菜单内容和店员服装也不具有特殊性，并不足以认定为特有包装和装潢，故原告主张被告亦应停止使用，缺乏法律依据，本院对此不予支持。关于原告要求被告停止使用“奇味鸡煲”名称的诉讼请求，本院认为，“百味鸡煲”名称虽然有一定的区别性特征，但其所使用的“味”和“鸡煲”均系通用词汇，而“百味鸡煲”与被告使用的“奇味鸡煲”名称相比，显然具有不同的含义，“百味”隐含口味多样之义，而“奇味”取口味独特之义，因此，被告单独使用“奇味鸡煲”名称，并不足以造成相关公众的混淆和误认，其行为不构成侵权，原告要求被告停止使用“奇味鸡煲”名称的诉讼请求不能成立。此外，知名商品特有的装潢权系一项财产权利，非人身权性质，故原告要求被告道歉的诉讼请求，本院亦不予支持。关于赔偿数额的问题，原告提出以被告收取的“奇味鸡煲”加盟费作为赔偿数额的计算标准，共计80万元，此外还有原告所支付的律师代理费和取证费用85275元，本院认为，加盟费与被告获利并不能简单地等同，在原告不能提供自己损失或被告获利证据的情况下，只能适用定额赔偿，考虑到被告侵权行为的持续时间、涉及范围以及原告为调查支付的公证费和合理的律师代理费等情况，本院酌定赔偿金额(含原告为本案诉讼支付的合理费用)为5万元。

资料来源：法搜网

任务6.3 防止商业贿赂行为的发生

【任务准备】

商业贿赂是指经营者以排斥竞争对手为目的，为争取交易机会，暗中给予交易对方有关人员和能够影响交易的其他相关人员以财物或其他好处的不正当竞争行为。

商业贿赂在法律上的特性有两点：①商业贿赂是行为人主观上出自故意，以排挤竞争对手为目的，客观上通过秘密的方式向个人或单位支付财物的行为，其所支付的金额款项通常以伪造财务会计账册等非法形式进行掩盖，具有隐蔽性；②商业贿赂行为具有违法性合同，该行为是在账外暗中进行，账外即不入正规的财务报表，暗中即在合同、发票中不明确表示，最后进入个人腰包或者单位小金库。它违反了国家的有关财务、会计、廉政等方面的法律、法规。

【法条】

《反不正当竞争法》第八条规定：经营者不得采用财物或者其他手段进行贿赂以销售或者购买商品。在账外暗中给予对方单位或者个人回扣的，以行贿论处；对方单位或者个人在账外暗中收受回扣的，以受贿论处。经营者销售或者购买商品，可以以明示方式给对方折扣，可以给中间人佣金。经营者给对方折扣、给中间人佣金的，必须如实入账。接受折扣、佣金的经营者必须如实入账。

【任务完成】

酒店要防止商业贿赂行为的发生应做到：

(1) 健全诚信管理体系，完善监管制度，加强各类财务报表、账薄、票据的管理，规范和减少商业活动中的现金交易。

(2) 识别商业贿赂行为。

① 行为的主体是经营者和受经营者指使的人(包括其职工)；其他主体可能构成贿赂行为，但不是商业贿赂。

② 行为的目的是争取市场交易机会，而非其他目的(如政治目的、提职、获取职称等)。

③ 有私下暗中给予他人财物和其他好处的行为，且达到一定数额。如若只是许诺给予财物，不构成该行为；给予的财物或好处数额过小，如为联络感情赠送小礼物，也不构成该行为。

④ 该行为由行贿与受贿两方面构成。一方行贿，另一方不接受，不构成商业贿赂；一方索贿，另一方不给付，也不构成商业贿赂。

例如，甲酒店向该市出租车司机承诺，为酒店每介绍一位客人，酒店向其支付该客人房费的15%作为奖励，与其相邻的乙酒店向有关部门举报了这一行为。如有关部门调查发现甲酒店给付的奖励在公司的账面上皆有明确详细的记录，甲酒店的行为就不属于不正当竞争行为。如调查发现甲酒店给付的奖励在公司的账面上没有明确详细的记录，甲酒店的行为就属于不正当竞争行为。

【法条】

《反不正当竞争法》第二十二条规定：经营者有商业贿赂行为，构成犯罪的，追究刑事责任；尚未构成犯罪的，监督检查部门可处以1万元以上20万元以下的罚款，并没收其违法所得。

案例6-2

珍味楼酒店收受商业贿赂被处罚

2005年10月11日，瑞安市工商局经济检查大队接到群众举报，称该市珍味楼酒店在购销商品过程中收受他人贿赂。工商局调查发现，自2004年12月至2005年3月，瑞安市一家副食品有限公司为了推销某品牌啤酒，先后以“进场费”和“专场费”给珍味楼酒店现金5.8万元。2006年4月，工商局认定珍味楼酒店在商品购销过程中收受副食品公司的贿赂，对其作出没收违法所得5.8万元，并罚款1.7万元的行政处罚决定，该副食品公司被另案处理。

2006年9月18日，珍味楼酒店向瑞安市法院提起诉讼，要求判令工商局撤销对其所作出的行政处罚决定。瑞安市法院开庭审理此案时，“进场费”和“专场费”到底属不属于商业贿赂，成了庭审争议的焦点。珍味楼酒楼认为收取食品公司5.8万元是在啤酒经销中公开进行的，已给对方打了收条，不符合商业贿赂的特征。其次，珍味楼酒店给食品公司提供了广告牌位、仓库还有有关人员的吃住投入也有5.8万元，因此收取这笔费用合情合理。瑞安市工商局则认为，在整个行政处罚过程中，酒店未提供过广告牌出租、仓库使用、促销人员吃住等事实的证据。酒店收取“进场费”和“专场费”都是在账外进行的，完全符合商业贿赂的法律特征。

2006年11月，瑞安市法院作出一审判决，认定珍味楼酒店收受商业贿赂事实清楚，证据充分，瑞安市工商局的行政处罚决定适用法律正确，程序合法，遂维持行政处罚决定。

随后，珍味楼酒店向温州市中级法院提起上诉。温州市中级法院审理认为，涉案啤酒经销商向珍味楼酒店支付正常价款以外的款项，符合《反不正当竞争法》和《关于禁止商业贿赂行为的暂行规定》中规定的商业贿赂构成要件。

来源：http：//news. QQ. com，正义网－检察日报

任务6.4 杜绝虚假宣传

【任务准备】

虚假宣传行为是指经营者利用广告和其他方法，对产品的质量、性能、成分、用途、产地等所作的引人误解的不实宣传。

虚假宣传行为的特征：①宣传所提供的信息是虚假信息，会误导消费者，侵害消费者的合法权益；②虚假宣传的性质是不正当竞争，会影响其他经营者的竞争力度；③虚假宣传的直接受害者是消费者或者同行竞业者；④虚假宣传是通过广告或者其他形式（比如文学作品、新闻）实现的。

以广告或其他方式销售商品，是现代社会最常见的促销手段。但各类虚假广告和其他虚假宣传，或乱人视听，有害社会主义精神文明；或直接误导用户及消费者，使其作出错误的消费决策，引发大量社会问题；或侵犯其他经营者，特别是同行业竞争对手的合法利益，造成公平竞争秩序的混乱。《广告法》、《反不正当竞争法》均将此类行为作为必须禁止的违法行为予以规范。

【法条】

《反不正当竞争法》第九条规定：经营者不得利用广告或者其他方法，对商品的质量、制作成分、性能、用途、生产者、有效期限、产地等作引人误解的虚假宣传。

广告的经营者不得在明知或者应知的情况下，代理、设计、制作、发布虚假广告。

【任务完成】

酒店要杜绝虚假宣传行为的发生应做到：

（1）恪守诚信原则。以诚信为本，贯穿酒店经营服务的各个环节，杜绝虚假宣传和不良误导行为，树立企业诚信形象。

（2）识别虚假宣传行为。

① 行为的主体是广告主、广告代理制作者和广告发布者。在某些情况下，三者身份可能重叠。

② 上述主体实施了虚假宣传行为。例如，某酒店宣称消费满880元赠送不锈钢电水壶，而徐女士在此酒店消费了909元，该酒店却称已经没有电水壶了；某快餐店宣传凭有效学生证可以享有8折优惠，但张小姐在此消费后商家不按承诺给予折扣。

③ 上述虚假广告或虚假宣传达到了引人误解的程度，因而具有社会危害性。

④ 主观方面，广告商在明知或应知的情况下，方对虚假广告负法律责任；对广告主，则不论其主观上处于何种状态，均须对虚假广告承担法律责任。

(3) 因他人的虚假宣传行为给本酒店带来不利影响，酒店可以向工商行政管理机关投诉，申请查处侵权行为；也可以向人民法院提起诉讼。

案例6-3

桔子酒店雅虎庭外和解　格林豪泰被判不正当竞争

2009年3月，桔子酒店正式将格林豪泰酒店与中国雅虎告上法庭，认为格林豪泰通过雅虎公司搜索引擎购买关键词广告、进行不正当竞争。当在雅虎搜索引擎输入关键词“桔子酒店”进行搜索时，结果页面会出现“桔子酒店不如来格林豪泰酒店”等字样，并且该链接直接导向格林豪泰酒店网站。

桔子酒店还认为中国雅虎搜索引擎协助格林豪泰酒店提供虚假信息，应当和格林豪泰酒店承担共同侵权的责任，于是将两者告上法庭索赔10.7万元。

随后格林豪泰酒店发表正式声明称，桔子酒店所称内容与事实不符，公司与雅虎搜索引擎没有任何广告合作。雅虎网的主办者阿里巴巴公司则称，搜索引擎的排名都是代理商做的，他们根本不知情。

在2009年12月14日的审理中，法院认为格林豪泰违反了诚实信用原则和公认的商业道德，构成了不正当竞争行为。据此，法院判决裁定格林豪泰赔偿桔子酒店6.7万元，并于其官方网站首页连续三十日刊登消除影响的声明。而中国雅虎网则与桔子酒店达成庭外和解。

来源：网易科技

任务6.5　保护商业秘密

【任务准备】

商业秘密是指不为公众所知悉，能为权利人带来经济利益，具有实用性并经权利人采取保密措施的技术信息和经营信息。技术信息包括生产工艺、技术诀窍、产品配方、设计图纸、关键技术参数和实验数据、研究报告、计算机程序等，又被称为“技术秘密”。经营信息包括经营方法、管理方法、产销策略、货源情报、客户名单、价目表等。

商业秘密应具备以下4个法律特征：①不为公众所知悉。这是讲商业秘密具有秘密性，是认定商业秘密最基本的要件和最主要的法律特征。商业秘密的技术信息和经营信息，在企业内部只能由参与工作的少数人知悉，这种信息不能从公开渠道获得。如果众所周知，那就不能称之为商业秘密。②能为权利人带来经济利益。这是讲商业秘密具有经济性，是认定商业秘密的主要要件，也是体现企业保护商业秘密的内在原因。一项商业秘密如果不能给企业带来经济价值，也就失去了保护的意义。③具有实用性。商业秘密区别于理论成果，具有现实的或潜在的使用价值。商业秘密在其权利人手里能应用，被人窃取后别人也能应用。这是认定侵犯商业秘密违法行为的一个重要要件。④采取了保密措施。这是认定商业秘密最关键的要件。权利人对其所拥有的商业秘密应采取相应合理的保密措施，使其他人不采用非法手段就不能得到。如果权利人对拥有的商业秘密没有采取保密措施，任何人几乎随意可以得到，那么就无法认定是权利人的商业秘密。

【法条】

《反不正当竞争法》第十条规定：商业秘密是指不为公众所知悉，能为权利人带来经济利益，具有实用性并经权利人采取保密措施的技术信息和经营信息。

【任务完成】

酒店要保护自身的商业秘密应做到：

（1）将酒店的技术信息和经营信息做成真正有自己特色的、与众不同的，体现它的独特性、创造性。只有当它与已有的都不一样，才能使之具备秘密性和实用性。

（2）采取保密措施，包括制定内部保密制度，和涉密人员签订保密协议等。

（3）识别侵犯商业秘密的行为。

① 认定是否构成侵权，必须首先依法确认商业秘密确实存在。

② 行为主体可以是经营者，也可以是其他人。《反不正当竞争法》规范的各种不正当竞争行为的实施者，绝大多数要求其具有经营者的身份，而侵犯商业秘密的人则不受该限制。

③ 客观上，行为主体实施了侵犯他人商业秘密的行为。实施的方式有盗窃、利诱、胁迫或不当披露、使用等。

④ 以非法手段获取、披露或者使用他人商业秘密的行为已经或可能给权利人带来损害后果。

（4）权利人认为其商业秘密受到侵害，可以向工商行政管理机关投诉，申请查处侵权行为，也可以向人民法院提起诉讼。

【法条】

《反不正当竞争法》第十条规定：经营者不得采用下列手段侵犯商业秘密：

（1）以盗窃、利诱、胁迫或者其他不正当手段获取权利人的商业秘密；

(2) 披露、使用或者允许他人使用以前项手段获取的权利人的商业秘密；

(3) 根据法律和合同，有义务保守商业秘密的人(包括与权利人有业务关系的单位、个人、在权利人单位就职的职工)披露、使用或者允许他人使用其所掌握的商业秘密。

(4) 第三人明知或应知前款所列违法行为，获取、使用或者披露他人的商业秘密，视为侵犯商业秘密。

例如，甲酒店与乙酒店有合同约定，甲可以使用乙的技术秘密，但是甲不得泄露秘密，也不得允许他人使用。在合同期间，甲违反约定，将乙的技术秘密透露给丙，并允许丙使用，丙也明知这些情形。那么本案中，甲和丙的行为都构成侵犯商业秘密的行为。

盛源酒店以盛源餐饮公司未经盛源酒店同意使用其客户名单及研发的菜肴侵害商业秘密为由将盛源餐饮公司起诉至法院，能否胜诉?

依据法律规定的商业秘密构成的判断标准及法院确认的证据，盛源酒店对其主张的菜品配方及其制作工艺，需要证明确其秘密内容，否则法院不能确认该商业秘密的存在。对于盛源酒店主张的客户名单，盛源酒店应提交供货商名单、供货商的证明、律师调查笔录及证人证言等材料。作为我国《反不正当竞争法》所保护的商业秘密中的客户名单，应具备以下条件：是权利人经过多年的市场培育，依靠自身提供的特色服务和高品质的商品及良好的市场经营信誉，形成了互惠互利的经营业务关系的客户，该客户应该是与权利人所提供的服务或商品的经济价值能够得以实现息息相关，该经营业务关系的维系和发展直接影响着权利人经济利益的得失；权利人应对所主张的经济信息采取相应的保密措施；被控侵权行为人以欺骗或其他不正当的手段将该客户挖走，使得权利人的直接或预期的经济利益受到损害，也使得权利人为培育和维系客户关系所付出的代价付之东流。本案，盛源酒店所主张的客户系其供货商，其与该客户虽保持了长时间的供应关系，但并非是付出了一定的经济代价及依据其服务或商品的品质而赢得的特定客户，且盛源酒店并未因盛源餐饮公司的利用行为而受到实际的经济损失，并未对其生产或服务产生不利的影响。因此，依据现有证据，不能认定盛源酒店所主张的客户关系属受我国法律保护的经营信息。综合上述理由，法院很难确认盛源餐饮公司构成对盛源酒店商业秘密的侵害。

【法条】

《反不正当竞争法》第二十五条规定：违反本法第十条规定侵犯商业秘密的，监督检查部门应当责令停止违法行为，可以根据情节处以一万元以上二十万元以下的罚款。

实践中，权利人还可依照《合同法》、《劳动法》的有关规定，对违反约定侵犯商业秘密的行为要求制裁。此外，我国《刑法》第二百二十九条规定了对侵犯商业秘密罪的处罚条例。

任务6.6　杜绝不正当有奖销售

【任务准备】

不正当有奖销售是指经营者在销售商品或提供服务时，以提供奖励(包括金钱、实物、附加服务等)为名，实际上采取欺骗或者其他不当手段损害用户、消费者的利益，或者损害其他经营者合法权益的行为。

不正当有奖销售的特征主要有以下几个方面：①销售手段的不正当性。有奖销售必须通过某种手段和措施进行，销售手段是否正当，是区分正当竞争和不正当竞争的重要标志。所谓不正当的手段有两层含义：一是销售手段违反了法律规定。例如抽奖式有奖销售的最高奖金额超过5000元；二是销售手段违反了商业道德和商业习惯。诚实信用、公平买卖、童叟无欺等都是公认的商业习惯和商业道德，采取与此相违背的手段进行的有奖销售就是不正当有奖销售。②行为主体的特定性和行为盈利的不义性。竞争是商品经济规律的表现，是通过市场体现出来的，作为不正当竞争手段的一种形式，不正当有奖销售的实施主体只能是从事商品生产、销售的单位和个人，国家机关和一般事业单位应排除在外。实施不正当有奖销售的主体，其主观的动机、目的完全是为了牟利，并且往往是和抢占市场占有率紧密联系在一起的。一旦行为人通过不正当有奖销售手段抢占了市场，其追逐的利益就得以实现。其销售收入的增加是建立在欺诈客户、排挤竞争对手的基础上的，因此其行为具有不义性。③行为侵犯客体的多重性。不正当有奖销售侵害的客体不是单一的，而是多重的。一般而言，不正当有奖销售侵犯的客体主要包括竞争对手的财产权，市场竞争秩序和消费者的合法权益。

有奖销售是一种有效的促销手段，其方式大致可分为两种：一种是奖励给所有购买者的附赠式有奖销售，另一种是奖励部分购买者的抽奖式有奖销售。法律并不禁止所有的有奖销售行为，而仅仅对可能造成不良后果、破坏竞争规则的有奖销售加以禁止。

【法条】

《反不正当竞争法》第十三条规定：经营者不得从事下列有奖销售：

（一）采用谎称有奖或者故意让内定人员中奖的欺骗方式进行有奖销售；

（二）利用有奖销售的手段推销质次价高的商品；

（三）抽奖式的有奖销售，最高奖的金额超过五千元。

【任务完成】

酒店要杜绝不正当有奖销售行为的发生应做到：

(1) 酒店举办有奖销售活动，应当向购买者明示其所设奖的种类、中奖概率、奖金金额或者奖品种类、兑奖时间、方式等事项。属于非现场即时开奖的抽奖式有奖销售，告知事项还应当包括开奖的时间、地点、方式和通知中奖者的时间、方式。酒店对已经向公众明示的前款事项不得变更。在销售现场即时开奖的有奖销售活动，对500元以上奖项的兑奖情况，酒店应当随时向购买者明示。

(2) 识别不正当有奖销售行为。

① 不正当有奖销售的主体是经营者。有关机构、团体经政府和政府有关部门批准的有奖募捐及其彩票发售活动不适用《反不正当竞争法》第十三条。

② 经营者实施了法律禁止的不正当有奖销售行为，如欺骗性有奖销售或巨奖销售。

③ 经营者实施不正当有奖销售，目的在于争夺顾客，扩大市场份额，排挤竞争对手。

例如，2011年5月3日，刘先生在某酒店宴请宾朋，看到海报称："在本酒店每消费满100元，可得抽奖券一张，奖品为洗衣机等6个奖项。"刘先生此次消费482元，由此获得四张抽奖券，他在按照要求填写完奖券后投到了抽奖箱内，但一个多月过去了，他没得到任何有关抽奖的消息。

后来刘先生了解到，此次抽奖活动没有关于抽奖的详细说明，也没有中奖概率、开奖时间和地点等说明。而根据国家工商总局《关于禁止有奖销售活动中不正当竞争行为的若干规定》第六条规定："经营者举办有奖销售，应当向购买者明示所设奖的种类、中奖概率、奖金金额或者奖品种类、兑奖时间、方式等事项。"《关于禁止有奖销售活动中不正当竞争行为的若干规定》第七条还规定，违反第六条规定，隐瞒事实真相的，视为欺骗性有奖销售。

再如，圣诞将至，市区各大宾馆酒店的平安夜和圣诞晚宴提前3天基本定满。为了吸引更多的食客，各家酒店似乎投入了更大的"血本"，现场抽奖奖品价码逐年升级，欧洲游、手提电脑、轿车等，有的最高额度达29999元。这种抽奖式的有奖销售，最高奖的金额超过五千元，违反了《反不正当竞争法》的规定，属不正当有奖销售行为。

(3) 发现其他经营者有不当有奖销售行为的，酒店可以向工商行政管理机关投诉，申请查处。

【法条】

《反不正当竞争法》第二十六条规定：经营者违反本法第十三条规定进行有奖销售的，监督检查部门应当责令停止违法行为，可以根据情节处以一万元以上十万元以下的罚款。

任务6.7　抵制毁誉行为

【任务准备】

诋毁商誉又称商业诽谤行为，是指经营者捏造、散布虚假事实，损害竞争对手的商业信誉、商品声誉，从而削弱其竞争力的行为。

商誉是社会公众对市场经营主体名誉的综合性积极评价。它是经营者长期努力追求，刻意创造，并投入一定的金钱、时间及精力才取得的。良好的商誉本身就是一笔巨大的无形财富。在经济活动中，最终又通过有形的形式(如销售额、利润)回报它的主人。法律对通过积极劳动获得的商誉给予尊重和保护，对以不正当手段侵犯竞争者商誉的行为予以严厉制裁。

【法条】

《反不正当竞争法》第十四条规定：经营者不得捏造、散布虚伪事实，损害竞争对手的商业信誉、商品声誉。

【任务完成】

酒店要抵制毁誉行为的发生应做到：

(1) 加强从业人员职业道德和法制观念的教育；自觉地守法经营，以正当的手段从事竞争。

(2) 识别诋毁商誉行为。

① 行为的主体是市场经营活动中的经营者，其他经营者如果受其指使从事诋毁商誉行为的，可构成共同侵权人。新闻单位被利用和被唆使的，仅构成一般的侵害他人名誉权行为，而非不正当竞争行为。

② 经营者实施了诋毁商誉行为，如通过广告、新闻发布会等形式捏造、散布虚假事实，使用户、消费者不明真相产生怀疑心理，不敢或不再与受诋毁的经营者进行交易活动。若发布的消息是真实的，则不构成诋毁行为。

③ 诋毁行为是针对一个或多个特定竞争对手的。如果捏造、散布的虚假事实不能与特定的经营者相联系，商誉主体的权利便不会受到侵害。应注意的是，对比性广告通常以同行业所有其他经营者为竞争对手而进行贬低宣传，此时应认定为商业诋毁行为。

④ 经营者对其他竞争者进行诋毁，其目的是败坏对方的商誉，其主观心态出于故意是显而易见的。

例如，某私营企业老板口碑好，其开设的酒楼生意兴隆，邻近一酒家散布谣言，称该老板染上了艾滋病，使其顾客数量一落千丈。在本案中，该老板个人名誉权受保护确信无疑，但该老板因其特殊的地位和影响已构成了其企业工商业活动中不可或缺的资源要素，因此对其诋毁的行为已构成不正当竞争。

(3) 因他人的诽谤行为给本酒店带来不利影响，酒店可以向工商行政管理机关投诉，申请查处侵权行为；也可以向人民法院提起诉讼。

案例6-4

网上点评称“饭店使用地沟油”惹官司

女孩张某在网站上对沪上一家饭店进行点评，称该饭店使用地沟油，结果被饭店告到法院，要求她停止侵害、消除影响、公开赔礼道歉并赔偿1万元。双方在松江法院主持调解下达成协议：女孩赔礼道歉，并赔偿5000元。

2010年10月初，张小姐在听说沪上一家知名饭店使用地沟油等传言后，在网站上发布点评，称该饭店最近被查出使用地沟油，被罚了几十万元。点评发布后，在网络上、社会上造成一定影响。该饭店得知后展开调查，同时委托相关部门对自己所用油品进行鉴定，检测结果确认各项指标均合格。随后，该饭店将张小姐告上法庭。最终，张小姐认识到自己做了不公正点评，损伤了饭店品牌的名誉，同意公开赔礼道歉、消除影响并作出赔偿。

法官提醒，网络是提供给公众的一个自由平台，但是公民在使用网络过程中要注意保护他人名誉权。

资料来源：解放网-解放日报

【实务演练】

1. 作为一家新创企业，制定一份企业品牌的保护战略。
2. 举例：在日常生活中，你遇到过的虚假宣传行为。
3. 随着盛源酒店经营规模的不断扩大，在同行业中的影响力也不断扩大。有人羡慕有人嫉妒，纷纷采取行动。分析下列行为，是否构成不正当竞争？如果构成该怎样做？

(1) 向盛源酒店的工作人员行贿，以获得盛源酒店的经营信息。

(2) 向盛源酒店的购货人员行贿，使他们只采购本厂产品。

(3) 在电视广告中发布使人误解的虚假宣传。

(4) 在电视广告中散布虚假事实，损害盛源酒店的信誉。

4. 酒店的菜品配方及其制作工艺能否成为商业秘密？怎样能成为商业秘密？
5. 据你所知，目前市场上的不正当有奖销售行为有哪些新动向？有何建议？
6. 谈谈对诋毁商誉行为的看法。
7. 酒店在经营过程中如何防止他人的不正当竞争行为？

【扩展阅读】

《中华人民共和国商标法》

《中华人民共和国广告法》

《中华人民共和国合同法》

《中华人民共和国刑法》

7

酒店消费服务法律事务管理

(1) 能够从酒店的视角，通过履行经营者的义务，保障消费者的合法权益，尽量避免消费纠纷的发生。
(2) 能够依法应对酒店与消费者之间发生的各种消费纠纷。

(1) 理解消费者的含义。
(2) 明确消费者的权利。
(3) 熟悉经营者的义务。
(4) 掌握解决纠纷的途径。

引例

盛源酒店张总召开各部门负责人每周一次的例会。餐饮部刘经理汇报：

(1) 本周有顾客对收取“开瓶费”有意见；

(2) 由于本周收费价格有调整而菜单更新滞后，顾客结账时发现实际收费与报价不符，举报“价格欺诈”；

(3) 本周三有顾客在菜品里吃出异物。

客房部宋经理汇报：本周四发生客人放在客房的物品失窃事件。

张总要求各部门经理加强管理，强化服务意识，进一步提高服务质量。酒店法律顾问林宇提示：酒店在加强管理的同时，必须提高全体员工的法律意识，在维护酒店利益的前提下，不要侵害消费者的合法权益，避免消费纠纷的发生。张总决定马上对酒店员工进行《消费者权益保护法》等相关的法律培训。

为保护消费者的合法权益，维护社会经济秩序，促进社会主义市场经济健康发展，1993 年 10 月 31 日，八届全国人大常委会四次会议通过了我国第一部有关消费者权益保护的基本法——《消费者权益保护法》，1994 年 1 月 1 日起施行。

我国《消费者权益保护法》提出了 9 项消费者的权利：(一)安全保障权；(二)知情权；(三)自主选择权；(四)公平交易权；(五)获得赔偿权；(六)结社权；(七)获得知识权；(八)受尊重权；(九)监督权。

同时，《消费者权益保护法》还规定了 10 项经营者的义务：(一)守法义务；(二)接受监督义务；(三)提供安全产品的义务；(四)不做虚假宣传的义务；(五)真实标识义务；(六)出具单据义务；(七)质量保证义务；(八)售后服务义务；(九)不得从事不公平、不合理交易的义务；(十)不得侵犯消费者人身权的义务。

随着人们法律意识的不断增强，消费者的自我保护意识普遍提高，《消费者权益保护法》越来越受到人们的关注。酒店作为经营者，与消费者关系非常密切，消费纠纷也日益增多，因此加强酒店消费服务的法律事务管理就显得尤为重要。

任务 7.1 保障消费者安全权

【任务准备】

1. 消费者的概念

消费者是为满足生活消费需要而购买、使用商品或者接受服务的个体社会成员。消费者的概念可以从以下几个方面理解。

（1）消费者是个人，即个体社会成员，包括居住、生活在中国的外国人；单位组织不能成为本法所称的消费者。

（2）购买、使用商品或者接受服务的目的是为满足生活消费，而不是生产消费。

（3）消费者获得生活消费资料或接受生活消费服务是通过商品交换完成的。如果通过纯粹的赠与获得不属于消费者，但是，购买商品或接受服务时而获赠的商品或服务仍应当受本法保护。

【法条】

《消费者权益保护法》第二条规定：消费者为生活消费需要购买、使用商品或者接受服务，其权益受本法保护；本法未作规定的，受其他有关法律、法规保护。

为了保护农民的合法权益，《消费者权益保护法》在“附则”的第五十四条规定：农民购买、使用直接用于农业生产的生产资料，参照本法执行。

2. 消费者的安全权

1）消费者安全权的含义

消费者安全权，是指消费者在购买、使用商品或接受服务时所享有的保障其人身、财产安全不受损害的权利，这是消费者最基本的权利。

关于消费者的人身安全权和财产安全权，我国《宪法》、《民法通则》、《产品质量法》《药品管理法》以及2009年通过实施的《食品安全法》等都有相关的规定。

消费者安全权包括两部分：

（1）消费者的人身安全权。它又包括两个方面的内容，一是消费者的健康安全权，即消费者的身体健康不受损害的权利。二是消费者的生命安全权，即消费者的生命安全不受侵害的权利。目前对消费者人身安全危害性最大的主要是食物和药品以及具有危险性的现代日用品，比如因食物变质致使消费者中毒从而危害身体健康、因电器漏电致使消费者伤亡等。

（2）消费者的财产安全权，即消费者的财产不受损失的权利。财产损失可以是外观上的损毁，也可以是价值的减少。

【法条】

《消费者权益保护法》第七条规定：消费者在购买、使用商品或接受服务时享有人身、财产安全不受损害的权利。

消费者有权要求经营者提供的商品和服务，符合保障人身、财产安全的要求。

2）酒店与消费者安全纠纷的类型

通常，消费者的安全权分两大类，酒店安全纠纷也不例外。

（1）人身安全纠纷。

在酒店行业，消费者的人身安全纠纷主要有：

① 消费者自己不小心造成人身伤害。比如因地面太滑而摔伤；被放置不当的物品绊倒而受伤等。

② 外来因素造成人身伤害。比如在酒店被殴打；酒店设施不安全导致伤害等。

③ 酒店提供服务存在质量问题导致。比如饭菜变质导致中毒或饭菜中夹杂异物导致消费者口腔损伤、牙齿脱落等。

(2) 财产损失纠纷。

财产损失纠纷主要是消费者在酒店消费期间物品被盗、车辆被刮损等。

【任务完成】

酒店作为经营者，负有保障在酒店消费的顾客人身、财产安全的义务。酒店在保障消费者安全权时应当做到以下几方面。

1. 做好事前防范工作

(1) 严格遵守国家法律法规，依法经营。

① 酒店所提供的商品或服务要符合保障人身、财产安全的要求，即不存在危及人身、财产安全的不合理危险，有保障人体健康和人身、财产安全的国家标准、行业标准的，应当符合该标准；②为了防止危害的发生，酒店应当对其所提供的商品或服务作出真实的说明；③对于已经存在的商品或服务缺陷，酒店要采取相应措施，防止危害发生，比如及时制止消费者对该缺陷产品的消费等。

【法条】

《消费者权益保护法》第十八条规定：经营者应当保证其提供的商品或者服务符合保障人身、财产安全的要求。对可能危及人身、财产安全的商品和服务，应当向消费者作出真实的说明和明确的警示，并说明和标明正确使用商品或者接受服务的方法以及防止危害发生的方法。

经营者发现其提供的商品或者服务存在严重缺陷，即使正确使用商品或者接受服务仍然可能对人身、财产安全造成危害的，应当立即向有关行政部门报告和告知消费者，并采取防止危害发生的措施。

其他相关法律、法规也有类似规定以保护消费者的安全权。比如《旅游餐饮住宿经营者行业规范》第十二条所规定的一些安全防范措施。

【法条】

《旅游餐饮住宿经营者行业规范》第十二条规定：为了保护顾客的人身和财产安全，餐饮住宿经营者客房门应当装置防盗链、门镜、应急疏散图，卫生间应当采取有效的防滑措施。客房内应当放置服务指南、住宿须知和防火指南。有条件的餐饮住宿经营者应当安装客房电子门锁和公共区域安全监控系统。

《合同法》中也有消费者安全权受到侵害后责任承担的相关规定。酒店作为保管人，对消费者财产安全的保障义务，即寄存在酒店经营者贵重物品安全保险箱内的财物，如果被盗或者损坏，或者酒店经营者无合法理由拒绝接受顾客交寄的财物而使贵重物品发生灭失或毁损，酒店经营者应当承担责任。

【法条】

《合同法》第三百七十五条规定：寄存人寄存货币、有价证券或者其他贵重物品的，应当向保管人声明，由保管人验收或者封存。寄存人未声明的，该物品毁损、灭失后，保管人可以按照一般物品予以赔偿。

酒店作为经营者，只有按照法律、法规的规定充分保护顾客的安全，并有证据证明为防止不安全事件的发生已采取了一切可能的措施，或证明损害的发生不是或者不完全是酒店经营者的过错，才可以减轻或免除酒店的责任。

（2）提供符合安全标准的服务设备设施和生活用品，并告知正确的使用方法，定期检查，发现安全隐患及时妥善处理。比如酒店通过设置保险箱来解决物品失窃现象，检查酒店的陈旧设施发现安全隐患及时维修或更换，发现物品放置不当马上纠正等。

（3）培养员工的工作责任心，提高服务质量。比如夜间巡逻值班不能走形式，加强服务环境的监控，对存在保管合同关系的车辆等小心看护，加强菜品质量管理等。

2. 事后积极应对、妥善处理好纠纷

无论酒店如何尽心尽力，只能是减少纠纷的发生，但不可能杜绝纠纷的发生。因此在加强事前防范，事中控制工作的同时，酒店还要做好事后应对纠纷的心理准备，妥善处理纠纷。

根据《消费者权益保护法》规定，酒店与消费者发生纠纷后，可以通过以下途径解决。

1）协商

酒店与消费者发生争议，最为常见的解决方式就是双方协商和解，具有方便、简捷、节约、及时的优点。

酒店作为经营者，如果认为消费者的要求合理，应及时答应、满足消费者的要求，双方达成协议，纠纷得以解决；酒店认为消费者的要求不合理，可以提出自己的看法或解决方案，由消费者予以考虑。总之，酒店应当充分理解消费者，本着公平、平等、诚信的原则及时解决纠纷，这不仅有利于纠纷的解决，更重要的是可以体现酒店的信誉，更有利于酒店的长远发展。

酒店与消费者协商应做到：

（1）酒店方要热情接待消费者，认真倾听，保持友好、礼貌、冷静的态度，从速与相关部门取得联系，给对方以信任感，为解决纠纷打下良好基础，此时切忌冷漠、推三阻四。

（2）在协商过程中切忌讽刺、挖苦消费者，本着诚信原则，积极与消费者进行沟通。

(3）酒店对纠纷的解决有了新的进展时要及时主动地与消费者取得联系；纠纷解决后进一步征求消费者意见，以便日后改进工作，避免纠纷再次发生，树立酒店的良好形象。

2）调解

调解是由消费者协会作为第三方，就消费者与酒店之间发生的纠纷进行协调，双方达成协议，以解决纠纷的一种方式。因此酒店应当积极配合调解工作，使纠纷及时得到解决。

消费者协会和其他消费者组织是依法成立的对商品和服务进行社会监督的保护消费者合法权益的社会团体。由消费者协会作为中间协调人参加的调解是民间调解，不具有法律约束力。

3）申诉

申诉是消费者指向工商行政管理机关、技术监督机关及各有关专业部门申诉。

酒店作为经营者，在与消费者协商不成、或者消费者协会调解不成时，消费者可能会将纠纷向有关行政部门申诉。此时，酒店应当积极配合有关行政部门对纠纷的调查处理，尽快妥善解决纠纷，避免进入耗时、耗财、耗力的司法程序。

4）仲裁或诉讼

发生纠纷进入司法程序是不得已的最后一个解决纠纷的方法，酒店作为经营者应尽量避免过多地涉诉，影响酒店的经营。一旦进入司法程序，酒店应当认真对待，积极调取证据，以事实为依据、以法律为准绳，既不损害消费者的合法权益，同时保护酒店自身的形象与利益。

案例7-1

消费者入住宾馆受伤案

2008年7月8日安徽消费者季某来湖州市出差，入住市中心某宾馆，当季某进入卫生间洗澡时，因地滑摔倒在地上，并一头撞到淋浴房玻璃门上，致使淋浴房玻璃破碎将脸和身体多处扎伤，人一下子就晕了过去。等季某醒过来后及时报110急救，公安一方面查看了现场，另一方面立即通知宾馆陪同消费者送医院救治，经过住院治疗，身上缝了38针，脸部缝了27针，共花去医药费用12000元，出院后的消费者在脸部留下一道很长的伤疤，需要半年后才能整容，当消费者回到老家经过一段时间恢复了健康后，于2008年7月29日和8月4日两次通过网络向吴兴区消保委进行了投诉。

吴兴区消保委接到网络投诉后，对整个消费服务过程进行了调查，并调取了公安派出所的现场照片，同时向消费者进行了长途电话询问，要求消费者及时来湖州提供住院病历证明和入住宾馆证明等材料。同时与宾馆进行了联系，得到宾馆负责人的证实，并就前期住院期间的医疗费用宾馆已先为消费支付了12000元。消费者就脸部划伤需整容费用、住院和休息养病误工费、营养费等与宾馆协商赔偿不成，双方产生分歧较大。2008年8月12日消费者第一次来消保委在提供相关证明材料时认为，宾馆在提供住宿时，没有行使安全保证措施，也没有在卫生间设立告知警示，存在过错行为，理应全部负担消费者的医药费、误工费、生活费、营养费等费用，提出了总计3.7万元的消费赔偿。而宾馆有自己的想法，消费者入住宾馆摔伤，我们没有在卫生间设立提醒语，是存在一定责任，但消费者也有一定责任，我们已经为消费者的治疗采取了积极措施，并承担了12000元住院治疗费用，对脸部需整容和造成的误工费，我们答应再补偿给他5000元，已经很不错了。双方在为第二次治疗和补偿金纠缠不休情况下，吴兴区消保委经过前后与双方协商两次不成的情况下，单独让经营者进行了多次法规学习，教育经营者换位思考，最后双方通过消保委消费仲裁解决纠纷，考虑到消费者利益和下一步诊治情况，在询问医院专家后，吴兴区消保委于10月28日根据《消法》第四十一条规定，由宾馆一次性再补偿消费者8000元，合计20000元。从而一起长达3个多月的异地消费者入住宾馆受伤案终于画上了句号。

资料来源：http：//www.lawtime.cn/info/xiaofeizhe/xiaofeijiufenweiquan/weiquanjiufenanli/20110713/18231.html

任务7.2　保障消费者知情权

【任务准备】

1. 消费者知情权的含义

消费者的知情权，是指消费者在购买、使用商品或者接受服务时，有权了解和掌握商品和服务的真实状况的权利。其含义主要包括：

(1) 消费者有权要求经营者按照法律、法规规定的方式标明商品或服务的真实情况。

(2) 消费者在购买、使用商品或接受服务时，有权询问和了解商品或者服务的有关情况，经营者应给予耐心的回答。

(3) 消费者在了解商品或服务时，经营者应当提供真实的情况。

【法条】

《消费者权益保护法》第八条规定：消费者享有知悉其购买、使用的商品或者接受的服务的真实情况的权利。

消费者有权根据商品或者服务的不同情况，要求经营者提供商品的价格、产地、生产者、用途、性能、规格、等级、主要成分、生产日期、有效期限、检验合格证明、使用方法说明书、售后服务，或者服务的内容、规格、费用等有关情况。

针对消费者的知情权，《消费者权益保护法》相应的规定了经营者的告知真实信息的义务。

2. 酒店与消费者知情权纠纷的类型

（1）价格欺诈。

酒店被消费者投诉价格欺诈的情形主要有：

① 虚假标价。酒店菜单上标明的价格与实际结算价格不符。

② 价外加价。如对“餐巾纸费”、“小毛巾费”、“服务费”等其他费用不提前说明，而在结算时强制收取。

③ 变相涨价。如菜量“瘦身”、减量不减价等。

④ 质价不相符。部分酒店为迎合消费者心理，给饭菜取上“吉祥如意”、“合家团圆”等含糊的吉祥用语，没有按明码标价的规定标明主料名称和重量等项目，采取以次充好、短缺数量等手段，使数量或者质量与结算价格不符。

⑤ 不履行价格承诺。销售商品和提供服务有价格承诺，不履行或者不完全履行价格承诺。

（2）星级欺诈。酒店利用消费者的不知情虚报星级，如未评定星级的酒店，却使用星级称谓进行广告宣传及其他经营活动，使消费者上当受骗。

（3）服务产品欺诈。酒店提供“三无”服务产品，如酒店提供的沐浴露、牙具、梳子、肥皂、茶叶等产品均为“三无”产品。

（4）服务欺诈。如号称24小时管家服务实际没有；号称豪华行政房竟然是套房中一间与另一间有门相隔，明显隔音有问题，并且无行政酒廊，无任何行政房服务。

【任务完成】

酒店在保护消费者的知情权时，应当做到：

1. 严格履行法定义务

（1）提供真实信息，即酒店应当向消费者提供有关商品或者服务的真实信息，不得作引人误解的虚假宣传。

（2）真实明确的答复，即酒店对消费者就其提供的商品或者服务的质量和使用方法等问题提出询问，应当作出真实、明确的答复。

（3）明码标价，即酒店提供的商品或服务应当明码标价。

【法条】

《消费者权益保护法》第十九条规定：经营者应当向消费者提供有关商品或者服务的真实信息，不得作引人误解的虚假宣传。

经营者对消费者就其提供的商品或者服务的质量和使用方法等问题提出的询问，

应当作出真实、明确的答复。

商店提供商品应当明码标价。

2. 严格履行双方约定的义务

酒店在经营过程中，会对广大消费者进行各种各样的宣传或者对个别消费者在特殊时期作出承诺，酒店必须按照约定履行义务。

【法条】

《消费者权益保护法》第十六条第二款规定：经营者和消费者有约定的，应当按照约定履行义务，但双方的约定不得违背法律、法规的规定。

3. 严禁欺诈消费者

欺诈消费者行为，是指酒店在提供商品或者服务中，采取虚假或者其他不正当手段欺骗、误导消费者，使消费者的合法权益受到损害的行为。

如果酒店所提供的商品或服务的信息不真实，或者因其引人误解的宣传而使消费者接受该商品或服务，按照《民法通则》的规定构成欺诈行为，因此而作出的民事行为无效，并且消费者可以根据《消费者权益保护法》第四十九条要求酒店承担双倍赔偿的责任。

而按照《产品质量法》的规定，生产不符合食品安全标准的食品或者销售明知是不符合食品安全标准的食品，消费者可以向生产者或者销售者要求支付价款10倍的赔偿金。

【法条】

《消费者权益保护法》第四十九条规定：经营者提供商品或者服务有欺诈行为的，应当按照消费者的要求增加赔偿其受到的损失，增加赔偿的金额为消费者购买商品的价款或接受服务的费用的一倍。

【法条】

《食品安全法》第九十六条第二款规定，生产不符合食品安全标准的食品或者销售明知是不符合食品安全标准的食品，消费者除要求赔偿损失外，还可以向生产者或者销售者要求支付价款十倍的赔偿金。

为制止经营者提供商品或者服务中的欺诈消费者行为，保护消费者的合法权益，国家工商行政管理局根据《消费者权益保护法》的有关规定于1996年3月15日制定了《欺诈消费者行为处罚办法》，专门对欺诈消费者的行为进行了规定。

【法条】

《欺诈消费者行为处罚办法》第三条规定：经营者在向消费者提供商品中，有下列情形之一的，属于欺诈消费者行为：

（一）销售掺杂、掺假，以假充真，以次充好的商品的；

（二）采取虚假或者其他不正当手段使销售的商品分量不足的；

（三）销售“处理品”、“残次品”、“等外品”等商品而谎称是正品的；

（四）以虚假的“清仓价”、“甩卖价”、“最低价”、“优惠价”或者其他欺骗性价格表示销售商品的；

（五）以虚假的商品说明、商品标准、实物样品等方式销售商品的；

（六）不以自己的真实名称和标记销售商品的；

（七）采取雇佣他人等方式进行欺骗性的销售诱导的；

（八）作虚假的现场演示和说明的；

（九）利用广播、电视、电影、报刊等大众传播媒介对商品作虚假宣传的；

（十）骗取消费者预付款的；

（十一）利用邮购销售骗取价款而不提供或者不按照约定条件提供商品的；

（十二）以虚假的“有奖销售”、“还本销售”等方式销售商品的；

（十三）以其他虚假或者不正当手段欺诈消费者的行为。

《欺诈消费者行为处罚办法》第四条规定：经营者在向消费者提供商品中，有下列情形之一，且不能证明自己确非欺骗、误导消费者而实施此种行为的，应当承担欺诈消费者行为的法律责任：

（一）销售失效、变质商品的；

（二）销售侵犯他人注册商标权的商品的；

（三）销售伪造产地、伪造或者冒用他人的企业名称或者姓名的商品的；

（四）销售伪造或者冒用他人商品特有的名称、包装、装潢的商品的；

（五）销售伪造或者冒用认证标志、名优标志等质量标志的商品的。

案例 7－2

谎称“四星酒店”办婚宴被判欺诈

婚博会上，准新人董先生、周小姐相中了号称四星级的某酒店作为婚宴酒店，并当场签约支付定金 6700 元。然而，董先生实地考察后发现，该酒店并非四星级酒店，且实地场景与婚博会的宣传资料完全不同。近日，市二中院就此案作出终审判决，酒店涉嫌欺诈，退一赔一。

2010 年 3 月 7 日下午，准备结婚的董先生和周小姐一起参加了一场婚博会。会上，某餐饮公司的工作人员向他们介绍了该酒店，并提供该酒店的婚宴菜单。这份菜单的右上角标明“四星酒店”，左上角则标明酒店位于黄金地段，拥有四星酒店宴会厅和经典的无柱设计。由于对宣传资料中看到的很满意，两人决定与某餐饮公司当场签订宴会合同，并交纳定金 6700 元。

在签订宴会合同后的第二天，董先生实地查看，发现该酒店并非四星酒店，且实地场景与该餐饮公司展示的电脑图片完全不同。于是，他们跟某餐饮公司的工作人员交涉，要求退还定金，但某餐饮公司不同意。董先生和周小姐认为，根据《消费者权益保护法》，百宜餐饮公司的行为构成欺诈，应退一赔一。

一审法院支持了董先生和周小姐的诉请，判令某餐饮公司退还6700元并赔偿6700元。某餐饮公司向上海二中院提起上诉。

上海二中院经审理后认为，某餐饮公司在婚宴菜单的显著位置注明“四星酒店”、“四星酒店宴会厅”，但实际上该酒店并非四星酒店，某餐饮公司在提供服务的过程中存在欺诈。法院维持一审判决。

资料来源：东方网，2010－10－15

任务7.3　保障消费者自主选择权

【任务准备】

1. 消费者的自主选择权的含义

消费者的自主选择权，是指消费者根据自己的意愿独立自主地选择商品或服务的权利。消费者的自由选择是消费者获得称心如意的商品和服务的基本保证，也是《民法通则》中平等自愿原则在消费交易中的具体表现。

【法条】

《消费者权益保护法》第九条规定：消费者享有自主选择商品或者服务的权利。

消费者有权自主选择提供商品或者服务的经营者，自主选择商品品种或者服务方式，自主决定购买或不购买任何一种商品、接受或不接受任何一项服务。

消费者在自主选择商品或者服务时，有权进行比较、鉴别和挑选。

2. 酒店与消费者自主选择权纠纷的类型

在酒店行业，侵犯消费者自主选择权的纠纷主要有：

（1）强制收取某些所谓的服务费。如收取自带酒水服务费，即所谓的“开瓶费”；包间设最低消费等。

（2）拒绝接待特定人群的消费者。如酒店的自助餐厅，因农民工饭量大而拒绝其入内等。

（3）强制消费者有偿使用某些商品。如一次性消毒餐具等。

【任务完成】

酒店在保障消费者自主选择权时应做到：

1. 履行法定义务

酒店在为消费者提供商品或服务时，不得带有强制性。消费者选择商品和服务的行为必须是自愿的，酒店不能违背消费者的主观意愿，强迫消费者从事不公平或不平等的交易。例如，消费者在酒店用餐，酒店提供餐具是一种义务。至于酒店是提供包装消毒餐具还是普通消毒餐具应该由消费者选择，即使提供包装消毒餐具，由于提供这种服务本身就是酒店提高服务质量的一种手段，因此也不应当由消费者单独承担费用。

《反不正当竞争法》第十二条规定：经营者销售商品，不得违背购买者的意愿搭售商品或者其他不合理的条件。

2. 履行双方约定的义务

某些消费在法律没有明文禁止的情况下，酒店可以以“明示”或“提醒”的方式让消费者选择，是否选择由消费者自主决定。

例如，关于酒店是否可以禁止顾客自带酒水或收取自带酒水服务费，《消费者权益保护法》及其他法律中都没有禁止性规定。根据“法无禁止即自由”原则，酒店禁止自带酒水或收取自带酒水服务费的规定是不违法的。但是，酒店必须将这一规定明示消费者，否则就是侵犯消费者的自主选择权。

【法条】

《消费者权益保护法》第十六条第二款规定：经营者和消费者有约定的，应当按照约定履行义务，但双方的约定不得违背法律、法规的规定。

3. 平等对待消费者

酒店拒绝接待特定人群的消费者，在一定意义上侵犯了这些消费者的人格尊严，同时也剥夺了其自主选择权，是违反法律规定的。

但是，酒店有时出于安全及管理上的需要，可以通过变通的方式解决这一问题。比如酒店可以通过提高进入酒店消费的门槛，设置诸如“请注意仪表”之类的告示。从合同的角度看，这些要求可以视为酒店消费合同的附加条件之一，即本酒店只为高层次的顾客提供服务，进入本酒店消费必须遵守酒店规定。这条规定更多的还是警示、提醒，目的是要消费者自觉遵守，并没有强制性行为；从经营者的角度来说，这样的规定也是酒店服务行业的经营自由，任何消费者只要衣冠端正都可以入内，不存在歧视行为，也没有违反法律规定。

至于“禁止饭量大者入内”，毋庸置疑，侵犯了这一特殊人群的消费自主选择权。

4. 妥善解决自主选择权纠纷

消费者投诉酒店侵犯其自主选择权时，酒店应当积极应对：

（1）判断是否构成侵权行为。这可以从几个方面进行衡量：①酒店的行为是否违背消费者的主观意愿；②客观上酒店是否强迫消费者从事不公平或不平等的交易；③该强制交易行为自身是否存在违法性；④该交易行为是否将要或已经造成消费者权益的损害。

（2）出示有力的证据，证明不构成侵权。

（3）如构成侵权就要依法承担相应的法律责任。

案例7-3

“开瓶费”案

2006年9月，王子英自带酒水到某酒楼用餐，结账时被收取100元开瓶费。王子英认为酒楼这一做法侵犯其公平交易权和自主选择权，于是一纸诉状将该酒楼告上法院。一审法院认为，酒楼在菜单中制定加收服务费是对消费者不公平的格式条款，应为无效，此种行为侵犯了消费者的公平交易权和自主选择权，判决酒楼返还“开瓶费”。

酒楼上诉后，虽然判决结果没有改变，但二审法院从另一角度阐述该问题。二审法院认为，酒店的过错不在于加收“开瓶费”本身，过错在于没有将收取“开瓶费”事项对消费者予以特别提示和说明以供消费者选择。因此，该行为侵害的是消费者的知情权和选择权。

资料来源：http：//shehui. v1. cn/sh/2011 -3 -15/1300150336165. shtml

任务7.4　保障消费者的公平交易权

【任务准备】

1. 公平交易权的含义

消费者的公平交易权，是指消费者在与经营者之间进行消费交易的过程中，享有获得公平交易条件的权利。其含义有以下几个方面：

（1）消费交易行为是在合理的条件下进行的。所谓的合理条件是指交易过程中不得带有强制性或歧视性的情形。

（2）消费交易的结果可以达到消费者的预期目的。所谓的预期目的是指消费者的消费预期变为现实，并且消费者付出的费用与提供的产品或服务的价值对等。

（3）这个公平交易是在双方协作下完成的，即双方在交易中都以诚实可信的态度对待对方，并且都获得了不同目的的结果。

【法条】

《消费者权益保护法》第十条规定：消费者享有公平交易的权利。

消费者在购买商品或者接受服务时，有权获得质量保障、价格合理、计量正确等公平交易条件，有权拒绝经营者的强制交易行为。

2. 酒店与消费者公平交易权纠纷的类型

酒店作为经营者，涉及消费者公平交易权纠纷的情形主要有：

（1）强制性收费。如，单独收取“筷纸费”等。

（2）“12点结账”问题。“酒店12点结账”是在2010年“3·15”中被中消协和北京市消协点评的10大侵犯消费者公平交易权的行业潜规则之一。

（3）缩水服务。如，酒店由于忙着照顾婚宴，让前去就餐的其他顾客备受冷落，本应得到的服务明显缩水，让消费者吃得“很不痛快”。

【任务完成】

酒店在保护消费者公平交易权时应当做到：保证服务质量，收费与服务质量相对等。

公平交易权的核心是消费者以一定数量的货币可以换得同等价值的商品或者服务。酒店应当为顾客提供与其所支付的货币相应的服务质量。在不能保证服务质量时，应当及时向顾客解释清楚，并协商降价。

【法条】

《消费者权益保护法》第二十二条规定：经营者应当保证在正常使用商品或者接受服务的情况下其提供的商品或者服务应当具有的质量、性能、用途和有效期限；但消费者在购买该商品或者接受该服务前已经知道其存在瑕疵的除外。

经营者以广告、产品说明、实物样品或者其他方式表明商品或者服务的质量状况的，应当保证其提供的商品或者服务的实际质量与表明的质量状况相符。

北京、上海、香港等22家城市消协维权组织于2010年3月14日联合发出的《致餐饮企业的公开信》指出，向消费者提供消毒餐具是经营者应尽的法定义务。不管酒店是否明确告知，另行收取消毒餐具费的做法都于法无据。酒店在计算餐饮价格的过程中，已经将筷子、纸巾、牙签等费用，计入了成本价。如果再单独收取所谓的“筷纸费”是不合理的，这不仅侵犯了消费者的知情权，也侵犯了消费者的公平交易权。

至于“12点结账”问题目前在我国酒店是一个潜规则，随着消费者的法律意识日益增强，这种潜规则日益引发纠纷。为了提高竞争力，酒店应该尽快意识到问题的严重性，早日转变观念，依法经营。

值得一提的是，现在很多酒店改变了原有的做法，退房可推迟至14点，甚至有的酒店按24小时点对点住宿收费，深受消费者的好评。

案例 7-4

王聪诉北京广安门铁路宾馆案

2008 年 3 月 17 日下午 4 时许，从沈阳来北京的旅客王聪入住了广安门铁路宾馆。但在次日下午 2 点钟退房结账时，宾馆要求王先生多支付半日房费 74 元，为此发生纠纷。5 月 6 日王聪诉至北京宣武区人民法院，要求判令宾馆：①退还多收的 74 元房费；②承担本案诉讼费用；③向自己作书面赔礼道歉；④自己维权诉讼的交通费 1500 元，住宿费 1000 元、饮食费 500 元、误工费 1000 元、咨询费 1500 元、材料费 100 元、通信费 400 元，共计 6000 元由被告承担。6 月 19 日，宣武区法院开庭审理了此案，7 月 8 日上午宣判，该院以“原告入住时在《宾客住房单》等各项单据上签了名，这些单据上已经提示：退房时间是中午十二时整，延时加收半费。虽然这些单据上的约定内容属于格式条款，但该条款不属于法律规定的法定无效情况，点前退房的规定并未损害国家、集体和第三人利益，不在法律干预范围之内”为由，判决驳回了王聪的诉讼请求。

分析：对任何纠纷的处理，都必须冷静行事，寻求正确的解决途径。当纠纷发生之后，王聪不是与宾馆大吵大闹，或者踹门砸店，而是冷静下来，与之协商，在无法达成协议时，选择了诉讼的方式。这种通过法律手段“讨一个说法”是法治社会和国家所提倡的，也是公民维护自己权益的正当之举。尽管王聪先生讨来的一个“说法”并不对自己有利，但却有益于社会，有益于改革，有益于法制建设，也有益于警醒经营者。基于此，说王聪先生虽败犹荣，并非夸张之词。

据有关报道，王聪状告宾馆多收费案被披露后，受到国人广泛关注。北京消费者权益保护委员会站出来说话了，对“中午 12 点结账”行规提出质疑，认为行规应当改进，“当天什么时候住进来，应该在第二天什么时候退房”。目前，全国已有多家酒店将 12 点结账时间改到了下午两点。这表明，所谓的行规已经松动，坚冰已破，新的行业服务机制将逐步构建，“王聪事件”之社会意义不言自明。

资料来源：《中国审判》2008 年第 8 期

任务 7.5　保障消费者获得赔偿权

【任务准备】

1. 消费者获得赔偿权的概念

所谓消费者获得赔偿权，即消费者因购买、使用商品或者接受服务受到人身、财产损害的，享有依法获得赔偿的权利。消费者在购买、使用商品或接受服务时，由于经营者的过失或故意，可能会使人身权或财产权受到侵害，此时经营者负有不可推卸的责任。

【法条】

《消费者权益保护法》第十一条规定：消费者因购买、使用商品或者接受服务受到人身、财产损害的，享有依法获得赔偿的权利。

需要注意的是，这里的获得赔偿权是指消费者的人身、财产已经受到损害而产生的，否则消费者只能要求生产者承担其他法律责任。

2. 获得赔偿权的主体

根据我国《消费者权益保护法》的规定，享有获得赔偿权的主体包括：

(1) 商品的购买者、使用者。

(2) 服务的接受者。

(3) 第三人。第三人指消费者之外的因某种原因在事故发生现场而受到损害的人，也就是说既没有购买也没有使用商品的第三人，只要经营者的商品对他们造成了财产或人身伤害，均可依据《消费者权益保护法》获得赔偿。比如，邢某前去酒店探望其远道而来的朋友，在酒店房间一起看电视时电视机突然爆炸，造成脸部受伤，邢某就属于第三人，有权获得赔偿。

【任务完成】

酒店在保障消费者获得赔偿权时，应当做到以下几个方面。

1. 明确赔偿责任主体和责任归属

赔偿责任主体是有关人身损害、财产损失发生后，由谁为受害人承担责任的问题。按照《消费者权益保护法》的规定，赔偿责任主体按连带责任制度来确定责任的归属。这里的连带责任制度分两种情况：一种是传统意义上的连带之债，即受害人可以向承担连带之债的其中任何一方责任主体要求赔偿；另一种是先行赔偿，即消费者或受害人只能先向特定的责任方要求赔偿，之后由付出赔偿金的一方向其他应负责任的责任方追偿。

1）消费者可向任何一方要求赔偿的情形

(1) 酒店在向消费者提供商品服务过程中造成消费者或者其他受害人人身、财产损害的，受害人既可以向商品的生产者要求赔偿，也可以向作为销售者的酒店要求赔偿，赔偿主体由受害人选择。如果消费者选择了向酒店要求赔偿，酒店不可以“商品本身存在缺陷”为由拒绝赔偿。属于生产者责任的，酒店赔偿后，有权向生产者追偿。

【法条】

《消费者权益保护法》第三十五条第二款规定：消费者或者其他受害人在酒店消费因商品缺陷造成人身、财产损害的，可以向销售者要求赔偿，也可以向生产者要求赔偿。赔偿主体由受害人选择。属于生产者责任的，销售者赔偿后，有权向生产者追偿。属于销售者责任的，生产者赔偿后，有权向销售者追偿。

(2) 使用他人营业执照的违法酒店提供商品或者服务，损害消费者合法权益的，消费者可以向其要求赔偿，也可以向营业执照的持有人要求赔偿。

2）须先向特定一方要求赔偿的情形

(1) 消费者在酒店购买、使用商品时，其合法权益受到损害的，可以向酒店要求赔偿。酒店赔偿后，属于生产者的责任或者属于向酒店提供商品的其他销售者的责任的，酒店有权向生产者或者其他销售者追偿。

上述规定与第三十五条第二款不同，这里属于一般合法权益的损害，即销售者提供的商品或服务存在瑕疵。在此情况下，消费者只能向销售者要求赔偿，至于赔偿后的责任承担问题，由销售者与生产者之间处理，与消费者无关。后者则属于特殊侵权行为，即因商品存在缺陷造成人身、财产损害，因此要求承担责任的主体也不同。

(2) 消费者在酒店接受服务时，其合法权益受到损害的，可以向酒店要求赔偿。

(3) 消费者在购买、使用商品或接受服务时，其合法权益受到损害，因原酒店分立、合并的，可以向变更后承受其权利义务的酒店要求赔偿。即酒店分立或合并的，分立或合并后的酒店应当承担原酒店给消费者造成的损失。

(4) 消费者在展销会、租赁柜台购买商品或者接受服务，其合法权益受到损害的，可以向销售者或者服务者要求赔偿。展销会结束或者柜台租赁期满后，也可以向展销会的举办者、柜台的出租者要求赔偿。展销会的举办者、柜台的出租者赔偿后，有权向销售者或服务者追偿。因此如果酒店作为展销会的举办者或者将门面出租给他人，也有可能成为索赔的对象。

(5) 消费者因酒店利用虚假广告提供商品或者服务，其合法权益受到损害的，可以向酒店要求赔偿。广告的经营者发布虚假广告的，消费者可以请求行政主管部门予以惩处。广告的经营者不能提供经营者的真实名称、地址的，应当承担赔偿责任。

2. 区别不同情形依法赔偿

酒店在提供服务过程中，既可能给消费者造成人身上的损害，也可能造成财产上的损失；既可能造成人身一般伤害，也可能造成身体残疾甚至死亡。因此，酒店应当区别不同情形依法进行赔偿。

(1) 人身损害赔偿。从《消费者权益保护法》的规定看，人身损害赔偿主要指生命健康，但如果消费者的精神方面受到了损害，也可以要求赔偿。身体损害赔偿有三个层次：

① 身体一般伤害的赔偿。其赔偿内容包括医疗费、治疗期间的护理费、误工费。

② 身体伤残赔偿。除了一般伤害的赔偿范围外，还包括自助具费、生活补助费、残疾赔偿金、其扶养的人所必需的生活费。

③ 死亡赔偿。赔偿的范围包括丧葬费、死亡赔偿金、死者生前扶养的人所必需的生活费。

(2) 财产损害赔偿。依照《消费者权益保护法》及《合同法》等相关法律的规定，财产损失包括直接损失及可得利益的损失，比如因食物中毒导致顾客延误航班等。

【法条】

《消费者权益保护法》第四十一条规定：经营者提供商品或者服务，造成消费者或者其他受害人人身伤害的，应当支付医疗费、治疗期间的护理费、因误工减少的收入等费用，造成残疾的，还应当支付残疾者生活自助费、生活补助费、残疾赔偿金以及由其扶养的人所必需的生活费等费用。

《消费者权益保护法》第四十二条规定：经营者提供商品或者服务，造成消费者或者其他受害人死亡的，应当支付丧葬费、死亡赔偿金以及由死者生前扶养的人所必需的生活费等费用。

《消费者权益保护法》第四十四条规定：经营者提供商品或者服务，造成消费者财产损害的，应当按照消费者的要求，以修理、重作、更换、退货、补足商品数量、退还货款或服务费用或者赔偿损失等方式承担民事责任。消费者与经营者另有约定的，按照约定履行。

3. 禁止以告示等方式免责

目前，很多酒店都出现了“贵重物品请妥善保管，本店概不负责”、“免费停车，车损自负”一类的提示。然而，根据我国《消费者权益保护法》的规定，当消费者财物发生损失时，酒店凭借所谓“损失自负”的“店堂告示”并不能免除一切责任，因为保障消费者人身、财产安全是经营者的法定义务，一旦酒店与消费者之间产生了保管合同关系，酒店理应为消费者提供一个安全的消费环境，保障消费者的财产安全。

【法条】

《消费者权益保护法》第二十四条规定：经营者不得以格式合同、通知、声明、店堂告示等方式作出对消费者不公平、不合理的规定，或者减轻、免除其损害消费者合法权益应当承担的民事责任。

格式合同、通知、声明、店堂告示等含有前款所列内容的，其内容无效。

任务7.6 保障消费者的结社权、获取知识权、受尊重权以及监督权

【任务准备】

1. 消费者的结社权

消费者的结社权是指消费者享有依法成立维护自身合法权益的社会团体的权利。

目前，消费者依法成立的社会团体是消费者协会和其他消费者组织，这些组织对商品和服务进行社会监督，保护消费者合法权益。在《消费者权益保护法》颁布之前，我国已在地方成立了消费者组织。1983 年 5 月，河北省新乐县成立了我国第一个县级消费者组织；1984 年 4 月，广州成立了第一个市级消费者协会；1984 年 12 月，“中国消费者协会”成立。

【法条】

《消费者权益保护法》第十二条规定：消费者享有依法成立维护自身合法权益的社会团体的权利。

2. 消费者获取知识权

消费者获取知识权是从消费者的知悉真情权中引申出来的一项权利，其目的是使消费者更好地掌握有关商品、服务和消费市场的知识，以及消费者权益保护方面的知识，从而使消费者正确地使用商品，提高自我保护意识和能力。这一权利包括以下内容。

(1) 有关消费知识获取权，指关于消费商品和服务的基本知识以及关于消费市场和经营者的知识。

(2) 有关消费者权益保护方面的知识，指消费者有权知晓有关消费者权益保护的主要法律、法规，知晓消费者应有的权利和经营者应有的义务，了解保护消费者的国家机关和消费者组织以及解决纠纷的途径等。

消费者获取知识的方式：接受教育、自我教育。

【法条】

《消费者权益保护法》第十三条第一款规定：消费者享有获得有关消费和消费者权益保护方面的知识的权利。

3. 消费者的人格尊严权

人格尊严是消费者的人身权的重要组成部分，包括姓名权、名誉权、荣誉权、肖像权等。消费者的人格尊严受到尊重，是消费者最起码的权利之一。

这一权利也是我国《宪法》、《民法通则》规定的公民的权利。涉及酒店容易侵犯消费者人格尊严权的情形主要有以下几方面。

(1) 民族风俗习惯：酒店作为经营者，所接触的顾客来自四面八方，有国内的，也有国外的；有汉族人也有少数民族人。他们的风俗习惯差异很大，酒店都应当尊重各民族的风俗习惯。

(2) 客房安装摄像头泄露消费者的隐私：酒店在电梯走廊等公共区域安装摄像头不违法，但是对掌握的客人隐私进行传播就涉嫌侵权了。比如，某酒店房间内安置摄像头，拍摄客人的卖淫嫖娼活动，而后进行敲诈，就完全是犯罪行为。保障客人居住的安宁权不被打扰，酒店义不容辞。

(3) 拒绝接待特定人群：酒店拒绝接待特定人群的消费者，比如“衣冠不整者”、“光膀子者”、“农民工”等，酒店这样的规定是把人分成了三六九等，是以外貌、社会地位等标准划分消费者等级，是对某些人的人格歧视，这在一定意义上侵犯了这些消费者的人格尊严，也剥夺了其消费自主选择权。

【法条】

《消费者权益保护法》第十四条规定：消费者在购买、使用商品和接受服务时，享有其人格尊严、民族风俗习惯得到尊重的权利。

4. 消费者的监督权

消费者的监督权，是指消费者对于商品和服务以及消费者保护工作进行监察和督导的权利。消费者有权检举、控告侵害消费者权益的行为和国家机关及其工作人员在保护消费者权益工作中的违法失职行为，有权对保护消费者权益工作提出批评、建议。

【法条】

《消费者权益保护法》第十五条规定：消费者享有对商品和服务以及保护消费者权益工作进行监督的权利。

【任务完成】

酒店在保障消费者的结社权、获取知识权、受尊重权以及监督权时应当做到以下几方面。

(1) 积极配合消费者协会的工作。

消费者与酒店发生纠纷不能协商解决时，往往会投诉到消费者协会，消协根据自己的职责进行调解工作，这就需要酒店积极配合。

(2) 认真解答消费者的问题。

消费者在酒店消费过程中往往会遇到很多问题需要酒店工作人员给予解答，比如酒店设施的使用、酒店消费环境安全问题等，这需要酒店工作人员进行耐心细致地帮助。

(3) 尊重各国家、民族风俗习惯。

酒店工作人员应当熟知各个国家、民族的风俗习惯及其禁忌，避免因鲁莽而产生误会。

(4) 尊重个人喜好，倡导文明之风。

酒店工作人员发现“衣冠不整者”进入酒店，可以口头提醒其注意文明，但切忌拒绝接待。

(5) 对消费者的举报不能有打击报复的行为。

案例7-5

上错的“牛肉面”

某大学回族学生马某到校外某饭店就餐，他在服务台花了2元钱买了一张牛肉面的餐票，将票交给服务员后便坐下等候。几分钟后，饭店服务员将面端上，马某发现端上的是猪肉面而不是牛肉面，遂问服务员是不是弄错了，服务员回答说牛肉已经没有了，反正价格都一样，故给他做的是猪肉面。马某随即提出异议，说自己是回民不吃猪肉，既然牛肉没有了那就退钱。饭店不同意退钱，双方遂发生争执，饭店老板说：“你们回族就是怪，猪肉没有什么吃不得的。”马某一向是严格遵守自己回民的风俗习惯，日常生活中同学、朋友也非常尊重他的风俗习惯，听了老板的那些话，马某觉得自己受到了极大的污辱，遂投诉到消费者委员会，要求店主赔礼道歉并赔偿损失。

法律分析：

本案例实属少见，但亦很典型。回族是我国的少数民族之一，其特有的风俗习惯是禁食猪肉，这是普通老百姓都知道的常识。国家在许多法律、政策方面对包括回族在内的各少数民族都有许多特殊的规定，以体现国家对我国少数民族的尊重。

《消费者权益保护法》第十四条“消费者在购买、使用商品和接受服务时，享有其人格尊严、民族风俗习惯得到尊重的权利”的规定也正是体现了这一点。在本案例中，马某要的是牛肉面，饭店提供给他的却是猪肉面，并且其行为并不是由于服务员的疏忽造成的，而是故意，这一行为本身就已经侵犯了马某作为消费者的选择权。在马某说明自己是回民，不吃猪肉的情况后，饭店理应尊重其民族习惯，将面撤走，退还面钱。但饭店不仅不退钱，甚至说出“回民就是怪”这种有损回民尊严的话，该行为已经严重违反上述的法律规定，因此应当认定店主的侵犯责任成立。

当地消费者委员会接到投诉后，在主动上门调解的情况下，店主认识到了自己应当尊重少数民族的风俗习惯，并向马某当面赔礼道歉，并退还面钱人民币2元。

【实务演练】

1. 2010年6月一天晚上，郭某和几个朋友相约到酒店吃饭。由于一朋友未按时到达，郭某走出包间给其打电话，当郭某来到了包间斜对门三四米处的木制消防通道门旁时，坠落楼下，经及时抢救得以脱险。郭某家属找到酒店，认为郭某坠楼是由于酒店施工不合规范，且没有在危险地段设置警示标志造成的。你作为酒店法律工作者，如何处理此事？

2. 李某一家旅游期间住在一家星级酒店，次日早晨醒来发现放在房间的行李被翻过，并且随身携带的3000元人民币和一部手机也丢失。李某向酒店反映后，酒店调出昨晚监控录像，发现凌晨2点左右有两人先后进出过几个酒店房间，最后拿着盗窃所得离开酒店。当李某要求酒店承担责任时，酒店服务员称，前台的提示牌写得很明确：顾客自己保管好随身物品，住宿期间丢失物品概不负责。作为酒店方处理此事的负责人，该如何处理这起事件？

3. 1996 年 1 月 12 日，谢雪芬在晋江某大酒店登记住宿。当晚 11 时许，谢雪芬从外面返回万通大酒店，在该店四楼走廊里遇到 4 名不明身份的男子，其中一男子对其进行调戏、殴打，致其人身受到伤害。在谢雪芬遭受殴打的过程中，有数人进行围观，其中有该店的保安人员及服务人员。尽管谢雪芬大声呼救，却无人出来制止。事后，4 名男子扬长而去。谢雪芬被打后去晋江市医院治疗，其伤情经医院诊断为头部外伤综合症，腹部及四肢多处软组织挫伤。

如果身为该酒店负责处理此事的负责人，该如何应对？是否应该赔偿谢女士的损失？

4. 2010 年 9 月 21 日，临沂市的张女士与朋友到一饭店用餐，结账时，张女士要求饭店提供菜款详单却遭到工作人员拒绝。两个人消费了 200 多元，自己却不清楚这 200 元钱是怎么花的，张女士拨打 12315 热线电话，请求维权。

在调查过程中，饭店方称，客人点菜时，菜单上就已经对菜品的详细价格向消费者明示，张女士以饭店不提供详细菜单为由认定饭店方侵犯了其知情权不合适。张女士却认为，虽然菜单上有标价，但其认为 200 多元的消费额与菜品有出入，对此，饭店方应当提供用餐详单。

结合所学知识来解决这一消费纠纷。

5. 南昌市西湖区工商局接到数位外地消费者反映乡村味道酒店强迫顾客购买纸巾的投诉。投诉人之一的湖北邓女士于 2010 年 2 月 8 日中午 12 时许，一行 9 人来到位于洛阳路上的乡村味道酒店用餐。他们一坐下，酒店服务人员就拿来了 9 包餐巾纸放在桌上。

“当时我们大部分人身上都带着餐巾纸，因此提醒服务员不需要餐巾纸。”据她介绍，当时服务员就称餐巾纸是酒店固定的收费项目，如果顾客不要餐巾纸就不让在该酒店吃饭。服务员的言语让他们十分不满，经过反复协商，酒店没有逼迫他们接下餐巾纸，但是在结账时却收取了每人 1 元的茶水纸巾费。“用餐的时候没有告知要收取茶水费，用餐后却要收取茶水费，酒店这种做法实在让人无法理解。”

乡村味道酒店面对顾客的指责表示，由于部分顾客饭量惊人导致酒店遭受损失，只有通过收取纸巾茶水费进行弥补，该酒店一名女性工作人员表示，邓女士一席人吃饭实在太厉害，9 个人吃掉了 5 大盆白米饭，可是酒店却只能按照 1 元/人的标准收取米饭费用，这样给酒店带来的损失实在太大了。为了弥补酒店的损失，他们提出按照 1 元/人的标准收取茶水纸巾费。

结合所学知识分析乡村味道酒店的做法是否合法。

6. 陈某入住老北京八旗府大酒店，在房间卫生间洗澡时，不慎滑倒在地，后由 120 救护车送至医院急救。经诊断原告肋骨折断数根，胸腔大面积淤血，住院治疗 20

余天，共计花用医疗费人民币29000余元。嗣后，该纠纷经消费者协会调解未果。故原告向法院提起诉讼，要求被告赔偿医药费29000余元，救护车出车费80元，护理费245元，住院用具费82.5元，误工费77000元，精神损害抚慰金5000元，以上合计人民币110000余元。

（1）陈某的诉求是否符合有关法律规定?

（2）如果酒店方拒绝承担责任，酒店必须做哪些工作?

提示：原告是在外饮酒过量后才入住酒店，其进房间时已经意识模糊，在行为难以自控的情形下，于洗澡时失足跌倒，最终导致了意外事件的发生。另外，被告酒店在开业时经淮安市旅游事业管理局验收合格，符合旅游涉外饭店的标准，并且卫生间已经采取了有效的防滑措施，墙上亦贴有警示标志，提供的一次性拖鞋也是符合国家标准的合格产品。

7. 罗杰斯公司中关村分店系西式餐厅，其店门玻璃上有“衣冠不整者禁止入内”的告示，在该店内有“为了维护多数顾客的权益，本餐厅保留选择顾客的权利”为内容的店堂告示。某日，周某身穿短裤、脚穿塑料拖鞋到该店就餐。该店当日值班经理向周某出示了上述告示，请其改日到该餐厅用餐，并附送两张“买一送一”餐券。周某先后两次被拒绝用餐，于是起诉罗杰斯公司。

作为酒店管理者，该应对这类顾客?值班经理的做法是否妥当?

8. 通过网络搜集消费者与酒店发生纠纷较为频繁的领域，并结合所学知识分析应该如何应对。

【扩展阅读】

《中华人民共和国反不正当竞争法》

《中华人民共和国产品质量法》

《中华人民共和国食品安全法》

8

酒店产品质量法律事务管理

（1）能够结合有关法律、法规规定对酒店所提供的产品进行质量管理，避免纠纷的发生。
（2）能够运用所掌握的法律知识及时处理酒店产品质量问题。

（1）了解《产品质量法》所称的产品范围。
（2）掌握生产者、销售者的产品质量责任和义务。
（3）掌握产品损害赔偿责任的程序及方式。

引例

盛源酒店是当地餐饮业的龙头企业，规模是本市最大的，所以，形象和信誉对他们来说，至关重要。

昨天，盛源酒店发生这样一件事：顾客用餐时意外发现在一道以鱼类为食材的菜肴中混有一枚木质夹子，很明显，这道菜受到了污染。顾客当即向酒店工作人员反映，据盛源酒店餐饮部刘经理解释，在菜肴中发现的木质夹子为夹菜单所用的工具。此事引起酒店张总的高度重视。

张总认识到：现餐饮领域，如何改变消费者心目中"食品安全让人担忧"的印象，如何让消费者在用餐中有安全、卫生、舒适、方便的感觉，全面提高餐饮服务提供者的自律意识，有效消除餐饮服务环节的食品安全隐患，努力提高餐饮服务食品安全的整体水平，这是酒店的服务宗旨。因此，张总安排餐饮服务部的员工进行质量安全培训，并让酒店的法律顾问全力配合。

法律顾问指出：要提高服务质量，必须让全体员工熟悉国家相关法律、法规，比如《产品质量法》、《食品安全法》以及《食品安全法实施条例》等。

为了加强对产品质量的监督管理，提高产品质量水平，明确产品质量责任，保护消费者合法权益，维护社会经济秩序，1993 年我国颁布了《中华人民共和国产品质量法》，2000 年 7 月九届全国人大常委会十六次会议对《产品质量法》进行了修正。

在我国，国家高度重视食品安全，早在 1995 年就颁布了《中华人民共和国食品卫生法》。为保证食品安全，保障公众身体健康和生命安全，2009 年 2 月 28 日，十一届全国人大常委会第七次会议通过了《中华人民共和国食品安全法》以及配套的法规。《食品安全法》实施的同时《食品卫生法》废止。

《产品质量法》，是规范和加强对产品质量的监督管理、明确产品质量责任的一般法。

《食品安全法》，是规范食品安全的特别法。根据特别法优于一般法的原则，食品的安全监管应当适用《食品安全法》，《食品安全法》没有规定的适用《产品质量法》的有关规定。

任务 8.1　酒店作为生产者应尽的产品质量责任和义务

【任务准备】

1. 产品的含义

从广义上讲，产品是指人们运用劳动手段对劳动对象进行加工而成，用于满足人们生产和生活需要的物品。而《产品质量法》中的"产品"则是一个特定的概念，有其特定的范围，它仅指经过加工、制作，用于销售的产品。法律上所称的“产品”有两个特点：一是经过加工制作，也就是将原材料、半成品经过加工、制作，改变形状、性质、状态，成为产成品，而未经加工的农产品、狩猎品等不在其列；二是用于出售，非用于销售的产品，即不作为商品的产品，如自己制作、自己使用或馈赠他人的产品不在其列。

按照我国《产品质量法》规定，下列产品不适用本法：

(1) 建设工程。

(2) 军工产品。(《产品质量法》第七十三条)

(3) 初级产品，即未经加工的天然形成的产品，如原矿、原煤、原油、天然气等，以及农、林、牧、渔等初级农产品，如籽棉、稻、麦、蔬菜、饲养的鱼虾等。

从其适用的地域看，凡是在中国境内生产、销售的产品适用本法，包括在中国境内销售的进口产品。

作为酒店行业，所涉及的产品主要是食品、菜品及酒类等，包括酒店自制产品、采购产品，也包括进口产品。

【法条】

《产品质量法》第二条规定：在中华人民共和国境内从事产品生产、销售活动，必须遵守本法。

本法所称产品是指经过加工、制作、用于销售的产品。

建设工程不适用本法规定；但是，建设工程使用的建筑材料、建筑构配件和设备，属于前款规定的产品范围的，适用本法规定。

《产品质量法》第七十三条规定：军工产品质量监督管理办法，由国务院、中央军事委员会另行制定。

因核设施、核产品造成损害的赔偿责任，法律、行政法规另有规定的，依照其规定。

2. 产品质量的含义

所谓“产品质量”，通常是指产品满足需要的适用性、安全性、可靠性、耐用性、可维修性、经济性等特征和特性的总和。按照国际标准化组织制定的国际标准《质量管理和质量保证——术语》(ISO 8402—1994，该标准已为我国国家标准GB/T 6583—1994等同采用)中的定义，产品质量是指产品“反映实体满足明确和隐含需要的能力和特性的总和”。不同质量水平或质量等级的产品，反映了该产品在满足适用性、安全性、可靠性等方面的不同程度。质量低劣的产品，基本不能甚至完全不能满足使用者对该产品在适用性、安全性和可靠性等方面的合理需求。

产品质量包括适用性和安全性两个方面，因此产品质量问题大体也分两大类：一类似产品不适用，即产品存在瑕疵；另一类是产品不安全，即产品存在缺陷。

本法所称的“缺陷”是指产品存在危及人身、他人财产安全的不合理的危险；产品有保障人体健康和人身、财产安全的国家标准、行业标准的，是指不符合该标准。

3. 产品质量监督与管理制度

《产品质量法》规定了对产品质量实施监督的基本制度，主要包括以下几个。

1）强制监督管理的制度

可能危及人体健康和人身、财产安全的工业产品，必须符合保障人体健康和人身、财产安全的国家标准、行业标准；未制定国家标准、行业标准的，必须符合保障人体健康和人身、财产安全的要求。

禁止生产、销售不符合保障人体健康和人身、财产安全的标准和要求的工业产品。

2）监督抽查制度

国家对产品质量实行以抽查为主要方式的监督检查制度，对可能危及人体健康和人身、财产安全的产品，影响国计民生的重要工业产品以及消费者、有关组织反映有质量问题的产品进行抽查。抽查的样品应当在市场上或者企业成品仓库内的待销产品中随机抽取。监督抽查工作由国务院产品质量监督部门规划和组织。县级以上地方产品质量监督部门在本行政区域内也可以组织监督抽查。

国家监督抽查的产品，地方不得另行重复抽查；上级监督抽查的产品，下级不得另行重复抽查。

根据监督抽查的需要，可以对产品进行检验。检验抽取样品的数量不得超过检验的合理需要，并不得向被检查人收取检验费用。监督抽查所需检验费用按照国务院规定列支。

生产者、销售者对抽查检验的结果有异议的，可以自收到检验结果之日起十五日内向实施监督抽查的产品质量监督部门或者其上级产品质量监督部门申请复检，由受理复检的产品质量监督部门作出复检结论。

3）企业质量体系和产品质量认证的制度

国家根据国际通用的质量管理标准，推行企业质量体系认证制度。企业根据自愿原则可以向国务院产品质量监督部门认可的或者国务院产品质量监督部门授权的部门认可的认证机构申请企业质量体系认证。经认证合格的，由认证机构颁发企业质量体系认证证书。

国家参照国际先进的产品标准和技术要求，推行产品质量认证制度。企业根据自愿原则可以向国务院产品质量监督部门认可的或者国务院产品质量监督部门授权的部门认可的认证机构申请产品质量认证。经认证合格的，由认证机构颁发产品质量认证证书，准许企业在产品或者其包装上使用产品质量认证标志。

【任务完成】

酒店作为生产者在加工、制作菜品和饮用品时应当履行以下责任和义务。

1. 产品内在质量符合法律要求

（1）不存在危及人身、财产安全的不合理的危险，有保障人体健康和人身、财产安全的国家标准、行业标准的，应当符合该标准。

这一规定是要求酒店不得生产“缺陷”产品。这里所称“缺陷”，是指产品具有“不合理危险”或者不符合保障安全的国家标准、行业标准的产品。

国家制定的食品安全标准是强制执行的标准。除食品安全标准外，不得制定其他的食品强制性标准。可见，酒店在为顾客提供食品时，必须符合国家食品安全标准。

【法条】

《食品安全法》第二十七条规定：食品生产经营应当符合食品安全标准，并符合下列要求：

（一）具有与生产经营的食品品种、数量相适应的食品原料处理和食品加工、包装、储存等场所，保持该场所环境整洁，并与有毒、有害场所以及其他污染源保持规定的距离；

（二）具有与生产经营的食品品种、数量相适应的生产经营设备或者设施，有相应的消毒、更衣、盥洗、采光、照明、通风、防腐、防尘、防蝇、防鼠、防虫、洗涤以及处理废水、存放垃圾和废弃物的设备或者设施；

（三）有食品安全专业技术人员、管理人员和保证食品安全的规章制度；

（四）具有合理的设备布局和工艺流程，防止待加工食品与直接入口食品、原料与成品交叉污染，避免食品接触有毒物、不洁物；

（五）餐具、饮具和盛放直接入口食品的容器，使用前应当洗净、消毒，炊具、用具用后应当洗净，保持清洁；

（六）储存、运输和装卸食品的容器、工具和设备应当安全、无害，保持清洁，防止食品污染，并符合保证食品安全所需的温度等特殊要求，不得将食品与有毒、有害物品一同运输；

（七）直接入口的食品应当有小包装或者使用无毒、清洁的包装材料、餐具；

（八）食品生产经营人员应当保持个人卫生，生产经营食品时，应当将手洗净，穿戴清洁的工作衣、帽；销售无包装的直接入口食品时，应当使用无毒、清洁的售货工具；

（九）用水应当符合国家规定的生活饮用水卫生标准；

（十）使用的洗涤剂、消毒剂应当对人体安全、无害；

（十一）法律、法规规定的其他要求。

《食品安全法》第六十二条规定：进口的食品、食品添加剂以及食品相关产品也应当符合我国食品安全国家标准。

(2) 生产的产品具备产品应当具备的使用性能。但是，对产品存在使用性能的瑕疵作出说明的除外。

这一规定要求酒店应当尽合同义务、担保义务。保证产品使用性能是最一般、最基本的义务要求。

对产品使用性能的瑕疵，酒店应当予以说明后方可提供给消费者，并可免除酒店对已经明示的产品使用性能的瑕疵承担责任。如果除说明的产品的瑕疵之外，产品还存在未明示的瑕疵的，酒店仍应对未明示部分的产品瑕疵承担相应的担保责任。

需要注意的是，这里只规定了对“瑕疵”产品说明可除外的情况，而对“缺陷”产品却没有规定可除外的情况。

(3) 符合在产品或其包装上注明采用的产品标准，符合以产品说明、实物样品等方式表明的质量状况。

这一规定要求酒店的产品质量符合明示的质量状况。酒店作为生产者，应当做到所提供的产品“真材实料”，避免类似“肯德基豆浆门事件”、“染色馒头”的发生，如不能以勾兑的“果汁”代替现榨果汁、不能以死鱼代替活鱼、不能以“杂肉”混同于牛肉等。

【法条】

《产品质量法》第二十六条规定：生产者应当对其生产的产品质量负责。

产品质量应当符合下列要求：

（一）不存在危及人身、财产安全的不合理的危险，有保障人体健康和人身、财产安全的国家标准、行业标准的，应当符合该标准；

（二）具备产品应当具备的使用性能，但是，对产品存在使用性能的瑕疵作出说明的除外；

（三）符合在产品或者其包装上注明采用的产品标准，符合以产品说明、实物样品等方式表明的质量状况。

2. 产品标识符合要求

酒店提供的产品或者其包装上的标识必须真实，并符合下列要求：

(1) 有产品质量检验合格证明。

(2) 有中文标明的产品名称、生产厂厂名和厂址。

(3) 根据产品的特点和使用要求，需要标明产品规格、等级、所含主要成分的名称和含量的，用中文相应予以标明；需要事先让消费者知晓的，应当在外包装上标明，或者预先向消费者提供有关资料。

(4) 限期使用的产品，应当在显著位置清晰地标明生产日期和安全使用期或者失效日期。

(5) 使用不当，容易造成产品本身损坏或者可能危及人身、财产安全的产品，应当有警示标志或者中文警示说明。

裸装的食品和其他根据产品的特点难以附加标识的裸装产品，可以不附加产品标志。

酒店作为生产者，加工制作出的产品如需包装，其包装标识必须符合要求，比如加工制作的馒头、点心等。另外酒店加工制作所使用的原材料也应符合上述规定，否则生产出的产品可能存在质量问题。违背了产品包装标志要求，可能构成瑕疵产品，也可能是缺陷产品。

【法条】

《食品安全法》第六十六条规定：进口的预包装食品应当有中文标签、中文说明书。标签、说明书应当符合本法以及我国其他有关法律、行政法规的规定和食品安全国家标准的要求，载明食品的原产地以及境内代理商的名称、地址、联系方式。预包装食品没有中文标签、中文说明书或者标签、说明书不符合本条规定的，不得进口。

3. 不违背法律禁止性规定

（1）酒店不得生产国家明令淘汰的产品。

国家明令淘汰的产品，有的是危害社会整体利益，比如浪费资源、能源，污染环境；有的是威胁或危及社会个体人身健康和财产安全，如酒店不得用病死、毒死或者死因不明的禽、畜、兽、水产动物肉类及其制品制作食品。

【法条】

《食品安全法》第二十八条规定：禁止生产经营下列食品：

（一）用非食品原料生产的食品或者添加食品添加剂以外的化学物质和其他可能危害人体健康物质的食品，或者用回收食品作为原料生产的食品；

（二）致病性微生物、农药残留、兽药残留、重金属、污染物质以及其他危害人体健康的物质含量超过食品安全标准限量的食品；

（三）营养成分不符合食品安全标准的专供婴幼儿和其他特定人群的主辅食品；

（四）腐败变质、油脂酸败、霉变生虫、污秽不洁、混有异物、掺假掺杂或者感官性状异常的食品；

（五）病死、毒死或者死因不明的禽、畜、兽、水产动物肉类及其制品；

（六）未经动物卫生监督机构检疫或者检疫不合格的肉类，或者未经检验或者检验不合格的肉类制品；

（七）被包装材料、容器、运输工具等污染的食品；

（八）超过保质期的食品；

（九）无标签的预包装食品；

（十）国家为防病等特殊需要明令禁止生产经营的食品；

（十一）其他不符合食品安全标准或者要求的食品。

《餐饮服务食品安全监督管理办法》（卫生部令第71号）也明确规定，餐饮服务提供者在制作加工过程中应当检查待加工的食品及食品原料，发现有腐败变质或者其他感官性状异常的，不得加工或者使用。

（2）酒店不得伪造产地，不得伪造或者冒用他人的厂名、厂址。

（3）酒店不得伪造或者冒用认证标志等质量标志。

（4）酒店生产产品，不得掺杂、掺假，不得以假充真、以次充好，不得以不合格产品冒充合格产品。例如，不得以低质量的海参充当高档海参、不得用“杂肉”加工成牛肉等。

食品流通领域中，三聚氰胺奶粉、苏丹红咸鸭蛋、甲醇白酒、白蜡大米、敌敌畏火腿、健美猪、染色杂粮馒头等重大食品不安全事件以及食品污染、违法添加非食用物质、滥用食品添加剂等现象频频出现，酒店作为生产者应当充分明确自己的责任和义务，严格履行法定或约定的义务，保护消费者的权益，稳定社会经济秩序。

案例 8-1

海口知名酒店用“三无”产品

2006 年 12 月 21 日中午 12 时许，正值海口市各大酒店宾馆厨房忙得热火朝天时，执法人员来到海口市南海大道、蓝天路等部分酒店的厨房、仓库，对酒店内使用的油盐酱醋等食品调料进行了检查。检查结果让执法人员感到意外，海口一些高档酒店使用的食品调料竟是“三无”商品。

在南海大道某酒店，执法人员发现该酒店内使用的花生油包装上没有厂名厂址，执法人员指出此为“三无”产品，并对该酒店进行了批评教育。在另一家高档酒店厨房，执法人员发现该酒店使用的一大桶白醋，使用一只没有任何标志标志的塑料桶装，涉嫌“三无”。在该酒店仓库内，执法人员发现了不少散装茶叶，外包装上注明“乌龙茶”、“铁观音”等字样。该酒店仓库内还发现了不少棕榈食用油、散装麻油。散装麻油其厂名为河南某厂，但厂址却是海口东门附近。

分析：上述海口市南海大道、蓝天路等部分酒店使用不符合质量标准的原料生产出的产品自然不符合质量标准，其结果必然会损害消费者的合法权益，扰乱社会经济秩序。

资料来源：http：//hi. baidu. com/hinews/blog/item/06d130d19507c3389b502704. html

任务 8.2　酒店作为销售者应尽的产品质量责任和义务

【任务准备】

1. 产品质量责任和义务的含义

产品质量责任，本是指生产者或者销售者违反国家有关产品质量的法律、法规的规定，不履行或者不完全履行法定的产品质量义务时所应依法承担的法律后果。但从《产品质量法》整个第三章的具体内容来看，这里的“产品质量责任”应该仅仅指的是生产者或者销售者对其生产或销售的产品应当符合法定质量要求，至于违背法定质量要求所承担的法律后果，《产品质量法》则在第四章和第五章单独另行规定。因此这里的“产品质量责任”与后述任务 8.3、任务 8.4 的“产品质量责任”的内涵有别，不涉及所应承担的法律责任。

产品质量义务，是指生产者或者销售者必须依照法律的规定、为保证其生产或销售的产品的质量必须为一定行为或者不为一定行为。

销售者的产品质量责任和义务是生产者的产品质量责任和义务的延续，《产品质量法》对其规定与生产者的规定一脉相承。

2. 酒店作为销售者所涉及的产品范围

按照《产品质量法》第二条对“产品”的界定，酒店作为销售者其销售的产品主要有：

（1）食品类。《食品安全法》对“食品”的含义有明确的规定，即指各种供人食用或者饮用的成品和原料以及按照传统既是食品又是药品的物品，但是不包括以治疗为目的的物品。从这一规定看，食品包括两类：一类是食用食品，比如购进的馒头、点心等；另一类是饮用食品，比如从食品厂购进的果汁、从酒厂购进的各类酒等。

（2）非食品类。目前大多酒店集餐饮住宿于一身，这必然会涉及除了餐饮服务之外的产品销售。山东省经信委、节能办、发改委等 15 个部门联合下发通知，确定在山东省宾馆酒店行业逐步取消一次性日用品，自 2011 年 6 月 1 日起，正式取消免费提供一次性日用品比如牙刷、牙膏、拖鞋、梳子、洗发水、沐浴液、香皂、浴帽、木制筷子、毛(湿)巾等，这些过去免费提供的用品现在逐步明码标价，有偿使用。另外，有的酒店还会销售其他产品，比如烟、翡翠、首饰等满足客人高消费需要的产品。

【任务完成】

酒店作为销售者，在销售产品时应当履行如下责任和义务。

1. 建立进货检验制度

进货检查验收，从外在感官来说主要是查验产品是否有合格证明以及各种标志检查；同时还要进行必要的内在质量的检验。执行进货检查验收制度，是保证进货产品质量，区分生产者和销售者产品质量责任的重要措施。酒店作为销售者进货时如果查明产品不合格，应拒绝接货，防止不合格产品、假冒伪劣产品进入酒店，损害消费者利益。否则，酒店应依法承担相应的责任。

酒店作为销售者，特别要注意把好食品及原材料进货关，包括进口食品，避免购进假冒伪劣产品，给顾客造成损害。具体来说应当做到以下几点。

(1) 采购食品原料、食品添加剂、食品相关产品，酒店应当查验供货者的许可证和产品合格证明文件。

(2) 对无法提供合格证明文件的食品原料，酒店应当依照食品安全标准进行检验。

(3) 酒店不得采购或者使用不符合食品安全标准的食品原料、食品添加剂、食品相关产品。

(4) 酒店应当建立食品原料、食品添加剂、食品相关产品进货查验记录制度，如实记录食品原料、食品添加剂、食品相关产品的名称、规格、数量、供货者名称及联系方式、进货日期等内容。

(5) 酒店对食品原料、食品添加剂、食品相关产品的进货查验记录应当真实，记录保存期限不得少于两年。

【法条】

《中华人民共和国产品质量法》第三十三条规定：销售者应当建立并执行进货检查验收制度，验明产品合格证明和其他标志。

《中华人民共和国食品安全法》第三十六条规定：食品生产者采购食品原料、食品添加剂、食品相关产品，应当查验供货者的许可证和产品合格证明文件；对无法提供合格证明文件的食品原料，应当依照食品安全标准进行检验；不得采购或者使用不符合食品安全标准的食品原料、食品添加剂、食品相关产品。食品生产企业应当建立食品原料、食品添加剂、食品相关产品进货查验记录制度，如实记录食品原料、食品添加剂、食品相关产品的名称、规格、数量、供货者名称及联系方式、进货日期等内容。食品原料、食品添加剂、食品相关产品进货查验记录应当真实，保存期限不得少于两年。

《食品安全法实施条例》第三十一条第一款规定：餐饮服务提供者应当制定并实施原料采购控制要求，确保所购原料符合食品安全标准。

《餐饮服务食品安全监督管理办法》(卫生部令第71号)第十二条规定：餐饮服务提供者应当建立食品、食品原料、食品添加剂和食品相关产品的采购查验和索证索票制度。

餐饮服务提供者从食品生产单位、批发市场等采购的，应当查验、索取并留存供货者的相关许可证和产品合格证明等文件；从固定供货商或者供货基地采购的，应当查验、索取并留存供货商或者供货基地的资质证明、每笔供货清单等；从超市、农贸市场、个体经营商户等采购的，应当索取并留存采购清单。

餐饮服务企业应当建立食品、食品原料、食品添加剂和食品相关产品的采购记录制度。采购记录应当如实记录产品名称、规格、数量、生产批号、保质期、供货者名称及联系方式、进货日期等内容，或者保留载有上述信息的进货票据。

餐饮服务提供者应当按照产品品种、进货时间先后次序有序整理采购记录及相关资料，妥善保存备查。记录、票据的保存期限不得少于2年。

2. 采取措施保持产品质量

生产者生产的产品通过酒店到达消费者那里，中间一般有个“时间差”。在此期间，可能会因为酒店未采取应有的保质措施而导致产品出现瑕疵或者缺陷，因此酒店应当根据产品特点，采取必要的措施，比如防晒、防潮、防霉，对某些产品采取温度控制等，保持产品进货时的质量状况。为此酒店应当做到以下几点。

（1）酒店对购进的食品应当按照保证食品安全的要求储存食品，定期检查库存食品，及时清理变质或者超过保质期的食品。

（2）对储存的散装食品，应当在储存位置标明食品的名称、生产日期、保质期、生产者名称及联系方式等内容。

（3）酒店应当定期维护食品加工、储存、陈列等设施、设备；定期清洗、校验保温设施及冷藏、冷冻设施。

（4）酒店应当按照国家有关规定和食品安全标准采购、保存和使用食品添加剂。

（5）酒店应当将食品添加剂存放于专用橱柜等设施中，标示“食品添加剂”字样，妥善保管，并建立使用台账。

【法条】

《产品质量法》第三十四条规定：销售者应当采取措施，保持销售产品的质量。

《食品安全法》第四十条规定：食品经营者应当按照保证食品安全的要求储存食品，定期检查库存食品，及时清理变质或者超过保质期的食品。

《食品安全法》第四十一条规定：食品经营者储存散装食品，应当在储存位置标明食品的名称、生产日期、保质期、生产者名称及联系方式等内容。

《食品安全法实施条例》第三十二条第一款规定：餐饮服务提供企业应当定期维护食品加工、储存、陈列等设施、设备；定期清洗、校验保温设施及冷藏、冷冻设施。

《餐饮服务食品安全监督管理办法》（卫生部令第71号）第十五条规定：餐饮服务提供者应当按照国家有关规定和食品安全标准采购、保存和使用食品添加剂。应当将食品添加剂存放于专用橱柜等设施中，标示“食品添加剂”字样，妥善保管，并建立使用台账。

对于酒店来说，以提供菜品、酒水服务为主，应该严格按照有关法律、法规的规定加强有关食品及原材料的管理，保障质量。如果因为原料或食品变质而损害顾客人身健康的，酒店就要承担产品责任。

3. 产品标识符合法定要求

酒店作为销售者，其销售的产品标识要求与作为生产者具有同样的义务（具体参考任务 8.1 之“产品标识符合要求”）。这就要求酒店在进货时严把产品标识关，防止标识说明不合法、不齐全以及假冒产品进入酒店，尤其不能“另起炉灶”，搞假冒产品标志。

酒店销售散装食品，应当在散装食品的容器、外包装上标明食品的名称、生产日期、保质期、生产经营者名称及联系方式等内容。

【法条】

《食品安全法》第四十一条第二款规定：食品经营者销售散装食品，应当在散装食品的容器、外包装上标明食品的名称、生产日期、保质期、生产经营者名称及联系方式等内容。

4. 不得违背法律禁止性规定

1）禁止销售失效产品

失效是指失去了原有的产品功效和作用。变质是指产品发生了本质性的化学变化，失去了原有的使用价值。作为酒店尤其要注意食物是否变质、饮料是否过了安全保质期，以免引起食物中毒，造成人身损害。

【法条】

《产品质量法》第三十五条规定：销售者不得销售国家命令淘汰并停止销售的产品和失效、变质的产品。

2）禁止伪造产地、厂名、厂址

伪造或者冒用他人厂名、厂址的行为，都是一种欺骗消费者的行为。酒店伪造或者冒用他人厂名、厂址的产品中可能会存在两种情况：一种是产品本身质量没有问题，只是酒店受利益的驱动，为了销出更多的产品而伪造了他人的厂名、厂址；另一种情况则是产品本身有质量问题。伪造或冒用行为最易发生在酒店销售酒水领域，这既坑害了消费者，同时又侵害了他人的名誉权、名称权，构成侵权行为。因此，酒店必须认真履行法定义务，违反了这一义务性规定，酒店要承担相应的法律责任。

【法条】

《产品质量法》第三十七条规定：销售者不得伪造产地，不得伪造或者冒用他人的厂名、厂址。

3）禁止伪造、冒用质量标志

质量标志是有关主管部门或者组织，按照规定的程序颁发给企业，用以表明该企业的产品的质量达到相应水平的证明标志。酒店作为销售者，尤其要注意禁止酒水、饮料等产品伪造冒用质量标志。

【法条】

《产品质量法》第三十八条规定：销售者不得伪造或者冒用认证标志等质量标志。

4）不得掺杂、掺假，不得以假充真、以次充好，不得以不合格产品冒充合格产品

这类违法行为在餐饮行业中广泛存在，如掺假羊肉片、劣质月饼充当高档月饼、低档酒摇身变为高档酒等。

案例8－2

酒店卖假酒被判承担赔偿责任

重庆一家五星级酒店涉嫌经销假冒贵州茅台酒被举报。接受调查时酒店称，有正常市场价格购买该批茅台酒的发票以及付款凭证。

贵州茅台酒厂将该酒店告到法院，要求停止侵权、消除影响，赔偿50万元。一审法院认为：被告是以正常商场价格购买该批茅台酒，并提供了假冒茅台酒的来源，作为销售者已尽其合理注意义务，主观上不存在过错。因此，判决被告停止侵权，驳回原告赔偿损失及消除影响的诉讼请求。原告不服上诉到重庆市高级人民法院。

重庆高院二审认为，该五星级酒店未尽到合理审查义务，经销假茅台侵犯商标专用权，判决其停止侵权并赔偿茅台酒厂损失3万元。

重庆市高级人民法院有关负责人说，本案对酒店、餐饮等企业有很大的警示意义。酒类经营者未尽到合理审查义务，除了被行政罚款外，还可能因商标侵权而吃上知识产权官司。

任务8.3　承担产品瑕疵责任

【任务准备】

1. 产品质量责任与产品瑕疵责任

1）产品质量责任的概念

产品质量责任是指生产者、销售者以及对产品质量负有直接责任的责任者，因违反《产品质量法》所规定的产品质量义务而应承担的法律责任。

产品质量责任是一个综合责任，它包括有关产品质量的民事责任、行政责任和刑事责任。本项目主要涉及产品质量的民事责任。产品质量民事责任分为产品瑕疵责任和产品缺陷责任。

2）产品瑕疵责任的概念

产品瑕疵责任，又叫合同责任，是指销售者应保证所销售的产品符合约定的质量要求，如果不符合质量要求，即为产品有瑕疵，销售者应承担瑕疵担保的责任。

销售者一旦销售出产品，便在销售者和购买者之间形成了产品买卖合同关系，不论双方是以事先订立书面合同的形式出现，还是以消费者与零售商之间用即时清结的方式买卖产品的形式出现，这种合同关系都已经发生。在产品买卖合同关系中，销售者应在合理的范围内，就出售产品的质量向合同的对方当事人即购买者承担担保责任。

3）产品质量责任与产品瑕疵责任的关系

产品质量责任与产品瑕疵责任都是产品存在质量问题而应承担的法律责任。但两者又是有区别的，主要体现在以下几方面。

（1）两者的责任性质不同。前者是一种综合法律责任；后者只是民事责任中的合同违约责任。

（2）产生责任的原因不同。前者可以是因产品存在瑕疵也可以是因产品存在缺陷而承担责任，也可以是违反产品质量监督、管理法规而承担责任；后者只是因为产品存在瑕疵不适用而承担的责任。

（3）承担责任的主体不同。前者责任主体既可以是生产者、销售者，也可以是运输者、仓储者，也可以是责任主体的直接负责人；后者的责任主体是销售者。

（4）责任发生的阶段不同。

2. 承担产品瑕疵责任的情形

根据《产品质量法》的规定，销售者承担瑕疵责任的情形有以下几种。

1）不具备产品应当具备的使用性能而事先未作声明的

这里所说的“不具备产品应当具备的使用性能”，是指不具备产品的特定的用途和使用价值，比如冰箱不具备制冷性能等。不具备特定用途和使用价值的产品应当向消费者事先作出说明。事先作出说明的（比如明确标明为处理品），可不承担民事责任；不事先说明的，应承担产品瑕疵的民事责任。

2）不符合在产品或者其包装上注明采用的产品标准的

《产品质量法》规定，产品质量应当检验合格。所谓合格，是指产品的质量状况符合标准中规定的具体指标。

所谓的“不符合在产品或者其包装上注明采用的产品标准”，是指不符合在产品或者其包装上注明采用的推荐性产品标准（包括国家标准、行业标准和企业标准）。按照标准化法的规定，推荐性标准属于自愿采用的标准，是否采用由使用者自己确定。但是，在产品或者其包装上一旦注明了所采用的标准，就意味着向社会作出了承诺，表明该产品的相关质量指标与产品或其包装上注明采用的产品标准是一致的。如果销售者出售产品的质量状况与产品或其包装上注明采用的产品标准不符，销售者就违反了其应承担的对产品质量的担保义务，应承担产品瑕疵的民事责任。

3）不符合以产品说明、实物样品等方式表明的质量状况的

以产品广告、产品说明书等形式对产品的质量状况作出说明的，销售者应当保证其售出产品的实际质量与该产品说明中表明的产品质量状况相符；销售者以展示其实物样品的方式销售其产品的（如酒店向顾客展示的新鲜海产品），其售出产品的质量状况应当与其展示的实物样品相符。销售者出售的产品的质量与产品说明、实物样品不符的，也属于违反销售者对出售产品质量担保的义务，应当承担产品瑕疵的民事责任。

【法条】

《产品质量法》第四十条规定：售出的产品有下列情形之一的，销售者应当负责修理、更换、退货；给购买产品的消费者造成损失的，销售者应当赔偿损失：

（一）不具备产品应当具备的使用性能而事先未作声明的；

（二）不符合在产品或者其包装上注明采用的产品标准的；

（三）不符合以产品说明、实物样品等方式表明的质量状况的。

销售者依照前款规定负责修理、更换、退货、赔偿损失后，属于生产者的责任或者属于向销售者提供产品的其他销售者（以下简称供货者）的责任的，销售者有权向生产者、供货者追偿。

【任务完成】

酒店无论是作为生产者还是销售者，在经营过程中因所提供的产品有瑕疵，应承担产品瑕疵责任。此时，酒店应当按照下列方式处理：

1. 修理

修理是指销售者对已经出售的“不具备产品应当具备的使用性能而事先未作说明的”产品、“不符合在产品或者其包装上注明采用的产品标准的”产品或者“不符合以产品说明、实物样品等方式表明的质量状况的”产品，进行必要的修复，使该产品符合应当具备的性能、明示的标准或者明示的质量状况。

这主要表现在酒店出售餐饮服务以外的产品上，比如顾客在酒店购买的首饰等。

2. 更换

更换是指销售者对“不具备产品应当具备的使用性能而事先未作说明的”产品、“不符合在产品或者其包装上注明采用的产品标准的”产品或者“不符合以产品说明、实物样品等方式表明的质量状况的”产品，用质量符合要求的同样产品进行替换。

这类处理方式发生在酒店的餐饮服务领域比较多，具体来说主要问题是顾客对菜肴质量的投诉，比如菜肴里面有异物，如苍蝇、头发等；顾客在就餐过程中，有小飞

虫掉到菜肴里面；菜肴质量不好，如新鲜程度不够或有明显的异味等。发生这些现象酒店一般的处理方式就是为顾客更换。

除此之外，在酒店出售其他产品而遭到顾客质疑时，酒店也可以采取这种方式妥善处理，比如售出的首饰有瑕疵等。

3. 退货

退货是指销售者将“不具备产品应当具备的使用性能而事先未作说明的”产品、“不符合在产品或者其包装上注明采用的产品标准的”产品或者“不符合以产品说明、实物样品等方式表明的质量状况的”产品收回，并向产品购买者退还货款。

消费者在消费过程中发现酒店所提供的产品存在质量问题而对本产品的质量产生了不信任，这种情况下酒店可以在消费者的要求下选择退货的处理方式，比如海产品不新鲜、假冒伪劣烟酒等。

4. 赔偿损失

承担这种责任方式的前提是已经“给购买产品的消费者造成损失”，比如交通费、邮寄费、消费者所预订的产品因酒店疏忽而导致的损失等。

注意：这里的损失并不是因产品存在缺陷给消费者造成人身、财产上的损失。

对违反产品瑕疵担保责任的，不论是否造成损害后果，销售者都应承担责任。承担瑕疵担保责任的主体与《消费者权益保护法》的规定一致，承担责任的主体都是销售者。

酒店生产或销售劣质食品的责任承担方式有如下几种。

如果酒店向顾客提供了不符合食品安全标准的食品，顾客除了可以按照《产品质量法》关于产品质量责任的规定要求承担责任外，还可以要求支付价款10倍的赔偿金。这一规定比《消费者权益保护法》第四十九条规定的“双倍赔偿”更具有惩罚性，更好地保护了消费者的合法权益。

【法条】

《食品安全法》第九十六条第二款规定：生产不符合食品安全标准的食品或者销售明知是不符合食品安全标准的食品，消费者除要求赔偿损失外，还可以向生产者或者销售者要求支付价款十倍的赔偿金。

《食品安全法》第九十六条的规定与《消费者权益保护法》第四十九条的规定不同：前者只要是生产者生产的食品不符合食品安全标准或者销售者销售的食品明知是不符合食品安全标准的，消费者都可以要求10倍的赔偿；后者必须是经营者有欺诈行为，消费者才能要求双倍赔偿。

案例 8-3

用餐吃出异物要求精神损害赔偿

2008 年 12 月 18 日，在某县政府工作的王某因被提拔为办公室主任，遂将领导和几个要好的同事请到某酒店庆祝，席间朋友们轮流祝贺王某，气氛非常热烈。但就在这时提拔王某的领导在夹菜时发现菜中有异物，经仔细辨认，原来是一根头发。王某觉得非常难为情，于是要求酒店免单，并赔偿精神损失 1 万元。酒店认为，可以重做这盘菜或对这盘菜免单，顾客没有受到伤害，不应赔偿损失。双方相持不下，王某将酒店诉至法院。

法院审理认为：根据最高人民法院《关于确定民事侵权精神损害赔偿责任若干问题的解释》第八条规定，"因侵权致人精神损害，但未造成严重后果，受害人请求赔偿精神损害的，一般不予支持，人民法院可以根据情形判令侵权人停止侵害、恢复名誉、消除影响、赔礼道歉……"，本案中，王某等人因在饭菜中吃出异物，并未造成任何精神上的损失，不属于赔偿的范围，也达不到法律规定的可以要求赔偿的程度，因此王某等人要求精神损害赔偿，不属于法律保护的范围，不能得到法律的支持。

资料来源：《消费纠纷维权要点与技巧》，主编：余斌，中国检察出版社

任务 8.4　承担产品缺陷责任

【任务准备】

1. 产品责任与产品质量责任的关系

产品责任又叫产品缺陷责任，是指产品的生产者、销售者因产品存在缺陷而给他人造成人身伤害或缺陷产品以外的财产损失所应当承担的特殊侵权责任。

2. 生产者承担产品责任的前提条件

（1）产品存在缺陷。《产品质量法》所称的缺陷是指产品存在危及人身、他人财产安全的不合理的危险；产品有保障人体健康和人身、财产安全的国家标准、行业标准的，不符合该标准。

产品缺陷包括设计缺陷、制造缺陷、指示缺陷等。

（2）造成损害事实。如果产品存在缺陷但尚未造成他人损害的，生产者不承担产品责任，而是由销售者承担瑕疵担保责任。

（3）产品缺陷与损害之间存在因果关系，即损害的发生是由于缺陷产品造成的。

生产者承担产品责任的前提上述三个条件缺一不可。

从《产品质量法》的规定看，生产者承担产品责任的归责原则是严格责任原则，即不论生产者主观上是否有过错，只要因缺陷产品造成了他人损害，受害人就可以请求赔偿，并且不要求受害人举证证明生产者是否有过错。

3. 生产者免责的情形

《产品质量法》同时规定了三种生产者产品责任的免责情形：

（1）未将产品投入流通的。

（2）产品投入流通时，引起损害的缺陷尚不存在的。

（3）将产品投入流通时的科学技术水平尚不能发现缺陷的存在的。

需要注意的是，生产者必须举证证明上述情形的存在才能免责。

【法条】

《产品质量法》第四十一条规定：因产品存在缺陷造成人身、缺陷产品以外的其他财产（以下简称他人财产）损害的，生产者应当承担赔偿责任。

生产者能够证明有下列情形之一的，不承担赔偿责任：

（一）未将产品投入流通的；

（二）产品投入流通时，引起损害的缺陷尚不存在的；

（三）将产品投入流通时的科学技术水平尚不能发现缺陷的存在的。

4. 销售者的产品责任

销售者承担产品责任的条件如下。

（1）产品缺陷是销售者的过错造成的，比如因储存不当致使产品失效、变质致人损害。这种情况下销售者承担责任的归责原则是过错责任原则。

（2）销售者不能指明缺陷产品的生产者，也不能指明缺陷产品的供货者，这种情况下销售者承担责任的归责原则是过错推定责任原则。

【法条】

《产品质量法》第四十二条规定：由于销售者的过错使产品存在缺陷，造成人身、他人财产损害的，销售者应当承担赔偿责任。

销售者不能指明缺陷产品的生产者也不能指明缺陷产品的供货者的，销售者应当承担赔偿责任。

【任务完成】

产品责任的处理涉及产品责任的承担主体、承担责任的方式以及产品责任的时效。

1. 产品责任的承担主体

产品责任的承担主体与产品瑕疵担保责任的承担主体不同，既可以是生产者，也可以是销售者，两者承担连带责任。至于由谁承担责任，选择权归受害人。生产者、销售者履行赔偿责任后，其相互之间的责任追究问题，实行过错原则，非责任方可向过错方追偿。因此，如果因产品存在缺陷造成人身财产损害，无论酒店作为生产者还是作为销售者都会成为产品责任的承担者。

【法条】

《产品质量法》第四十三条规定：因产品存在缺陷造成人身、他人财产损害的，受害人可以向产品的生产者要求赔偿，也可以向产品的销售者要求赔偿。属于产品的生产者的责任，产品的销售者赔偿的，产品的销售者有权向产品的生产者追偿。属于产品的销售者的责任，产品的生产者赔偿的，产品的生产者有权向产品的销售者追偿。

2. 酒店承担产品责任的方式

产品责任的损害赔偿范围分两部分，即人身伤害赔偿和财产损失赔偿，因此承担产品责任的方式也分为人身伤害赔偿责任和财产损失赔偿责任。

(1) 人身伤害赔偿责任。人身伤害赔偿责任分三种情况，即一般人身伤害、造成残疾、造成死亡，不同情况承担责任的方式不同。因产品存在缺陷造成受害人人身伤害的，酒店应当承担医疗费、治疗期间的护理费、因误工减少的收入等费用；造成残疾的，还应当承担残疾者生活自助费、生活补助费、残疾赔偿金以及由其扶养的人所必需的生活费等费用；造成受害人死亡的，应当承担丧葬费、死亡赔偿金以及由死者生前扶养的人所必需的生活费等费用。

(2) 财产损失赔偿责任。酒店给消费者造成财产损失的，既可以选择恢复原状，也可以折价赔偿，有其他财产损失的还要承担其他赔偿责任。

【法条】

《产品质量法》第四十四条规定：因产品存在缺陷造成受害人人身伤害的，侵害人应当赔偿医疗费、治疗期间的护理费、因误工减少的收入等费用；造成残疾的，还应当支付残疾者生活自助具费、生活补助费、残疾赔偿金以及由其扶养的人所必需的生活费等费用；造成受害人死亡的，应当支付丧葬费、死亡赔偿金以及由死者生前扶养的人所必需的生活费等费用。

因产品存在缺陷造成受害人财产损失的，侵害人应当恢复原状或折价赔偿。受害人因此遭受其他重大损失的，侵害人应当赔偿损失。

《食品安全法》第九十六条第一款规定：违反本法规定，造成人身、财产或者其他损害的，依法承担赔偿责任。

《食品安全法》并没有具体规定如何赔偿，因此可以依照《产品质量法》的规定要求赔偿。但如果受害人是因为餐饮服务者提供不符合食品安全标准的食品导致人身伤害的，受害人还可以依据《食品安全法》第九十六条第二款的规定，要求酒店按照价款的10倍进行赔偿。

3. 产品责任时效

产品责任有两个时效，一个是诉讼时效，一个是请求权时效。

关于诉讼时效问题：《产品质量法》规定了产品责任的诉讼时效为 2 年，超过 2 年的，受害人即丧失胜诉权。《民法通则》第一百三十六条第二项规定了“出售质量不合格的商品未声明的”情形，其诉讼时效为 1 年，这一规定与《产品质量法》法的 2 年并不矛盾，因为《产品质量法》法规定的是产品缺陷造成损害的特殊侵权诉讼，承担的是产品责任，而《民法通则》所规定的是违约责任，即合同责任的诉讼时效。

因产品存在缺陷造成损害要求赔偿的请求权，在造成损害的缺陷产品交付最初消费者满十年丧失；但是，尚未超过明示的安全使用期的除外。

【法条】

《产品质量法》第四十五条规定：因产品存在缺陷造成损害要求赔偿的诉讼时效期间为两年，自当事人知道或应当知道其权益受到损害时起计算。

因产品存在缺陷造成损害要求赔偿的请求权，在造成损害的缺陷产品交付最初消费者满十年丧失；但是，尚未超过明示的安全使用期的除外。

知识卡片

产品质量责任除了前述的民事责任外，还有产品质量行政责任和刑事责任。

一、产品质量行政责任

根据《产品质量法》第五章“罚则”的规定，生产者、销售者的产品质量行政责任有责令停止生产；责令停止销售；没收违法生产或销售的产品；没收违法所得；罚款；责令公开更正；吊销营业执照等。

二、产品质量刑事责任

《产品质量法》第四十九条、第五十条、第五十二条和第六十一条共 4 条规定了生产者、销售者的刑事责任；同时第六十五条和第六十八条规定了国家工作人员的刑事责任；第六十九条规定了“以暴力、威胁方法阻碍产品质量监督部门或者工商行政管理部门的工作依法执行职务的”，也依法追究刑事责任。

案例 8－4

食物中毒引发酒店赔偿

2006 年 8 月 3 日 7 时 40 分，山西长治一旅行团从烟台乘船到达大连。刚到大连，16 名团友就疑因食物中毒被紧急送往医院救治，其中游客顾元荣（化名）由于食物中毒诱发自身存在的冠心病，在送院后不久死亡。

大连市卫生监督所对此出具《关于山西长治市一旅行团16人发生腹泻的调查》，分析认为是由于8月2日晚餐致细菌性食物中毒。

据介绍，事发前一天，旅行团在蓬莱市旅游时，蓬莱当地负责接待的旅行社安排顾元荣等80名来自长治的游客到一家大酒店用晚餐，然后乘船前往大连。在船上，16名旅游团成员出现腹泻、腹痛、呕吐、恶心等症状，船抵达大连后，他们被送往医院进行治疗。

这个旅行团由来自长治市的80人组成，参加蓬莱、大连5日游活动。

事发后，顾元荣的妻子向长治市城区法院起诉相关各方，要求赔偿经济损失33万余元。长治市城区法院判决：死者家属获赔33万余元，其中蓬莱当地负责接待的旅行社赔偿22万余元，保险公司承担8.9万元，剩余由其他单位承担。

判决后，蓬莱当地负责接待的旅行社不服，上诉至长治市中级人民法院，认为过错不在己方，而主要在提供晚餐的酒店。最终长治市中级人民法院驳回其上诉，维持原判。

长治市中级人民法院终审判决认为，顾元荣因在蓬莱当地旅行社提供的大酒店就餐致食物中毒而诱发冠心病致其死亡的事实，表明蓬莱当地旅行社存在过错，对顾元荣的死亡应承担责任。原审法院据此案的法律关系以及顾元荣死亡的因果关系酌情作出了各当事人应承担相应赔偿责任之判决较为适当。旅行社可据与大酒店的服务合同关系对其损失予以追偿。

追踪：酒店赔偿旅行社14万元

蓬莱当地旅行社最终将提供晚餐的蓬莱市某大酒店告上了蓬莱市法院，要求大酒店给付赔偿款22万余元。

蓬莱市法院审理后认为，旅行社向大酒店索赔的主张符合法律规定，但由于财产保险公司已经向旅行社理赔了8万余元，所以该费用应从赔偿款中扣除，大酒店应给付旅行社14万元。

提供晚餐的大酒店不服一审判决，称自己为旅游团提供的晚餐没有任何质量问题，随后又向烟台市中级人民法院提起上诉，请求二审法院改判。不过最终被驳回上诉，维持原判。

烟台市中级人民法院作出的二审判决认为，大酒店虽主张其为长治旅游团提供的晚餐没有质量问题，但其提供的证据不足以推翻山西省长治市一、二审法院作出的生效判决确认的事实，对大酒店的辩称理由不予采信。大酒店为旅行社承接的旅游团队提供晚餐，双方之间形成餐饮服务合同关系，因大酒店提供的晚餐不符合卫生条件，造成顾元荣等人细菌性食物中毒，并诱发顾元荣自身存在的冠心病，致其死亡，大酒店的行为存在过错，对此事故应承担赔偿责任。因旅行社已先行向死者家属承担了赔偿义务，其有权依据与大酒店达成的餐饮服务合同追偿损失。

【实务演练】

1. 李某邀请朋友一起到盛源酒店吃饭，期间为女士点了某品牌的果汁。饮用中发现果汁有异味，经酒店服务员确认确实已经变质。但由于其中一位小朋友之前已经喝下一杯，并且随后出现腹痛，于是要求酒店承担责任。酒店服务员称，果汁是今天刚刚进的货，是生产厂家的责任，酒店不承担责任。

思考：如果是酒店经理，应该如何处理此事？

2. 向酒店管理层提出方案：作为酒店经营者如何在夏季高温下储存不同性质的原材料以提高产品质量，防范纠纷发生？

3. 作为酒店采购员，遇到上门推销低价高档酒时，应注意什么？

4. 一顾客在酒店用餐导致食物中毒住院治疗，酒店应该如何处理？

5. 结合现实，列举酒店行业出现产品质量问题频率最多的有哪些？

6. 通过网络搜集酒店关于产品质量问题的案例，分析应该如何应对。

【扩展阅读】

《消费者权益保护法》

《食品安全法》

《食品安全法实施条例》

《餐饮服务食品安全监督管理办法》（卫生部令第 71 号）

9

酒店劳动合同管理

(1) 能够依法订立和管理酒店行业一般劳动合同及特殊劳动合同。
(2) 能够运用所学劳动法、劳动合同法相关知识分析具体的劳动争议案件。
(3) 能够正确处理酒店行业常见的劳动争议。

(1) 重点掌握劳动合同法的主要内容，如劳动合同的订立、履行、变更、解除和终止。
(2) 了解酒店行业常见特殊劳动合同的相关法律规定。
(3) 掌握酒店行业常见劳动争议处理的基本程序和解决方式。

引例

夜深了，酒店已经关门，周围一片宁静。盛源酒店人力资源部经理艾嘉的办公室里却亮着灯，她正坐在办公桌前认真考虑下一阶段的工作任务，制订下一阶段的工作计划：

(1) 酒店近期要招聘新员工，拟定一份符合法律规范的劳动合同文本。

(2) 制定一份盛源酒店试用期员工管理手册。

(3) 与刚升职的厨师长张先生签订一份保密及竞争限制协议。

(4) 酒店中餐部主管张超近期想要辞职，为其办理离职手续。

(5) 酒店营销部经理刘华将企业重要机密泄露给竞争对手，给酒店造成了重大损失，并拒绝承担相应责任，要妥善处理这件事情。

作为一名职业学院酒店管理专业的毕业生，工作两年，就走上人力资源部经理的岗位，艾嘉深感责任重大，不能有任何疏忽大意的地方，她站起身来，从书架上拿出《中华人民共和国劳动合同法》，仔细研读。

为了保护劳动者的合法权益，调整劳动关系，建立和维护适应社会主义市场经济的劳动制度，促进经济发展和社会进步，1994 年 7 月 5 日中华人民共和国第八届全国人民代表大会常务委员会第八次会议通过了《中华人民共和国劳动法》，自 1995 年 1 月 1 日起施行。为了完善劳动合同制度，明确劳动合同双方当事人的权利和义务，保护劳动者的合法权益，构建和发展和谐稳定的劳动关系，中华人民共和国第十届全国人民代表大会常务委员会第二十八次会议于 2007 年 6 月 29 日通过了《中华人民共和国劳动合同法》，自 2008 年 1 月 1 日起施行。

《劳动合同法》是《劳动法》的重要组成部分。《劳动法》除了包括《劳动合同法》以外，还包括《劳动就业法》、《劳动条件法》、《劳动保护法》、《劳动争议处理法》、《劳动监察法》等。就两者的关系来看，《劳动法》和《劳动合同法》属于普通法和特别法的关系。所谓普通法，是指在一般范围内适用的法律，其效力具有普遍性；特别法，是指在特定范围内适用的法律，其效力仅仅涉及特定身份的人或者事。一般而言，在法律的适用上面，特别法优于普通法，也即对于《劳动法》和《劳动合同法》都有规定的，适用《劳动合同法》的规定，《劳动合同法》没有规定而《劳动法》有规定的，则适用《劳动法》的相关规定。

任务 9.1 拟定一份劳动合同文本

【任务准备】

1. 劳动合同的概念

劳动合同是劳动者和用人单位之间明确劳动权利义务关系，规范劳动合同订立、履行、变更、解除和终止行为的协议。理解这一概念，主要应把握以下三点：①劳动合同是劳动者和用人单位之前签订的协议；②劳动合同的内容是约定双方的劳动权利和义务；③劳动合同是双方在平等自愿基础上意思表示一致的协议。劳动合同权利义务体现为具体的合同条款。劳动合同的条款分为必备条款和约定条款。劳动合同的必备条款是根据劳动合同法双方当事人签订劳动合同必须具备的内容。约定条款只要不违反法律和行政法规，具有与必备条款同样的法律约束力。

2. 劳动合同的特点

劳动合同与一般的民事合同不同，它具有以下 4 个比较突出的特点。

1）国家干预下的当事人意思自治

劳动合同是在国家干预下的当事人意思自治，而民事合同是没有国家干预的，体现的是当事人意思自治。也就是说，当两个人在签民事合同的时候，只要合同的内容不侵犯国家利益、公共利益，也不侵害第三者的利益，基本上都不受国家的干预。

但是劳动合同却不同，尽管用人单位和劳动者之间约定的是他们双方之间的事，但有时他们也不可以随便任意约定合同内容。比如说，用人单位在与劳动者约定工资条款的时候，就不可以把工资约定在当地政府规定的最低工资以下；在约定时间条款的时候，对于标准工时制的劳动者，用人单位不可以与劳动者协商约定让其每天工作时间超过八小时。八小时之内可以允许当事人随便约定，但八小时以上就不可以。

尽管双方当事人把每天的标准工时约定在八小时以上，并不侵犯国家的利益，也不侵犯公共利益，但也是不可以的，因为违反了《劳动法》的规定。这就是国家干预的体现，因此，在劳动合同中的当事人意思自治是限定在一定范围内的。

2）合同双方当事人强弱对比悬殊

在民事合同中，当事人之间一般没有强弱之分，而劳动合同的双方当事人之间强弱对比则比较悬殊。在劳动合同当事人中，一方当事人是非常弱小的个体，即劳动者；而另一方则是无论从资本实力还是其他方面来看都较强大的组织，即用人单位。针对这一特点，《劳动合同法》是一部着重保护劳动者权益的“倾斜法”，因为在劳资双方不对等的条件下，只有倾斜于弱势群体才能达到公平。

3）劳动合同具有人身性

用人单位与劳动者建立劳动合同关系，目的是为了使用劳动力。马克思曾经说过：“我们把劳动力或劳动能力，理解为人的身体即活的人体中存在的、每当人生产某种使用价值时就运用的体力和智力的总和。”因此，劳动力是蕴涵在劳动者的肌肉和大脑里，与劳动者人身密不可分。这样一来，劳动合同的履行，对于劳动者来说，就具有所谓的人身性。

知识卡片

劳动合同的人身性会给人力资源管理工作带来哪些影响呢？

劳动合同的人身性给人力资源管理工作带来的很重要的一个影响就是增加了工作的复杂性。酒店行业属于劳动密集型产业，对人力资源的需求量较大。很多酒店人力资源主管可能都有这样的体会：工作上总有一堆事务性的工作缠身，而这些事务性工作无论怎么做，也往往不能让每个员工都满意，比如为员工解决上班班车、中午午餐、倒班宿舍等一系列的事务性工作。

但是如果仔细想一想，班车、午餐、宿舍……这些事是用人单位应该管的吗？酒店与员工签订劳动合同后，其主要义务是向员工支付报酬，缴纳社会保险，提供其他法定福利等，至于员工上班怎么来，中午吃什么，晚上住哪儿……跟酒店有关系吗？从理论上讲，没有关系。换句话说，酒店没有法律上的义务去帮助员工解决这些问题。但为什么酒店要管这些事？就是因为劳动合同的履行带有人身性，劳动者要亲自到单位履行劳动合同。人一到单位，跟人有关的所有事就都来了，尽管有些事情酒店可以不管，但如果酒店不管，员工就会说："生活上的很多问题都解决不了，我没法好好干活。"所以，酒店为了保障正常使用劳动力，有时不得不向员工履行一些配合性的辅助义务，这就是劳动合同的人身性给人力资源工作带来的多面性和复杂性。

4）劳动合同同时具有平等性和隶属性

劳动合同关系的平等性主要表现为双方权利义务表面上的对等。在市场经济条件下，这主要体现在以下两个方面。

（1）管理方和劳动者双方都是劳动力市场的主体，双方都要遵循平等自愿协商的原则订立劳动合同，缔结劳动关系。任何一方在单方决定与对方解除劳动关系时，都要遵循一定的法律规定。

（2）双方各自遵守自己的权利与义务，发生争议时法律地位平等。劳动合同关系具有人身让渡的特征，劳动者同用人单位签订劳动合同，缔结劳动关系之后，就有义务在工作场所接受用人单位的管理和监督，按照用人单位所规定的纪律或要求付出劳动。换句话说，企业依法制定的规章制度和劳动纪律，劳动者应当遵守和执行，这就形成了所谓的隶属性，也就是不平等性。

【法条】

《劳动合同法》第四条规定：用人单位应当依法建立和完善劳动规章制度。

《劳动法》第三条规定：劳动者应当遵守劳动纪律和职业道德。

【任务完成】

用人单位与劳动者可以根据所处行业等情况，直接选用劳动保障部门制定的劳动合同范本、非全日制用工劳动合同范本等劳动合同文本。企业自行拟定的劳动合同文本，应当具备《劳动合同法》第十七条规定的必备条款。

劳动合同书

甲方：____________

乙方：____________

签订日期：_____年_____月_____日

根据《中华人民共和国__________劳动法》、《中华人民共和国劳动合同法》和有关法律、法规，甲乙双方经平等自愿、协商一致签订本合同，共同遵守本合同所列条款。

一、劳动合同双方当事人基本情况

第一条　甲方__________

法定代表人__________

注册地址__________

第二条　乙方__________

性别__________

居民身份证号码__________

二、劳动合同期限

第三条　本合同于_____年_____月_____日生效，其中试用期至_____年_____月_____日止。本合同于_____年_____月_____日终止。

三、工作内容和工作地点

第四条　乙方同意根据甲方工作需要，担任_____岗位工作。

第五条　根据甲方的岗位（工种）作业特点，乙方的工作区域或工作地点为__________。

四、工作时间和休息休假。

第六条　甲方安排乙方执行__________工时制度。

执行标准工时制度的，乙方每天工作时间不超过8小时，每周工作不超过40小时。每周休息日为__________，甲方安排乙方执行综合计算工时工作制度或不定时工作制度的，应当事先取得劳动行政部门特殊工时制度的行政许可决定。

第七条　甲方对乙方实行的休假制度有__________。

五、劳动报酬

第八条　甲方每月_____日前以货币形式支付乙方工资，月工资为_____元，乙方在试用期期间的工资为_____元。

六、社会保险及其他保险福利待遇

第九条　甲乙双方按国家规定参加社会保险。甲方为乙方办理有关社会保险手续，并承担相应社会保险义务。

第十条　乙方患病或非因工负伤的医疗待遇按国家有关规定执行。甲方按_____支付乙方病假工资。

第十一条 乙方患职业病或因工负伤的待遇按国家的有关规定执行。

第十二条 甲方为乙方提供以下福利待遇______。

七、劳动保护、劳动条件和职业危害防护

第十三条 甲方根据生产岗位的需要，按照国家有关劳动安全、卫生的规定为乙方配备必要的安全防护措施，发放必要的劳动保护用品。

第十四条 甲方根据国家有关法律、法规，建立安全生产制度；乙方应当严格遵守甲方的劳动安全制度，严禁违章作业，防止劳动过程中的事故，减少职业危害。

八、劳动合同的解除、终止和经济补偿

第十五条 甲乙双方解除、终止、续订劳动合同应当依照《中华人民共和国劳动合同法》和国家有关规定执行。

第十六条 甲方应当在解除或者终止本合同时，为乙方出具解除或者终止劳动合同的证明，并在十五日内为乙方办理档案和社会保险关系转移手续。

第十七条 乙方应当按照双方约定，办理工作交接。应当支付经济补偿的，在办理工作交接时支付。

九、当事人约定的其他内容

第十八条 甲乙双方约定本合同增加以下内容：

十、劳动争议处理及其他

第十九条 双方因履行本合同发生争议，当事人可以向甲方劳动争议调解委员会申请调解；调解不成的，可以向劳动争议仲裁委员会申请仲裁。当事人一方也可以直接向劳动争议仲裁委员会申请仲裁。

第二十条 本合同一式两份，甲乙双方各执一份。

甲方(公章)　　　　　　　　　　乙方(签字或盖章)

法定代表人(签字或盖章)

签订日期：　　　年　　　月　　　日

【法条】

《劳动合同法》第十七条规定：劳动合同应当具备以下条款：

（一）用人单位的名称、住所和法定代表人或者主要负责人；

（二）劳动者的姓名、住址和居民身份证或者其他有效身份证件号码；

（三）劳动合同期限；

（四）工作内容和工作地点；

（五）工作时间和休息休假；

（六）劳动报酬；

（七）社会保险；

（八）劳动保护、劳动条件和职业危害防护；

（九）法律、法规规定应当纳入劳动合同的其他事项。

任务9.2 与酒店员工签订劳动合同

【任务准备】

订立劳动合同是指劳动者与用人单位就劳动合同的条款协商一致，并以书面形式明确双方权利义务关系的法律行为。劳动合同的订立是劳动合同成立的前提，依法订立的劳动合同对劳动者与用人单位双方均产生法律约束力。

【任务完成】

与新员工签订劳动合同时应当注意以下问题。

(1) 牢固树立签订劳动合同的时效意识，必须在劳动关系建立即用工之日起一个月内与劳动者签订书面合同，否则就要承担相应的法律责任。

【法条】

《劳动合同法》第七条规定：用人单位自用工之日起即与劳动者建立劳动关系。

《劳动合同法》第十条规定：建立劳动关系，应当订立书面劳动合同。已建立劳动关系，未同时订立书面劳动合同的，应当自用工之日起一个月内订立书面劳动合同。

《劳动合同法》的规定明确了用人单位与劳动者成立劳动关系的时间，即从劳动者到用人单位工作的第一天起，不论双方是否订立书面的劳动合同，劳动关系就成立了。这一规定对用人单位的用工行为做了严格的规范，防止一些企业由于不签劳动合同就否认劳动关系的存在，从而逃避法律义务等现象的发生。同时规范了劳动合同的形式，即建立劳动关系，应当订立书面的劳动合同。法律规定劳动合同必须采用书面形式，是因为劳动合同内容比较复杂，在一定时间内持续存在，关系到劳动者与用人单位双方面的权益，而口头合同难以保持劳动合同的严肃性。

在实践中，劳动关系建立和劳动合同订立往往是不同步的，尤其在酒店等劳动密集型行业。很多酒店由于一线员工紧缺，在招聘时，是先用工后签劳动合同的。这种状况下，人力资源管理者一定要树立牢固的劳动合同时效意识，避免因晚签劳动合同引起劳动争议。当然，先签劳动合同后用工的现象也时有发生。有些酒店在招聘员工尤其是管理层员工过程中，在用工之前先签订劳动合同。用工之前签订的劳动合同实际上是附期限的劳动合同，所附期限为用工之日。附期限的劳动合同在期限到来时发生法律效力，所以，此种劳动合同自用工之日起才生效。

(2) 遵循劳动合同订立的基本原则，保证订立的劳动合同具有法律约束力。

【法条】

《劳动合同法》第三条规定：订立劳动合同，应当遵循合法、公平、平等自愿、协商一致、诚实信用的原则。依法订立的劳动合同具有约束力，用人单位与劳动者应当履行劳动合同约定的义务。

① 合法原则。首先，形式要合法，除非全日制用工外，劳动合同需要以书面形式订立。其次，内容要合法。劳动合同的各项条款，如劳动合同期限、工作时间、劳动报酬、劳动保护等各项内容必须符合法律规定。如果劳动合同的内容违法，劳动合同不仅不受法律保护，当事人还要承担相应的法律责任。

② 公平原则。就是在符合法律规定的前提下，劳动合同双方公正、合理地确立双方的权利和义务。有些合同内容，相关劳动法律、法规往往只规定了一个最低标准，在此基础上双方自愿达成协议，就是合法的，但有时合法的未必公平、合理。如同一个岗位，两个资历、能力都相当的人，工资收入差别很大，或者能力强的收入比能力差的还低，这就是不公平。再比如酒店企业经常要求员工参加培训，企业提供少量的培训费用培训劳动者，却要求劳动者订立较长的服务期，而且在服务期内不提高劳动者的工资或者不按照正常工资调整机制提高工资。这些都不违反法律的强制性规定，但不合理、不公平。此外，还要注意的是用人单位不能滥用优势地位，迫使劳动者订立不公平的合同。

③ 平等自愿原则。所谓平等原则就是劳动者和用人单位在订立劳动合同时在法律地位是平等的，没有高低、从属之分，不存在命令和服从、管理和被管理关系。自愿原则是指订立劳动合同完全是出于劳动者和用人单位双方的真实意志，是双方协商一致达成的，任何一方不得把自己的意志强加给另一方。自愿原则包括订不订立劳动合同由双方自愿，与谁订劳动合同由双方自愿，合同的内容双方自愿约定等。根据自愿原则，任何单位和个人不得强迫劳动者订立劳动合同。

④ 协商一致原则。协商一致就是用人单位和劳动者要对合同的内容达成一致意见。在订立劳动合同时，用人单位和劳动者都要仔细研究合同的每项内容，进行充分的沟通和协商，解决分歧，达成一致意见。现实中劳动合同往往由酒店提供格式合同文本，劳动者只需要签字就行了。格式合同文本对酒店的权利规定得比较多，比较清楚，对劳动者的权利规定得少，规定得模糊，这样的劳动合同很难说是协商一致的结果。

⑤ 诚实信用原则。就是在订立劳动合同时要诚实，讲信用。如在订立劳动合同时，双方都不得有欺诈行为。根据《劳动合同法》第八条的规定，用人单位招用劳动者时，应当如实告知劳动者工作内容、工作条件、工作地点、职业危害、安全生产状况、劳动报酬，以及劳动者要求了解的其他情况；用人单位有权了解劳动者与劳动合同直接相关的基本情况，劳动者应当如实说明。双方都不得隐瞒真实情况。

案例 9－1

某外资酒店向社会公开招聘一名销售部经理，孙涛前往应聘。在双方协商洽谈过程中，孙涛向酒店提交了自己在多家星级酒店担任过销售主管的书面说明。该酒店对孙涛的工作经历相当满意，于是双方当即协商签订了劳动合同。合同约定：该酒店聘用孙涛为销售经理，全权负责酒店的销售业务。

三个月后，酒店发现孙涛的销售业绩平平，遂对其工作经历产生怀疑。于是派人进行调查。经调查发现，孙涛所说的工作经历纯属虚构，酒店当即做出了解除合同的决定。孙涛认为自己正在努力开拓销售渠道并即将取得业绩，以往的工作经历与目前的工作并无关系，酒店即时解除合同没有依据。双方于是发生争议。

孙涛与酒店订立劳动合同过程中违反了哪项原则？

分析：孙涛与酒店在订立劳动合同过程中违背了诚实信用原则。孙涛伪造工作经历，属于以欺诈方式使对方在违背真实意思的情况下订立劳动合同，合同无效。

(3) 注意区分不同类型的劳动合同，针对员工的不同状况灵活运用各种合同形式。

【法条】

《劳动合同法》第十二条规定：劳动合同可分为：固定期限劳动合同、无固定期限劳动合同和以完成一定的工作为期限的劳动合同。

固定期限的劳动合同，又称定期劳动合同，指对劳动合同履行的起始和终止日期有具体明确规定的劳动合同。合同期限届满，除法律规定必须续订外，双方劳动关系即行终止。如果双方协商一致也可以续订合同。固定期限劳动合同的期限没有限制，即没有最长期限的限制，也没有最短期限的限制。双方当事人可根据生产、工作的需要确定劳动合同的期限。固定期限的劳动合同适用范围比较广泛，灵活性较强。酒店行业大多数劳动合同采用固定期限劳动合同。

无固定期限的劳动合同，又称不定期劳动合同，是劳动合同双方当事人只约定合同的起始日期，不约定其终止日期的劳动合同。为了规范劳动合同的签订，构建和发展稳定和谐的劳动关系，劳动合同法对无固定期限劳动合同的订立作了明确的规定。

【法条】

《劳动合同法》第十四条规定：用人单位与劳动者协商一致，可以订立无固定期限劳动合同。有下列情形之一，劳动者提出或者同意续订、订立劳动合同的，除劳动者提出订立固定期限劳动合同外，应当订立无固定期限劳动合同：

(1) 劳动者在该用人单位连续工作满十年的；

(2) 用人单位初次实行劳动合同制度或者国有企业改制重新订立劳动合同时，劳动者在该用人单位连续工作满十年且距法定退休年龄不足十年的；

(3) 连续订立二次固定期限劳动合同，且劳动者没有本法第三十九条和第四十条第一项、第二项规定的情形，续订劳动合同的。[1]

知识卡片

用人单位不及时与劳动者签订劳动合同有什么法律后果？

用人单位自用工之日起满一年不与劳动者订立书面劳动合同的，视为用人单位与劳动者已订立无固定期限劳动合同。

以完成一定工作为期限的劳动合同，是指劳动合同双方当事人将完成某项工作或工程作为合同有效期限的劳动合同。合同中不明确约定合同的起止日期，以某项工作或工程完工之日为合同终止之时。它一般适用于建筑业、临时性、季节性的工作或由于其工作性质可以采取此种合同期限的工作岗位。

任务9.3 依法与员工约定试用期

【任务准备】

劳动合同的试用期是指在劳动合同的期限内，用人单位与劳动者为相互了解对方而约定的考察期间，它是整个劳动合同期限的组成部分。但是，试用期条款并非必备条款。约定试用期建立在双方协商一致的基础上。为了完善试用期制度，保障劳动者的合法权益，劳动合同法对试用期进行了比较详尽的规定。

【任务完成】

(1) 注意约定试用期的法定顺序，避免先试用后签劳动合同的错误行为。

实践中，很多酒店招聘员工时先试用，试用合格后再签订劳动合同，试用期不包括在劳动合同期限中。这种“分两步走”的用工方式实际上不符合现行法律规定。劳动合同期限是劳动合同必备的条款，只有具备了劳动合同和合同期限才能约定试用期。也就是说，约定试用期的前提是必须先签订劳动合同，并且明确劳动合同期限。

1 《劳动合同法》第三十九条　劳动者有下列情形之一的，用人单位可以解除劳动合同：(一)在试用期间被证明不符合录用条件的；(二)严重违反用人单位的规章制度的；(三)严重失职，营私舞弊，给用人单位造成重大损害的；(四)劳动者同时与其他用人单位建立劳动关系，对完成本单位的工作任务造成严重影响，或者经用人单位提出，拒不改正的；(五)因本法第二十六条第一款第一项规定的情形致使劳动合同无效的；(六)被依法追究刑事责任的。第四十条　有下列情形之一的，用人单位提前三十日以书面形式通知劳动者本人或者额外支付劳动者一个月工资后，可以解除劳动合同：(一)劳动者患病或者非因工负伤，在规定的医疗期满后不能从事原工作，也不能从事由用人单位另行安排的工作的；(二)劳动者不能胜任工作，经过培训或者调整工作岗位，仍不能胜任工作的。

作为酒店人力资源管理人员，应当掌握和认识试用期的相关法律政策，更好地运用法律，提高自身的管理水平，减少不必要的劳动争议。

（2）约定的试用期期限和工资水平，一定要符合法律规定。

【法条】

《劳动合同法》第十九条规定：劳动合同期限三个月以上不满一年的，试用期不得超过一个月；劳动合同期限一年以上不满三年的，试用期不得超过二个月；三年以上固定期限和无固定期限的劳动合同，试用期不得超过六个月。同一用人单位与同一劳动者只能约定一次试用期。以完成一定工作任务为期限的劳动合同或者劳动合同期限不满三个月的，不得约定试用期。试用期包含在劳动合同期限内。劳动合同仅约定试用期的，试用期不成立，该期限为劳动合同期限。

《劳动合同法》第二十条规定：劳动者在试用期的工资不得低于本单位相同岗位最低档工资或者劳动合同约定工资的百分之八十，并不得低于用人单位所在地的最低工资标准。

案例9-2

某职业学院酒店管理专业应届毕业生李燕应聘到长城酒店工作。报到时，人力资源部经理告诉她，按酒店的规定所有的新员工都要先试用，试用合格再签劳动合同，并拿出一份“试用期合同”要她签。李燕仔细阅读合同后发现，合同中约定试用期工资1000元，试用期过后如果合格，签订正式劳动合同，工资为1500元。李燕的疑问是：这份“试用期合同”是否有效?

分析：该“试用期合同”无效。劳动合同法规定：劳动合同仅约定试用期的，试用期不成立，该期限为劳动合同期限。只有具备了劳动合同和合同期限才能约定试用期。

任务9.4 与核心员工约定服务期及竞争限制条款

【任务准备】

服务期是劳动者因享有用人单位给予的特殊待遇而承诺必须为用人单位工作的期限。服务期条款一般针对核心员工，目的是防止员工接受企业出资培训后随意跳槽，给企业造成损失。用人单位为劳动者提供专项培训费用，对其进行专业技术培训的，可以与该劳动者订立协议，约定服务期。

竞争限制条款限制劳动者在一定时期内的自由择业权。劳动者在终止或解除劳动合同后的一定期限内不得在生产同类产品、经营同类业务或有其他竞争关系的用人单位任职，也不得自己生产与原单位有竞争关系的同类产品或经营同类业务。作为一定时期自由择业权受损的一种补偿，用人单位在劳动合同解除或者终止后的竞业限制期限内须向劳动者按月支付经济补偿费用。劳动者违反约定，不履行相应义务，用人单位可以拒绝履行支付竞业限制的经济补偿，并要求劳动者按照约定向用人单位支付违约金。

【任务完成】

(1) 与核心员工约定服务期，要有一定的前提条件，即为该员工提供了专业技术培训。

法律之所以规定服务期，是因为用人单位让劳动者接受培训的目的，是使劳动者接受培训后为单位提供劳动。劳动者服务期未满离职，使用人单位期待落空。通过约定服务期，可以平衡双方利益。但在实践中，部分酒店以为员工提供了岗前的职业技能培训为由与员工约定服务期，并同时约定违反服务期协议员工应当支付违约金，这种做法实际并不符合现行法律规定。劳动者接受上岗培训是法定权利，酒店为劳动者提供职业技能培训是法定义务。

《劳动合同法》所称的可以约定服务期培训，特指“用人单位为劳动者提供专项培训费用，对其进行专业的技术培训”。即用人单位在国家规定提取的职工培训费用以外，专门花费较高数额的资金对劳动者进行定向专业培训的，才可以与劳动者订立协议，约定服务期。

(2) 与核心员工约定服务期的同时，应当同时依法约定违约金及其数额。

为了更好地保障劳资双方的利益，在约定服务期的同时，双方还可约定违约责任的承担方式，即劳动者违反服务期约定的，应当按照约定向用人单位支付违约金。实践中，部分酒店企业为保证核心员工的稳定性，与劳动者约定了天价违约金，这其实并不合法。劳动合同法规定了违约金数额的上限，即不得超过用人单位提供的培训费用，并且用人单位要求劳动者实际支付的违约金不得超过服务期尚未履行部分所应分摊的培训费用。

【法条】

《劳动合同法》第二十二条规定：用人单位为劳动者提供专项培训费用，对其进行专业技术培训的，可以与该劳动者订立协议，约定服务期。

劳动者违反服务期约定的，应当按照约定向用人单位支付违约金。违约金的数额不得超过用人单位提供的培训费用。用人单位要求劳动者支付的违约金不得超过服务期尚未履行部分所应分摊的培训费用。

用人单位与劳动者约定服务期的，不影响按照正常的工资调整机制提高劳动者在服务期期间的劳动报酬。

(3) 依法与核心员工约定竞争限制条款，保护酒店的商业秘密。

通过制度设计和完善管理方式，尽可能地防范商业秘密外泄，是保障企业商业秘密的根本措施。对于酒店企业，特色菜品的制作工艺、酒店特有的管理方式等都是重要的商业秘密。为了确保防范商业秘密外泄，酒店企业可以与劳动者在劳动合同中约定保守商业秘密。对负有保密义务的劳动者，酒店企业可以在劳动合同或者保密协议中与劳动者约定竞争限制条款。

竞争限制条款限制劳动者在一定时期内的自由择业权，作为补偿，用人单位在劳动合同解除或者终止后的竞业限制期限内须向劳动者按月支付经济补偿费用。劳动者违反约定，不履行相应义务，用人单位可以拒绝履行支付竞业限制的经济补偿，并要求劳动者按照约定向用人单位支付违约金。

竞争限制条款有一定的时间限制。从劳动合同解除或者终止之日起，到竞争限制期限届满结束，最长不得超过两年。

【法条】

《劳动合同法》第二十三条规定：用人单位与劳动者可以在劳动合同中约定保守用人单位的商业秘密和与知识产权相关的保密事项。

对负有保密义务的劳动者，用人单位可以在劳动合同或者保密协议中与劳动者约定竞业限制条款，并约定在解除或者终止劳动合同后，在竞业限制期限内按月给予劳动者经济补偿。劳动者违反竞业限制约定的，应当按照约定向用人单位支付违约金。

《劳动合同法》第二十四条规定：竞业限制的人员限于用人单位的高级管理人员、高级技术人员和其他负有保密义务的人员。竞业限制的范围、地域、期限由用人单位与劳动者约定，竞业限制的约定不得违反法律、法规的规定。

在解除或者终止劳动合同后，前款规定的人员到与本单位生产或者经营同类产品、从事同类业务的有竞争关系的其他用人单位，或者自己开业生产或者经营同类产品、从事同类业务的竞业限制期限，不得超过两年。

任务9.5 依法变更劳动合同

【任务准备】

1. 劳动合同变更的概念

劳动合同的变更是指劳动者与用人单位对依法成立、尚未履行的劳动合同条款所做的修改或增删。法律规定，劳动合同依法订立后，双方当事人必须全面履行合同规定的义务，任何一方不得擅自变更劳动合同。因此，劳动合同的变更是双方协商的结果，有时也是由于不可抗拒的原因产生的结果。

2. 劳动合同变更的原则

劳动合同变更的原则：《劳动法》规定订立和变更劳动合同，应当遵循平等自愿、协商一致的原则，不得违反法律、行政法规的规定。因此劳动合同变更的原则同劳动合同订立的原则一致。

3. 劳动合同变更的条件

劳动合同变更的条件包括以下几方面。

（1）订立劳动合同时所依据的法律、法规已修改或废止；

（2）用人单位转产或调整、改变生产任务；

（3）用人单位严重亏损或发生自然灾害，确实无法履行劳动合同规定的义务；

（4）当事人双方协商同意；

（5）法律允许的其他情况。

4. 劳动合同变更的方式

劳动合同变更可能是基于各种各样的原因，比如用人单位经营情况的变化、劳动者身体状况的变化、不可抗力发生、国家政策调整等，但无论何种原因，劳动合同变更的方式只有一种，即当事人协商一致。如果就变更不能协商一致，那么即变更未成，劳动合同应继续履行。

【法条】

《劳动合同法》第三十五条规定：用人单位与劳动者协商一致，可以变更劳动合同约定的内容。变更劳动合同，应当采用书面形式。变更后的劳动合同文本由用人单位和劳动者各执一份。

【任务完成】

1. 劳动合同变更的程序

劳动合同变更的程序一般要经过提议、协商、签订 3 个阶段。

（1）提议阶段。先由要求变更劳动合同的一方向对方提出变更建议，说明变更劳动合同的理由及修改内容。

（2）协议阶段。如果一方同意接受另一方提出的变更建议，双方就可以签订新的协议；如果变更建议不能或不能全部被对方接受，双方需继续协商，直到意见一致，或维持或变更原劳动合同的相应条款。

（3）签订阶段。在协商一致的基础上，双方在变更后的劳动合同文本上签字、盖章。当订立劳动合同时所依据的劳动法规发生变化或政府颁布出台新的改革方案，也会引起劳动合同的变更，在这种情况下，无须经双方协商同意。

2. 劳动合同变更的实用程序

（1）当事人要求变更劳动合同，应当填写《变更劳动合同通知书》，并及时送交对方，由对方当事人在《通知回执》上签收。

(2) 被通知方接到《通知书》后，应在七日内就是否同意变更劳动合同书面签复通知方。逾期不答复的，视为同意按对方的要求变更劳动合同。

(3) 双方同意变更劳动合同的，应及时就变更的条件和内容进行协商；经协商达成一致意见的，应签订《变更劳动合同协议书》；一方当事人不同意变更劳动合同或经双方协商不能就变更劳动合同达成一致的，原则上双方应继续履行劳动合同。

(4) 双方当事人在劳动合同中约定一方可以单方变更劳动合同部分条款的条件和范围的，在劳动合同履行期间，当约定的变更条件出现时，当事人可以按照合同的约定变更劳动合同，并按规定签订《变更劳动合同协议书》。

(5)《变更劳动合同协议书》一式两份，送劳动行政部门鉴证后，由双方各持一份。

3. 酒店在劳动合同变更实践中应注意的问题

酒店在劳动合同变更实践中应往意以下问题。

(1) 劳动合同需要变更的应及时进行变更。当引起劳动合同变更原因出现时，应根据实际情况及时提出变更劳动合同的要求，该变更的条款不能久拖不变，影响劳动合同的履行。

(2) 劳动合同变更的对象，只限于劳动合同中的部分条款。

(3) 需要变更的条款应当是尚未履行或者尚未完全履行的有效条款，已履行完毕的条款则无变更的必要；而无效的条款应予以取消，不适用于变更。

(4) 需要变更的劳动合同条款是依法可变更的条款，依法不应作为变更对象的条款，即法律不允许变更的条款，不得进行变更。

(5) 需要变更的劳动合同条款应当是引起劳动合同变更的原因所指向的条款，劳动合同的变更由于法定或约定的原因不同，所应变更的条款也就有所差异。凡是与合同变更原因无关的条款，则不必变更。这就是说，当订立劳动合同时所依据的主客观情况发生变化，致使劳动合同中一定条款的履行成为不可能、不必要或影响到当事人的权益情况下，劳动合同才进行变更。

(6) 变更劳动合同必须在劳动合同的有效期内进行，劳动合同期满后是不能再变更的。

(7) 劳动合同变更必须遵守法律规定，坚持平等自愿、协商一致的原则。只有在因劳动者不能胜任工作时，酒店才有权决定调整其工作岗位。

(8) 变更应当按照一定程序进行。

(9) 因劳动合同的变更给当事人双方造成经济损失的，除法律、法规规定可以减免责任外，造成损失的一方应负赔偿责任，即谁提出变更劳动合同，谁负赔偿责任，双方都有责任的，则由双方共同承担责任。当然，这种赔偿责任不属违约责任，因为变更合同的行为属于合法行为，而不属于违法行为，如果未经当事人双方协商一致，由酒店擅自变更劳动合同的，属违约行为，如给劳动者造成损失，应承担违约责任。

（10）劳动合同变更后，原合同未作修改、补充的条款仍然有效，应继续履行，劳动合同变更后，变更了的条款就取代了原条款，变更的条款生效后，原条款就不再具有法律效力。

（11）劳动者一方也有依法提出变更劳动合同请求的权利，如果劳动者一方因某种原因需要变更劳动合同，向酒店提出请求时，酒店应认真考虑，及时作出答复，应当变更的经协商一致后予以变更。

案例 9－3

赵凡从酒店管理专业毕业后到某酒店工作，经过四年的努力，赵凡升职为酒店客房部经理，收入为3500元左右。但是，不久前酒店中餐部一名主管离职了，于是酒店方面提出，要将赵凡的岗位变更为中餐部主管，报酬也变更为基本工资2000元，绩效工资随销售业绩浮动。赵凡表示不同意，认为自己不适合餐饮并且调动岗位要协商一致。但不管她同意不同意，单位就发出一份通知书，宣布她的岗位调整为中餐部主管，双方于是发生争议。该酒店的做法是否有法律依据？为什么？

分析：酒店的做法无法律依据。调整劳动者工作岗位，属于劳动合同的变更，必须具备一定的条件。第一，协商一致变更劳动合同；第二，企业单方面变更劳动合同，劳动者不能胜任工作，企业可以调整其工作岗位，但必须提供能证明单方面调岗变薪的合法合理的证据。酒店没有与赵凡协商一致，也没有提供赵凡不胜任工作岗位的证据，因此，其单方面调整赵凡工作岗位的做法是违法的。

任务 9.6　依法解除与终止劳动合同

【任务准备】

劳动合同解除和终止作为劳动关系消灭的两种情形，从法律效果上来看，其结果都是导致用人单位与劳动者之间的法律关系归于消灭。但劳动合同解除与终止是两种使劳动关系归于消灭的不同方式，二者在成就条件和法律后果等诸多方面存在很大差异。

劳动合同解除是指劳动合同订立后，尚未全部履行以前，由于某种原因导致劳动合同一方或双方提前消灭劳动关系的法律行为。劳动合同解除的情形主要有三种：双方协商一致解除合同、劳动者单方面解除合同、用人单位单方面解除合同。

劳动合同的终止是指劳动合同订立后，因出现某种法定的事实，导致用人单位与劳动者之间形成的劳动关系自动归于消灭，或导致双方劳动关系的继续履行成为不可能而不得不消灭的情形。

为了建立和发展稳定和谐的劳动关系，《劳动合同法》对劳动合同的解除和终止做了严格的规定和限制。

【任务完成】

1. 依法与劳动者解除劳动合同

(1) 酒店和劳动者协商一致，即可解除劳动合同。

协商一致解除劳动合同是酒店与劳动者在平等自愿的基础上，互相协商，提前终止劳动合同的法律行为。作为酒店的人力资源管理者，在协商解除劳动合同的过程中，一定要遵循自愿原则，不得有利诱、胁迫对方的违法行为。

特别应该注意的是，由哪一方首先提出解除劳动合同的动议，其法律后果是不一样的。如果劳动者首先提出解除劳动合同的动议，用人单位不需要支付经济补偿；但如果是用人单位首先提出解除劳动合同的动议，则应向劳动者提供经济补偿。

在劳动争议案件当中，用人单位和劳动者“协商一致”解除劳动合同后，被劳动者告上法庭的情况，不在少数。作为人力资源管理者，与员工协商解除劳动合同时需要注意以下几点。

① 谨防“协商解除无协议”。协商解除劳动合同，是需要双方协商同意的，如果协商解除无协议，那么将会给用人单位留下非常大的法律隐患。口说无凭，立字为证。用人单位在与员工协商解除劳动合同时，不能图省事，一定要签订书面的劳动合同协商解除协议书，明确双方的有关权利义务，以防发生劳动争议后很难举证的情形。

② 协议中明确劳动合同解除的类型。劳动合同解除分为协商解除和单方解除两种类型。企业与员工协商解除劳动合同的，在签订解除此协议时，协议中必须写明解除劳动合同是经企业与员工在平等自愿、协商一致的基础上解除的。这样，可以防止员工把协商解除说成是企业单方解除，要求企业承担相关的责任。

③ 协议中明确解除合同的提出方。对于协商解除合同而言，由于协商解除合同的提出方不同，解除合同的相关法律后果就不同。因此，解除协议中明确解除劳动合同是企业提出还是员工提出的至关重要，它涉及企业是否须支付员工解除劳动合同的经济补偿金的问题。

【法条】

《劳动合同法》第三十六条规定：用人单位与劳动者协商一致，可以解除劳动合同。

(2) 在一定条件下，劳动者可以单方解除劳动合同。这具体分为两种情形。

① 劳动者提前通知解除劳动合同。

提前三十天通知，劳动者可解除劳动合同。这一规定赋予了员工任意解除权，是对员工自主择业权的确认和具体化。劳动者提前三十天通过书面辞职报告的形式通知酒店，要求解除劳动合同，并且劳动者无须提出任何理由。这种情况下，酒店作为用人单位不必支付劳动者经济补偿金，也不可要求劳动者支付违约金。实践中，部分酒店遇到员工单方面要求解除劳动合同的状况时，不同意员工离职、不及时为员工办理离职手续或要求员工交纳违约金的状况也时有发生。这些都是违反法律规定的行为，人力资源管理者应特别注意。

如果劳动者尚在试用期内，只需提前三天书面通知企业解除劳动合同。这种状况往往是劳动者在试用期内发现用人单位的实际情况与订立劳动合同时所介绍的实际情况不相符合，或者发现自己不适合从事该工作以及存在其他不能履行劳动合同的情况，这时无须任何理由就可以通知用人单位解除劳动合同。

【法条】

《劳动合同法》第三十七条规定：劳动者提前三十日以书面形式通知用人单位，可以解除劳动合同。劳动者在试用期内提前三日通知用人单位，可以解除劳动合同。

② 酒店违法，劳动者可随时解除劳动合同。

如果酒店作为用人单位出现某些特定违法情形，如不及时为劳动者提供劳动报酬、不依法为劳动者缴纳社会保险，企业的规章制度违反法律法规的规定，损害劳动者权益等，劳动者随时可以通知用人单位解除劳动合同，无须征得用人单位同意。这种情况下，酒店作为用人单位还要依法向劳动者支付经济补偿。

【法条】

《劳动合同法》第三十八条规定：用人单位有下列情形之一的，劳动者可以解除劳动合同：

（一）用人单位未按照劳动合同约定提供劳动保护或者劳动条件的；

（二）用人单位未及时足额支付劳动报酬的；

（三）用人单位未依法为劳动者缴纳社会保险费的；

（四）用人单位的规章制度违反法律、法规的规定，损害劳动者权益的；

（五）用人单位以欺诈、胁迫的手段或者乘人之危致使劳动合同无效的；

（六）法律、行政法规规定劳动者可以解除劳动合同的其他情形。

（3）在一定条件下，酒店可以单方解除合同。

酒店单方解除劳动合同的法定情形主要分为三种：劳动者有重大过失，酒店解除劳动合同；劳动者无过失，酒店提前 30 天通知解除劳动合同；经济型裁员。只要符合法定条件，酒店就可以依法解除包括无固定期限劳动合同在内的各类劳动合同。

（4）解除劳动合同，在一定条件下，酒店应当向劳动者支付经济补偿。

【法条】

《劳动合同法》第四十六条规定：有下列情形之一的，用人单位应当向劳动者支付经济补偿。

（一）劳动者即时解除劳动合同的；

（二）用人单位向劳动者提出解除劳动合同并与劳动者协商一致解除劳动合同的；

（三）用人单位即时解除劳动合同的；

（四）用人单位依照经济型裁员规定解除劳动合同的。

① 劳动者被迫解除劳动合同的，酒店须支付经济补偿。

a. 酒店未按照劳动合同约定提供劳动保护或者劳动条件的。比如强行给员工“放假”、“停工”，可视为未按照劳动合同约定提供劳动条件。

b. 未及时足额支付劳动报酬的。如超过工资发放日期仍未支付工资，少支付加班费等。

c. 未依法为劳动者缴纳社会保险费的。用人单位未缴纳社会保险费或者缴纳标准低于法定标准的，均为未依法为劳动者缴纳社会保险费。

d. 酒店的规章制度违反法律、法规的规定，损害劳动者权益的。比如在规章制度中规定加班不支付加班费，未经酒店批准不得辞职等规定。

e. 酒店以欺诈、胁迫的手段或者乘人之危，使对方在违背真实意思的情况下订立或者变更劳动合同的；酒店免除自己的法定责任、排除劳动者权利的；酒店违反法律、行政法规强制性规定的。

f. 法律、行政法规规定劳动者可以解除劳动合同的其他情形。

g. 酒店以暴力、威胁或者非法限制人身自由的手段强迫劳动者劳动的。

② 协商解除劳动合同的，酒店须支付经济补偿。

协商解除劳动合同用人单位需支付经济补偿的前提条件是解除劳动合同的动议系酒店首先提出，如果是劳动者主动提出要求解除劳动合同，即劳动者主动要求辞职，此种情况下双方协商解除劳动合同酒店可不支付经济补偿。

③ 非过失性辞退，用人单位须支付经济补偿。

根据《劳动合同法》第四十条之规定，有如下情形，酒店提前三十日以书面形式通知劳动者本人或者额外支付劳动者一个月工资后可解除劳动合同。

a. 劳动者患病或者非因工负伤，在规定的医疗期满后不能从事原工作，也不能从事由用人单位另行安排的工作的；

b. 劳动者不能胜任工作，经过培训或者调整工作岗位，仍不能胜任工作的；

c. 劳动合同订立时所依据的客观情况发生重大变化，致使劳动合同无法履行，经酒店与劳动者协商，未能就变更劳动合同内容达成协议的。

④ 酒店依法裁员，须支付经济补偿。

依照《劳动合同法》的规定，有下列情形之一，需要裁减人员二十人以上或者裁减不足二十人但占企业职工总数百分之十以上的，酒店提前三十日向工会或者全体职工说明情况，听取工会或者职工的意见后，裁减人员方案经向劳动行政部门报告，可以裁减人员。

a. 依照企业破产法规定进行重整的。

b. 生产经营发生严重困难的。

c. 企业转产、重大技术革新或者经营方式调整，经变更劳动合同后，仍需裁减人员的。

d. 其他因劳动合同订立时所依据的客观经济情况发生重大变化，致使劳动合同无法履行的。

酒店裁减人员时，应当优先留用与酒店订立较长期限的固定期限劳动合同和订立无固定期限劳动合同的人员，以及家庭无其他就业人员，有需要扶养的老人或者未成年人的人员，如在六个月内重新招用人员的，应当通知被裁减的人员，并在同等条件下优先招用被裁减的人员。符合上述条件依法裁员的，酒店应当向劳动者支付经济补偿。

2. 依法与劳动者终止劳动合同

(1) 符合法定情形，酒店与劳动者的劳动合同即可终止。

① 劳动合同期满，酒店应当与劳动者终止劳动合同。

这种情形主要是针对固定期限的劳动合同和以完成一定工作为期限的劳动合同而言。这种情况下，劳动合同终止后，酒店和劳动者双方均可提出续订劳动合同，在双方协商一致的情况下，可以续订。

② 劳动者开始依法享受基本养老保险待遇的，劳动合同终止。

③ 劳动者死亡，或者被人民法院宣告死亡或者宣告失踪的，酒店可以与劳动者终止劳动合同。

④ 酒店作为用人单位被依法宣告破产，与劳动者的劳动合同终止。

⑤ 酒店作为用人单位被吊销营业执照、责令关闭、撤销或者酒店决定提前解散，与劳动者的劳动合同终止。

⑥ 出现法律、行政法规规定的其他情形也可导致劳动合同的终止。

(2) 在一定条件下，劳动合同终止，酒店须向劳动者支付经济补偿。

【法条】

《劳动合同法》第四十六条第五款规定：劳动合同到期后，除用人单位维持或提高劳动合同约定条件续订劳动合同，劳动者同意续订的情形外，终止固定期限劳动合同的，用人单位应当向劳动者支付经济补偿。

① 劳动合同期满时，酒店同意续订劳动合同，且维持或者提高劳动合同约定条件，劳动者不同意续订的，劳动合同终止，酒店不支付经济补偿。

② 如果酒店同意续订劳动合同，但降低劳动合同约定条件，劳动者不同意续订的，劳动合同终止，酒店应当支付经济补偿。

③ 如果酒店不同意续订，无论劳动者是否同意续订，劳动合同终止，酒店应当支付经济补偿。

特殊情形下劳动合同终止，用人单位需支付经济补偿。根据《劳动合同法》第四十四条第四项、第五项规定，特殊情形下劳动合同终止是指：

① 酒店被依法宣告破产导致劳动合同终止的。

② 用人单位被吊销营业执照、责令关闭、撤销或者用人单位决定提前解散导致劳动合同终止的。

这两种情形下导致劳动合同终止，劳动者无任何过错，用人单位应当支付经济补偿。

知识卡片

用人单位向劳动者支付经济补偿的法定标准和法定时间

用人单位要按劳动者在酒店工作的年限，每满一年支付一个月工资的标准向劳动者支付经济补偿。具体标准如下：

1. 年限计算标准：按劳动者在本单位工作的年限，每满一年支付一个月工资的标准，六个月以上不满一年的，按一年计算；不满六个月的，支付半个月工资的经济补偿。

2. 工资计算基数：经济补偿金的工资基数指劳动者在劳动合同解除或者终止前十二个月的平均工资。这里的工资是指劳动者的应得工资，一般包括计时工资、计件工资、奖金、津贴和补贴、加班加点工资、特殊情况下支付的工资，实践中很多用人单位以劳动者的所谓“最低工资”或者“基本工资”作为工资计算基数是错误的。

3. 针对高工资收入者的计算封顶：《劳动合同法》规定，劳动者月工资高于用人单位所在直辖市、设区的市级人民政府公布的本地区上年度职工月平均工资三倍的，向其支付经济补偿的标准按职工月平均工资三倍的数额支付，向其支付经济补偿的年限最高不超过十二年。这里《劳动合同法》仅对高收入者经济补偿作了补偿年限和补偿基数的限制，对普通劳动者是没有限制的，只要劳动者月工资不高于用人单位所在直辖市、设区的市级人民政府公布的本地区上年度职工月平均工资的三倍，就不存在计算封顶。

《劳动合同法》对经济补偿的支付时间也有相应的规定：劳动者应当按照双方约定，办理工作交接。用人单位依照本法有关规定应当向劳动者支付经济补偿的，在办结工作交接时支付。实践中有很多劳动者劳动合同解除或终止后往往一走了之，不履行工作交接的义务，这时候用人单位可暂不予支付经济补偿。《劳动合同法》对经济补偿的支付时间作出规定，一定程度上保障了用人单位的利益，司法实践中这种案例也不少，劳动者不履行工作交接义务，但要求用人单位支付经济补偿，按照以往的司法实践，支付经济补偿和履行工作交接是两个不同的法律关系，用人单位不能因劳动者未履行工作交接而拒绝支付经济补偿金，因此常常导致劳动仲裁机构或法院判令用人单位支付了经济补偿金，但劳动者最终也没有履行工作交接的义务。

任务9.7 依法保障员工工资及休息休假的权利

【任务准备】

劳动法维护了劳动者的合法权益。劳动法确认了劳动者所应享有的各项基本权利，如劳动权、劳动报酬权、劳动保护权、休息权、获得物质帮助权、民主管理权等，并为这些权利的实现提供了切实的物质保障。工资是用人单位依照劳动合同规定，以货币形式支付给劳动者的劳动报酬。

工资的形式及内涵如表9－1所示。

表9－1 工资的形式及内涵

工资形式	内　涵
计时工资	按工作时间支付给劳动者个人的工资报酬，我国全日制用工一般采用计时工资
计件工资	劳动者提供的合格产品数量和规定的计件单价是支付工资的依据
奖金	奖励劳动者的超额绩效而支付的劳动报酬
津贴和补贴	津贴一般是补偿劳动者在特殊条件下的劳动消耗，如高温津贴；补贴是为了补偿物价变动而设置的补偿，如生活费补贴等
加班费	劳动者在法定劳动时间以外提供劳动，加班加点的，用人单位依法支付的劳动报酬
特殊情况下支付的工资	如依法参加社会活动期间，用人单位应视同其提供了正常劳动而支付工资

工作时间是法律规定的劳动者在工作场所为履行劳动义务而消耗的时间，包括劳动者实际完成工作的时间，也包括劳动者从事生产或工作所必需的准备和结束时间。工作时间可以依小时、日、月、周、季和年来计算，用人单位必须按规定支付劳动者的劳动报酬。

工作时间主要分为标准工作日、缩短工作日、不定时工作日等。我国的标准工作日为每日工作8小时，每周工作40小时，缩短工作日主要指法律规定的少于标准工作日时数的工作日，即每天工作时数少于8小时或每周工作时数少于40小时，主要适用于从事矿山、井下等特别繁重体力劳动的劳动者。酒店行业一般不使用缩短工作日。不定时工作日主要指没有固定工作时间限制的工作日，主要适用于因工作性质和工作职责限制，不能实行标准工作日的劳动者。酒店行业根据实际情况也可以实行不定时工作日制度。但是，实行不定时工作日制度应履行审批手续。经批准实行不定时工作制的职工，不受劳动法规定的工作时间标准的限制，由酒店安排适当补休。

除此之外，还有综合计算工作日、弹性工作时间、计件工作时间等其他种类的工作时间。工作时间的法定化是劳动者作为人而生活的基本保证。

【任务完成】

1. 禁止克扣和无故拖欠员工工资

酒店不得克扣劳动者工资。所谓克扣劳动者工资是指在正常情况下，劳动者依法或合同规定完成了工作任务，用人单位无正当理由扣减劳动者应得工资或借故不全部支付劳动者工资。任何组织和个人无正当理由不得克扣劳动者工资。

酒店不得拖欠劳动者工资。所谓拖欠劳动者工资是指用人单位在规定时间内未支付劳动者工资。通常，劳动者和用人单位在一个工资支付周期内会实现商量具体的付薪时间，并形成制度。超过商定的付薪时间未支付工资，即为拖欠工资。

2. 严格遵守最低工资法律制度，支付给员工的工资不得低于最低工资标准

最低工资是劳动者在法定工作时间或依法签订的劳动合同约定的工作时间内提供了正常劳动的前提下，用人单位依法应支付的最低劳动报酬。当事人在劳动合同中约定的劳动报酬低于最低工资额时，其工资部分应视为无效，无效部分应改按法定的最低工资执行。

3. 不得强制员工加班加点，员工加班加点应当支付加班费或提供补休

劳动者的工作时数超过法律规定的标准工作时间，称为加班加点。对于企业而言，安排劳动者加班加点要符合一定的条件和限制。首先，要符合法定条件，即必须与劳动者协商，不能强迫劳动；其次，不得超过法定时数，即每日不超过三小时，每周不超过 36 小时。违反法律规定，延长劳动者工作时间的，由劳动行政部门给予警告，并可处以罚款。

酒店安排劳动者在法定标准工作时间以外工作的，按照不低于劳动合同规定的劳动者本人小时工资标准的 150% 支付工资；在休息日工作，又不能安排补休的，按照不低于劳动合同规定的劳动者本人小时工资标准的 200% 支付工资；在法定休假日工作的，劳动合同规定的劳动者本人小时工资标准的 300% 支付工资。

案例 9－4

罗佳从酒店管理专业毕业后被招聘到新日酒店，签订了劳动合同。上班后才知道该酒店经常要加班，有时日工作时间长达 12 小时。一天晚上，部门主管又通知罗佳加班，罗佳表示自己身体不适，拒绝加班，并与主管之间发生了口角。次日，新日酒店以不服从管理人员指挥、违反劳动纪律为由将罗佳辞退。请问：罗佳的行为能否认定为违反劳动纪律？酒店的做法有法律依据吗？

分析：酒店人力资源部的做法不合法，属于违法解除劳动合同。《劳动合同法》第三十六条规定："用人单位与劳动者协商一致，可以解除劳动合同。"如果公司与有关员工逐一单独沟通，在平等自愿的基础上解除劳动合同，法律是不禁止的。当然，用人单位应按规定向劳动者支付经济补偿。

如果用人单位单方解除劳动合同，必须首先具备法定条件。本案中，并不具备酒店单方面解除劳动合同的法定条件。酒店既无法定理由，又未与员工协商一致，就算给了经济补偿后实施解除，也会构成违法解除劳动合同。

4. 保障员工休息休假的权利

休息休假是劳动者在国家规定的法定工作时间以外自行支配的时间，休息休假的规定是劳动者休息权的体现。根据我国法律、法规，劳动者的休息休假时间主要有以下几种。

（1）工作日内的间歇时间、两个工作日之间的休息时间。

（2）公休假日，即工作满一个周以后的休息时间。我国劳动者的公休假日为两天，一般安排在周六和周日。

（3）法定休假日，即国家法律统一规定的用于开展庆祝、纪念活动的休息时间。我国法规规定，属于全体劳动者的法定休假日共11天。

（4）年休假，即法律规定的劳动者工作满一定年限后，每年享有的保留工作带薪休假。《劳动法》第四十五条规定：国家实行带薪休假制度。劳动者连续工作满一年以上的，享受带薪年休假。

（5）探亲假，即劳动者享有的探望与自己分居两地的配偶和父母的休息时间。

知识卡片

我国的法定休假日有哪几天？

我国的法定节假日包括元旦(1月1日)一天，春节(农历除夕、正月初一、初二)三天，清明节(农历清明当日)一天，劳动节(5月1日)一天，端午节(农历端午当日)一天，中秋节(农历中秋当日)一天，国庆节(10月1日、2日、3日)三天。

任务9.8 做好劳务派遣员工的管理工作

【任务准备】

在经济全球化和企业竞争日趋激烈的背景下，劳务派遣等新的雇佣形式成为企业降低用人成本和风险，保证用工灵活性的一种选择。过去，由于缺乏明确的法律规范，劳务派遣员工与正式员工在劳动关系归属、社会保险费缴纳、福利待遇等方面存在差异，劳务派遣各方一旦出现纠纷，就会出现互相推诿、侵害劳动者权益的情况。为规范劳务派遣人员的聘用和管理，保证劳务用工制度的规范执行，《劳动合同法》在“特别规定”一章，对劳务派遣合同进行了专门规定，明确了劳务派遣各方的权利义务，以保障劳务派遣的规范运行。

劳务派遣，又称劳动派遣、劳动力租赁，是指由派遣机构与被派遣劳动者订立书面劳动合同，由被派遣劳动者向用工单位给付劳务，劳动合同关系存在于派遣机构与被派遣劳动者之间，但劳动力给付的事实则发生于被派遣劳动者与用工单位之间。劳务派遣的最显著特征就是劳动力的雇佣和使用分离。劳务派遣机构已经不同于职业介绍机构，它成为与劳动者签订劳动合同的一方当事人。

劳务派遣是近年我国人才市场根据市场需求而引进开发的新的人才服务项目，是一种新的用人方式，可跨地区、跨行业进行。一方面，用人单位可以根据本行业的特点或自身工作和发展的需要，通过具有劳务派遣资质的劳动服务公司，派遣所需要的各类人员；另一方面，劳务派遣服务机构则根据用人单位的实际需求招聘员工，与员工签订劳动合同、建立劳动关系，并将员工派遣到用人单位工作，同时对员工提供人事行政、劳资福利、后勤保障等综合配套服务。实行劳务派遣后，实际用人单位与劳务派遣组织签订《劳务派遣合同》，劳务派遣组织与劳务人员签订《劳动合同》，实际用人单位与劳务人员签订《劳务协议》，用人单位与劳动人员之间只有使用关系，没有聘用合同关系。

【任务完成】

1. 依法办理劳务派遣手续

（1）酒店与劳务派遣机构签订《劳务派遣合同》。在双方遵守国家《劳动法》的前提下，按《劳动合同法》明确劳务派遣合同双方的责任义务。

（2）劳务派遣机构与派遣员工签订《劳动合同》，注明所要派遣到的企业名称及岗位。

（3）酒店与派遣员工签订《上岗协议》，明确双方的劳务关系及所从事工作岗位职责的具体要求。

2. 依法发放派遣员工工资

根据《劳务派遣合同》约定，酒店按月考核派遣员工情况，确定派遣员工应发工资总额、社保经费、加班费、个人所得税、住房公积金等，每月底划拨到派遣机构财务账上，派遣机构代发全部派遣员工的工资、代扣个人所得税、代扣社会保险金。

3. 为派遣员工办理社会保险

根据“用人单位要为员工缴纳社会保险”的规定，劳务派遣机构将按酒店提出的派遣员工工资基数，办理社会保险的项目，具体内容包括以下几方面。

（1）每月28日前，由用人单位支付次月社会保险所需费用。

（2）劳务派遣机构为派遣员工代交各项社会保险费用。

（3）根据派遣员工每月增减情况变化，及时办理人员调入、调出社会保险的转移手续。

（4）符合养老、医疗、失业、工伤应享受的待遇时，办理各项费用的报销手续。

（5）应酒店要求代交派遣员工住房公积金。

4. 管理派遣员工档案

为了及时、真实地掌握派遣员工情况，采用派遣员工的档案统一管理模式，主要内容有如下几种。

（1）及时为派遣员工办理人事档案接转手续。

（2）及时为新招聘派遣员工办理招工备案手续。

（3）受委托办理外地人员务工的各种证件。

（4）按规定代办有关档案中记载的材料证明手续。

（5）派遣协议到期，根据用工单位和派遣员工要求，代办档案续存或转移。

【法条】

《劳动合同法》第六十一条规定：劳务派遣单位跨地区派遣劳动者的，被派遣劳动者享有的劳动报酬和劳动条件，按照用工单位所在地的标准执行。

《劳动合同法》第六十二条规定：用工单位应当履行下列义务：

（一）执行国家劳动标准，提供相应的劳动条件和劳动保护；

（二）告知被派遣劳动者的工作要求和劳动报酬；

（三）支付加班费、绩效奖金，提供与工作岗位相关的福利待遇；

（四）对在岗被派遣劳动者进行工作岗位所必需的培训；

（五）连续用工的，实行正常的工资调整机制。

用工单位不得将被派遣劳动者再派遣到其他用人单位。

任务9.9　依法妥善处理劳动争议

【任务准备】

1. 劳动争议的概念

劳动争议又称“劳动纠纷”、“劳资纠纷”，是指劳动者与用人单位之间，在《劳动法》调整范围内，因适用国家法律、法规和订立、履行、变更、终止和接触劳动合同以及其他与劳动关系直接相联系的问题而引起的纠纷。

2. 解决劳动争议的机构

我国目前处理劳动争议的机构主要有以下几个。

1）企业劳动争议调解委员会

企业劳动争议调解委员会是在企业职工代表大会领导下，负责调解本企业内劳动争议的群众组织。调解委员会由职工、企业行政代表和企业工会委员会代表组成。职工代表由职工代表大会或者职工大会推举产生，企业行政代表由企业行政方面指定，工会代表由企业工会委员会指定。调解委员会主任由调解委员会在其成员中选举产生，其办事机构设在企业工会。没有建立工会组织的企业，调解委员会的设立及其组成，由职工代表和企业代表协商决定。调解委员会的调解不是解决劳动争议的必经程序。

2）劳动争议仲裁委员会

劳动争议仲裁委员会是处理劳动争议的专门机构。县、市、市辖区设立的劳动争议仲裁委员会，负责处理本行政区域的劳动争议。设区的市、市辖区的劳动争议仲裁委员会受理劳动争议案件的范围由省、自治区人民政府规定。各级劳动争议仲裁委员会由劳动行政主管部门的代表、工会代表、政府指定的经济综合管理部门的代表组成，主任由劳动行政部门的负责人担任。劳动争议仲裁委员会的仲裁是劳动争议处理的必经程序。

3）人民法院

人民法院是国家的审判机关，也担负着处理劳动争议的任务。劳动争议当事人对劳动争议仲裁委员会的裁决不服，可以向人民法院提起诉讼，人民法院对符合立案条件的案件予以受理。

【任务完成】

1. 通过协商程序，在企业内部解决劳动争议

协商程序是劳动争议双方当事人在自愿基础上进行协商，达成协议，无须第三方介入。协商程序不是劳动争议处理的必经程序，达成的和解协议也无法律约束力。在酒店的管理实践中，协商是解决劳动争议的重要途径。协商使员工和企业有一个沟通的平台，将一部分劳动争议在酒店内部解决掉、消化掉，及时化解劳资矛盾，预防矛盾激化。

2. 向调解组织申请调解

调解程序是第三方或者中间人介入争议的处理过程，并且提出解决争议的建议或

具体方案，促成双方达成协议。调解也不是劳动争议处理的必经程序。经调解后达成协议的，应当制作调解协议书；未达成协议的，当事人可申请仲裁。调解协议是在双方自愿的基础上达成的，是双方意思表示一致的结果，对双方均有约束力，合同当事人应当按照协议的内容履行相应的义务。调解劳动争议应当讲究效率，及时、尽快地解决劳动争议。自劳动争议调解组织收到调解申请之日起十五日内未达成调解协议的，当事人任何一方都可以向劳动争议仲裁委员会申请仲裁。

【法条】

《劳动争议调解仲裁法》规定：发生劳动争议，当事人不愿协商、协商不成或者达成和解协议后不履行的，可以向调解组织申请调解。

《劳动争议调解仲裁法》规定：自劳动争议调解组织收到调解申请之日起十五日内未达成调解协议的，当事人可以依法申请仲裁。

3. 向劳动争议仲裁委员会申请仲裁

仲裁程序是劳动争议仲裁委员会对用人单位与劳动者之间发生的劳动争议，在查明事实、明确是非、分清责任的基础上，依法做出裁决的活动。劳动争议仲裁是处理劳动争议的一种重要方式，也是处理劳动争议的核心制度。劳动争议仲裁具有较强的专业性，其程序与司法程序相比更简便和及时。

《劳动争议调解仲裁法》确立了部分劳动争议案件实行一裁终局制度。一裁终局制度是劳动争议仲裁庭对申请仲裁的纠纷进行仲裁后，裁决立即发生法律效力，当事人不得就同意纠纷再向劳动争议仲裁委员会申请仲裁或向人民法院起诉的制度。当事人对发生法律效力的调解书、裁决书，应该依法履行；不履行的，另一方可依民事诉讼申请执行。

【法条】

《劳动争议调解仲裁法》第二十七条规定：劳动争议申请仲裁的时效期间为一年。仲裁时效期间从当事人知道或者应当知道其权利被侵害之日起计算。仲裁时效，因当事人一方向对方当事人主张权利，或者向有关部门请求权利救济，或者对方当事人同意履行义务而中断。从中断时起，仲裁时效期间重新计算。因不可抗力或者有其他正当理由，当事人不能在本条第一款规定的仲裁时效期间申请仲裁的，仲裁时效中止。从中止时效的原因消除之日起，仲裁时效期间继续计算。

劳动关系存续期间因拖欠劳动报酬发生争议的，劳动者申请仲裁不受本条第一款规定的仲裁时效期间的限制；但是，劳动关系终止的，应当自劳动关系终止之日起一年内提出。

《劳动争议调解仲裁法》第四十七条规定：下列劳动争议，除本法另有规定的外，仲裁裁决为终局裁决，裁决书自做出之日起发生法律效力：①追索劳动报酬、工伤医疗费、经济补偿或者赔偿金，不超过当地月最低工资标准十二个月金额的争议；②因执行国家的劳动标准在工作时间、休息休假、社会保险等方面发生的争议。

4. 在规定的期限内向人民法院提起诉讼

劳动争议当事人对仲裁裁决不服的，可以自收到仲裁裁决书之日起十五日内向人民法院提起诉讼。劳动争议必须经过劳动争议仲裁委员会的仲裁，才能向法院起诉，而不能未经仲裁直接向法院起诉。一方当事人在法定期限内不起诉又不履行仲裁裁决的，另一方当事人可以申请人民法院强制执行。

【法条】

《劳动争议调解仲裁法》第四条规定：发生劳动争议，劳动者可以与用人单位协商，也可以请工会或者第三方共同与用人单位协商，达成和解协议。

《劳动争议调解仲裁法》第五条规定：发生劳动争议，当事人不愿协商，协商不成或者达成和解协议后不履行的，可以向调解组织申请调解；不愿调解、调解不成或者达成调解协议后不履行的，可以向劳动争议仲裁委员会申请仲裁；对仲裁裁决不服的，除本法另有规定的外，可以向人民法院提起诉讼。

知识卡片

劳动争议处理的时限汇总

1. 五日时限：劳动争议仲裁委员会收到仲裁申请之日起五日内，认为符合受理条件的，应当受理，并通知申请人；认为不符合受理条件的，应当书面通知申请人不予受理，并说明理由。劳动争议仲裁委员会受理仲裁申请后，应当在五日内将仲裁申请书副本送达被申请人。仲裁庭应当在开庭五日前，将开庭日期、地点书面通知双方当事人。

2. 十五日时限：自劳动争议调解组织收到调解申请之日起十五日内未达成调解协议的，当事人可以依法申请仲裁。当事人对仲裁裁决不服的，可以自收到仲裁裁决书之日起十五日内向人民法院提起诉讼。

3. 四十五日时限：仲裁庭裁决劳动争议案件，应当自劳动争议仲裁委员会受理仲裁申请之日起四十五日内结束。

4. 一年时限：劳动争议申请仲裁的时效期间为一年。仲裁时效期间从当事人知道或者应当知道其权利被侵害之日起计算。

【实务演练】

1. 找出下面劳动合同书中不符合法律规定的部分，并予以改正。

酒店劳动合同书

兹有蓝天大酒店(以下简称甲方)，与____白芸____________(以下简称乙方，身份证：____________，现住址及电话：____________)，根据现行劳动法律、法规及有关政策规定，同意确立双方的劳动关系，愿意执行双方的劳动权利和义务，在双方平等自愿、协商一致的基础上，签订本劳动合同，双方共同遵守执行。

第一条 合同期限

(1) 聘用日期自2010年7月1日起至2011年6月30日止，其中试用期为2010年7月1日起至2010年9月30日止。

(2) 合同期满，若要续签，须经甲乙双方协商同意才能办理续签合同手续。

第二条 工作岗位

甲方聘请乙方为蓝天大酒店客房部服务员员工，乙方在工作中要按照工种(岗位)规定的工作要求按质按量完成工作任务。

第三条 劳动报酬

(1) 甲方根据国家有关规定和酒店经营状况实行酒店的等级工资制度，并根据乙方所担负的职务和其他条件确定其相应的工资标准，每月10号以货币的形式按月足额支付乙方的工资报酬。

(2) 甲方执行岗位工资(按底薪+提成、日工资等)等级制度，乙方完成或超额完成工作任务，或在工作中表现优秀者，甲方按规定对其进行奖励。

(3) 甲方根据乙方的工作表现和酒店职位空缺情况，可给予乙方提供晋升的机会；当乙方对甲方的经济、效益等方面作出贡献时，甲方将给予相应的物质、精神奖励。

第四条 劳动时间

(1) 原则上，乙方每天的工作时间为8小时(不含用餐时间)，根据甲方经营特殊性的需要，乙方应延时上班时间，4小时之内不算加班。每周的工作时间按酒店规定。每月有四天有薪休班。

(2) 乙方可享受法定假日及婚、丧假及工伤等有薪假期。甲方可根据经营及工作需要安排乙方的工作开始及结束的时间，并可以轮换倒班。在照顾乙方合理休息的情况下，可视需要安排要求员工在法定假日和公休日到岗工作，乙方应支持和服从安排。

第五条 劳动纪律

(1) 甲方根据国家有关法律、法规和有关政策制定本单位的《员工手册》及其他规章制度。

(2) 乙方应严格遵守甲方的《员工手册》及其他规章制度。

(3) 乙方须按时按质完成甲方规定的工作任务，达到甲方规定的工作标准，并遵守甲方制定的安全、卫生操作守则。

(4) 乙方须爱护甲方的财产，保守甲方的商业秘密。乙方在合同期内和期满以后，不得向任何人泄露本企业的商业秘密信息。乙方在职期间不得同时在其他任何企业兼职。

第六条 违约责任

(1) 经合同双方当事人协商一致，劳动合同的内容可以变更。甲方可视生产经营及工作需要调换乙方工作岗位，乙方应予以配合。

(2) 甲方若违反劳动合同，提前解除劳动合同，须按《劳动合同法》的规定向乙方支付经济补偿金；乙方提前解除劳动合同，应退还甲方为乙方进行培训所需的费用，并补偿甲方的损失。

第七条　合同的实施和批准

(1) 本合同的解释权归属酒店人力资源部。

(2) 酒店《员工手册》及其他规章制度均为合同附件，是合同的有效组成部分。

(3) 本合同一经签订，甲乙双方必须严格遵守，任何一方不得单方面修改合同内容。如有未尽事宜，可以通过友好协商解决。

(4) 本合同一式三份，甲乙双方各执一份，由甲乙双方共同执行，劳动保障行政部门保留一份。

甲方：(签名盖章)　　　　　　　　　　乙方：(签名盖章)

法定代表人：(签名盖章)

2. S酒店需要一批技能熟练的餐厅服务员，为了降低用工成本，决定通过劳务派遣公司A招聘，双方签订了一年的派遣协议。之后张某等10人被派到S酒店工作，派遣期快结束时，S酒店认为张某等人工作认真负责，服务技能好，决定再续签一年合同，工资报酬不变。但是，现在张某等人要求S酒店按照正式工的工资调整机制给他们增加工资。S酒店是否应为张某等人调整工资？

3. 夏某刚应聘到S酒店做客房部服务员，工作1个月后，发觉自己不适合这份工作，想与S酒店解除劳动合同。但合同约定，夏某需工作满一年。夏某是否可以辞职？应该通过哪些程序辞职？是否能够获得经济补偿？

4. 孙某2006年7月大学毕业后，与某酒店签订为期两年的劳动合同，每月工资2000元。2008年6月底，劳动合同期满，酒店未与孙某续签合同，双方终止劳动关系。办理离职手续时，孙某要求酒店支付相当于2个月的工资共4000元的经济补偿金，酒店没有同意。

问：孙某的要求是否有法律依据？公司应当按什么标准支付经济补偿金？

【扩展阅读】

《中华人民共和国劳动法》

《中华人民共和国劳动合同法》

《中华人民共和国劳动合同法实施条例》

中国旅游饭店行业规范

（中国旅游饭店业协会2009年8月修订版）

第一章　总　　则

第一条　为了倡导履行诚信准则，保障客人和旅游饭店的合法权益，维护旅游饭店业经营管理的正常秩序，促进中国旅游饭店业的健康发展，中国旅游饭店业协会依据国家有关法律、法规，特制定《中国旅游饭店行业规范》（以下简称为《规范》）。

第二条　旅游饭店包括在中国境内开办的各种经济性质的饭店，含宾馆、酒店、度假村等(以下简称为饭店)。

第三条　饭店应当遵守国家有关法律、法规和规章，遵守社会道德规范，诚信经营，维护中国旅游饭店行业的声誉。

第二章　预订、登记、入住

第四条　饭店应当与客人共同履行住宿合同，因不可抗力不能履行双方住宿合同的，任何一方均应当及时通知对方。双方另有约定的，按约定处理。

第五条　饭店由于出现超额预订而使预订客人不能入住的，饭店应当主动替客人安排本地同档次或高于本饭店档次的饭店入住，所产生的有关费用由饭店承担。

第六条　饭店应当同团队、会议、长住客人签订住房合同。合同内容应当包括客人入住和离店的时间、房间等级与价格、餐饮价格、付款方式、违约责任等款项。

第七条　饭店在办理客人入住手续时，应当按照国家的有关规定，要求客人出示有效证件，并如实登记。

第八条　以下情况饭店可以不予接待：

（一）携带危害饭店安全的物品入店者；

（二）从事违法活动者；

（三）影响饭店形象者(如携带动物者)；

（四）无支付能力或曾有过逃账记录者；

（五）饭店客满；

（六）法律、法规规定的其他情况。

第三章　饭店收费

第九条　饭店应当将房价表置于总服务台显著位置，供客人参考。饭店如给予客人房价折扣，应当书面约定。

第十条 饭店应在前厅显著位置明示客房价格和住宿时间结算方法，或者确认已将上述信息用适当方式告知客人。

第十一条 根据国家规定，饭店如果对客房、餐饮、洗衣、电话等服务项目加收服务费，应当在房价表或有关服务价目单上明码标价。

第四章 保护客人人身和财产安全

第十二条 为了保护客人的人身和财产安全，饭店客房房门应当装置防盗链、门镜、应急疏散图，卫生间内应当采取有效的防滑措施。客房内应当放置服务指南、住宿须知和防火指南。有条件的饭店应当安装客房电子门锁和公共区域安全监控系统。

第十三条 饭店应当确保健身、娱乐等场所设施、设备的完好和安全。

第十四条 对可能损害客人人身和财产安全的场所，饭店应当采取防护、警示措施。警示牌应当中外文对照。

第十五条 饭店应当采取措施，防止客人放置在客房内的财物灭失、毁损。由于饭店的原因造成客人财物灭失、毁损的，饭店应当承担责任。

第十六条 饭店应当保护客人的隐私权。除日常清扫卫生、维修保养设施设备或者发生火灾等紧急情况外，饭店员工未经客人许可不得随意进入客人下榻的房间。

第五章 保管客人贵重物品

第十七条 饭店应当在前厅处设置有双锁的客人贵重物品保险箱。贵重物品保险箱的位置应当安全、方便、隐蔽，能够保护客人的隐私。饭店应当按照规定的时限，免费提供住店客人贵重物品的保管服务。

第十八条 饭店应当对住店客人贵重物品的保管服务做出书面规定，并在客人办理入住登记时予以提示。违反第十七条和本条规定，造成客人贵重物品灭失的，饭店应当承担赔偿责任。

第十九条 客人寄存贵重物品时，饭店应当要求客人填写贵重物品寄存单，并办理有关手续。

第二十条 饭店客房内设置的保险箱仅为住店客人提供存放一般物品之用。对没有按规定将贵重物品存放在饭店前厅贵重物品保险箱内，而造成客房里客人的贵重物品灭失、毁损的，如果责任在饭店一方，可视为一般物品予以赔偿。

第二十一条 如无事先约定，在客人结账退房离开饭店以后，饭店可以将客人寄存在贵重物品保险箱内的物品取出，并按照有关规定处理。饭店应当将此条规定在客人贵重物品寄存单上明示。

第二十二条 客人如果遗失饭店贵重物品保险箱的钥匙，除赔偿锁匙成本费用外，饭店还可以要求客人承担维修保险箱的费用。

第六章　保管客人一般物品

第二十三条　饭店保管客人寄存在前厅行李寄存处的行李物品时，应当检查其包装是否完好、安全，询问有无违禁物品，并经双方当面确认后，给客人签发行李寄存牌。

第二十四条　客人在餐饮、康乐、前厅行李寄存处等场所寄存物品时，饭店应当当面询问客人寄存物品中有无贵重物品。客人寄存的物品中如有贵重物品的，应当向饭店声明，由饭店员工验收并交饭店贵重物品保管处免费保管；客人事先未声明或不同意核实而造成物品灭失、毁损的，如果责任在饭店一方，饭店按照一般物品予以赔偿；客人对寄存物品没有提出需要采取特殊保管措施的，因为物品自身的原因造成毁损或损耗的，饭店不承担赔偿责任；由于客人没有事先说明寄存物品的情况，造成饭店损失的，除饭店知道或者应当知道而没有采取补救措施的以外，饭店可以要求客人承担相应的赔偿责任。

第七章　洗 衣 服 务

第二十五条　客人送洗衣物，饭店应当要求客人在洗衣单上注明洗涤种类及要求，并应当检查衣物状况有无破损。客人如有特殊要求或者饭店员工发现衣物破损的，双方应当事先确认并在洗衣单上注明。客人事先没有提出特殊要求，饭店按照常规进行洗涤，造成衣物损坏的，饭店不承担赔偿责任。客人送洗衣物在洗涤后即时发现破损等问题，而饭店无法证明该衣物是在洗涤以前破损的，饭店承担相应责任。

第二十六条　饭店应当在洗衣单上注明，要求客人将送洗衣物内的物品取出。对洗涤后客人衣物内物品的灭失，饭店不承担责任。

第八章　停车场管理

第二十七条　饭店应当保护停车场内饭店客人的车辆安全。由于保管不善，造成车辆灭失或者毁损的，饭店承担相应责任，但因为客人自身的原因造成车辆灭失或者毁损的除外。双方均有过错的，应当各自承担相应的责任。

第二十八条　饭店应当提示客人保管好放置在汽车内的物品。对汽车内放置的物品的灭失，饭店不承担责任。

第九章　其　　他

第二十九条　饭店如果谢绝客人自带酒水和食品进入餐厅、酒吧、舞厅等场所享用，应当将谢绝的告示设置于经营场所的显著位置，或者确认已将上述信息用适当方式告知客人。

第三十条　饭店有义务提醒客人在客房内遵守国家有关规定，不得私留他人住宿或者擅自将客房转让给他人使用及改变使用用途。对违反规定造成饭店损失的，饭店可以要求入住该房间的客人承担相应的赔偿责任。

第三十一条 饭店可以口头提示或书面通知客人不得自行对客房进行改造、装饰。未经饭店同意进行改造、装饰而造成损失的，饭店可以要求客人承担相应的赔偿责任。

第三十二条 饭店有义务提示客人爱护饭店的财物。由于客人的原因造成损坏的，饭店可以要求客人承担赔偿责任。由于客人原因，饭店维修受损设施、设备期间导致客房不能出租、场所不能开放而发生的营业损失，饭店可视其情况要求客人承担责任。

第三十三条 对饮酒过量的客人，饭店应恰当、及时地劝阻，防止客人在饭店内醉酒。客人醉酒后在饭店内肇事造成损失的，饭店可以要求肇事者承担相应的赔偿责任。

第三十四条 客人结账离店后，如有物品遗留在客房内，饭店应当设法同客人取得联系，将物品归还或寄还给客人，或替客人保管，所产生的费用由客人承担。三个月后仍无人认领的，饭店可登记造册，按拾遗物品处理。

第三十五条 饭店应当提供与本饭店档次相符的产品与服务。饭店所提供的产品与服务如果存在瑕疵，饭店应当采取措施及时加以改进。由于饭店的原因而给客人造成损失的，饭店应当根据损失程度向客人赔礼道歉，或给予相应的赔偿。

第十章　处　　理

第三十六条 中国旅游饭店业协会会员饭店违反本《规范》，造成不良后果和影响的，除按照有关规定进行处理外，中国旅游饭店业协会将对该会员饭店给予协会内部通报批评。

第三十七条 中国旅游饭店业协会会员饭店违反本《规范》，给客人的人身造成较大伤害，或者给客人的财产造成严重损失且情节严重的，除按规定进行赔偿外，中国旅游饭店业协会将对该会员饭店给予公开批评。

第三十八条 中国旅游饭店业协会会员饭店违反本《规范》，给客人人身造成重大伤害或者给客人的财产造成重大损失且情节特别严重的，除按规定进行赔偿外，经中国旅游饭店业协会常务理事会通过后，将对该会员饭店予以除名。

第十一章　附　　则

第三十九条 饭店公共场所的安全疏散标志等，应当符合国家的规定。饭店的图形符号，应当符合中华人民共和国旅游行业标准 LB/T 001—1995 旅游饭店公共信息图形符号。

第四十条 中国旅游饭店业协会会员饭店如果同客人发生纠纷，应当参照本《规范》的有关条款协商解决；协商不成的，双方按照国家有关法律、法规和规定处理。

第四十一条 本《规范》适用于中国旅游饭店业协会会员饭店。

第四十二条 本《规范》自 2002 年 5 月 1 日起施行。

第四十三条 本《规范》由中国旅游饭店业协会常务理事会通过并负责解释。

中国饭店行业服务礼仪规范(试行)

(中国旅游饭店业协会2007年10月11日发布)

前　言

本规范是对《中国旅游饭店行业规范》的深化和补充，适用于在中国境内开办的各种类型的饭店，含宾馆、酒店、度假村等。

本规范由中国旅游饭店业协会发布并负责解释。

本规范主要起草人：王伟、蒋齐康、许京生、徐锦祉、张志军、段建国、景晓莉、梁英、付钢业。

本规范于2007年10月11日发布，自发布之日起试行。

总　则

第一条　为全面提升中国饭店行业员工的整体素质和服务水平，塑造文明礼貌的职业形象，培养爱岗敬业的职业道德，以礼仪促规范，中国旅游饭店业协会依据《星级饭店访查规范》和《中国旅游饭店行业规范》，特制定《中国饭店行业服务礼仪规范》(以下简称《规范》)。

第二条　《规范》所指饭店，是指在中国境内开办的各种类型的饭店，含宾馆、酒店、度假村等(以下简称“饭店”)。

第三条　《规范》所称服务礼仪，是指饭店员工在岗服务全过程中应具备的基本素质和应遵守的行为规范，包括仪表规范、仪态规范、见面常用礼仪规范、服务用语规范及不同岗位服务礼仪规范等。

第四条　《规范》应成为饭店员工自觉实践行业服务礼仪的基本原则。

第一篇　基本礼仪规范

第一章　仪表规范

第五条　饭店员工应容貌端正，修饰得体，衣着整洁美观。

第六条　饭店员工应保持面部洁净、口腔卫生。女员工可以适度化妆以符合岗位要求。

第七条　饭店员工应保持头发干净，长短适宜，发型符合岗位要求。

第八条　饭店员工应保持手部清洁，指甲长短适宜，符合岗位要求。在不违反具体岗位要求的情况下，女员工可以涂无色指甲油。

第九条 饭店员工应统一着装。工装干净整洁、外观平整、搭配合理，并符合饭店形象设计要求。

第十条 饭店员工应佩戴胸卡。胸卡应标明饭店标志、所在部门、员工姓名等。从事食品加工工作的员工可将胸卡内容绣在上衣兜口处。鼓励有条件的饭店为具备外语、手语接待技能的员工佩戴特殊胸卡。

第十一条 饭店员工佩戴饰品应符合岗位要求。饰品应制作精良，与身份相符。

第十二条 从事食品加工工作的员工应佩戴专用的工作帽、口罩、手套等，不应涂指甲油。从事食品加工工作的员工和工程部员工应穿无扣服装，不佩戴任何饰物。

第二章　仪态规范

第十三条 饭店员工应体态优美，端庄典雅。

第十四条 饭店员工站立时，应头正肩平，身体立直，应根据不同站姿调整手位和脚位。

第十五条 饭店员工入座应轻稳，上身自然挺直，头正肩平，手位、脚位摆放合理，应合理使用不同坐姿。

第十六条 饭店员工下蹲服务时，应并拢双腿，与客人侧身相向，应合理使用不同蹲姿。

第十七条 饭店员工应行走平稳，步位准确，步幅适度，步速均匀，步伐从容。

第十八条 饭店员工使用引领手势时，应舒展大方，运用自然得体，时机得当，幅度适宜。

第十九条 饭店员工应合理使用注视礼和微笑礼。与客人交流时，宜正视对方，目光柔和，表情自然，笑容真挚。

第三章　见面常用礼仪规范

第二十条 饭店员工自我介绍时，应目视对方，手位摆放得体，介绍实事求是。介绍他人时，手势规范，先后有别。

第二十一条 饭店员工与客人握手时，应明确伸手的顺序，选择合适的时机，目视对方，亲切友善。把握握手的力度，控制时间的长短，根据不同对象做到先后有别。

第二十二条 饭店员工行鞠躬礼时，应面对受礼者，自然微笑，身体前倾到位。行礼时，应准确称谓受礼者，合理使用礼貌用语。

第二十三条 饭店员工应在不同场合向客人施行不同的致意礼。行礼时，次序合理，时机得当，自然大方。

第四章　服务用语规范

第二十四条 饭店员工应遵守公认的语言规范，应针对不同的服务对象使用不同的服务语言，服务用语应符合特定的语言环境。

第二十五条 饭店员工为客人服务时应使用对方易懂的语言，使用规范的服务用语，称谓恰当，用词准确，语意明确，口齿清楚，语气亲切，语调柔和。

第二十六条 鼓励饭店员工掌握和运用外语、手语，为不同需求的群体更好地提供语言服务。

第二篇　通用服务礼仪规范

第五章　对客通用服务礼仪规范

第二十七条 饭店员工迎送客人时，应选择合理的站位，站立端正，微笑着目视客人。正确使用肢体语言和欢迎、告别敬语。用客人姓名和尊称称呼客人。

第二十八条 接打电话时，应讲普通话及相应的外语，发音清晰，语速适中，音量适宜，力求通过声音传递愿意为客人服务的信息。电话铃响 10 秒内应及时接听电话，先自我介绍，并致以诚挚问候，结束通话时应向客人真诚致谢，确认客人已完成通话后再轻轻挂断电话。

第二十九条 饭店员工应合理设定和使用手机振动或铃声。铃声应与工作身份相匹配，音量适宜，内容健康向上。

第三十条 向客人递送登记表格、签字笔、找零等物品时，应使用双手或托盘，将物品的看面朝向客人，直接递到客人手中。递送带尖、带刃的物品时，尖、刃应朝向自己或朝向他处。递送时，应正确使用肢体语言和礼貌用语。

第三十一条 递赠名片时，应将名片的看面朝向对方，用双手直接递到对方手中。收受名片时，应双手捧收，认真拜读，礼貌存放。递接名片时，应正确称谓对方，及时致谢。

第三十二条 如果在接待服务场所，服务人员多次与同一位客人相遇，应使用不同的问候语。在走廊遇到客人或必须从客人面前通过时，应缓步或稍停步，向旁边跨出一步，礼貌示意客人先行。

第三十三条 进出有客人的房间时，服务人员应站立端正，平视门镜，敲门并通报身份。见到客人时应礼貌问候。离开房间到门口时，应面对客人退出房间。开关房门动作应轻缓。

第三十四条 引领客人出入无人服务的电梯时，引导者应先入后出。在电梯轿厢内，引导者应靠边侧站立，面对或斜对客人。中途有其他客人乘梯时，引导者应礼貌问候。出入有人服务的电梯时，引导者应后入先出。

第三十五条 客人有任何合理需求时，服务员应尽力满足，不能满足时，应帮助客人通过其他途径解决。

第六章　处理特殊情况服务礼仪规范

第三十六条　受条件制约，饭店无法满足客人要求时，应向客人表示理解和同情，并婉拒客人。

第三十七条　接待投诉客人时，应诚恳友善，用恰当的方式称呼客人。倾听客人说话时，应目视客人，及时将投诉事项记录下来。对客人愿意把问题告诉自己表示感谢，把要采取的措施及解决问题的时限告诉客人并征得客人同意。事后及时回访，确认投诉得到妥善处理。

第三十八条　当出现火灾等紧急情况时，服务人员应根据饭店突发事件处理程序及时处理。处理时，应保持镇静，语气坚定，语调平缓。应安抚客人，向客人传递安全的信息。接到上级的疏散命令后，应疏散有序，忙而不乱。

第三十九条　当客人受伤或突发疾病时，服务人员应根据饭店突发事件处理程序及时处理。处理时，应保持镇静，适时安抚客人。

第四十条　饭店紧急停电时，服务人员应镇静自若，及时向客人说明停电的原因和来电的时间。应及早安抚受到惊吓和被困在电梯内的客人，并真诚道歉。

第三篇　前厅服务礼仪规范

第七章　机场、车站、码头迎送客人服务礼仪规范

第四十一条　饭店应制作接机、接站标志牌。标志牌应制作规范，符合饭店的形象设计。接站、送站车辆的规格应符合客人事先的要求。

第四十二条　接站人员应提前到达指定地点迎候客人，平稳举拿标志牌，抬头挺胸，站姿端正，微笑着目视出站口。

第四十三条　见到客人应主动问候，应正确称呼客人的姓名或职务，应得体地进行自我介绍。

第四十四条　为客人提拿行李时，应轻拿轻放、保证完好，应尊重客人的意愿提供行李服务。

第四十五条　为客人引路时，接送人员应与客人保持适当的距离，应根据客人的性别、职位、路况和环境等因素选择合适的站位和走位。

第四十六条　接站、送站车辆应按照交通法规的规定合理停放，停靠位置应方便客人上下车。

第四十七条　接送人员应根据不同车辆选择合理的站位，迎送客人上下车。安排座位应符合座次礼仪并照顾客人的意愿。开关车门动作应轻缓，应适时为客人护顶，且护顶时应尊重客人的宗教信仰。

第四十八条 与客人告别时，接送人员应保证客人的行李准确完好，应根据客人的走向随时调整站位，微笑着注视客人，祝客人一路平安。客人走出视线后再转身离开。

第八章 行李服务礼仪规范

第四十九条 门童应选择合理站位，站立端正，随时迎候客人。

第五十条 车辆驶近饭店大门时，门童应主动迎上前去，用规范的手势引导车辆停靠在方便客人上下车和行李运送的地方。下雨时，应带着雨伞迎候在无雨棚区域下车的宾客。为客人打开车门时，应站在车门一侧为客人护顶、撑伞。

第五十一条 车辆停稳后，门童应按照座次礼仪拉开车门。如果客人乘坐的是出租车，应等客人付账后再拉开车门，微笑着注视客人，亲切地问候客人。

第五十二条 客人上下车时，门童应适时为客人护顶，且护顶时应尊重客人的宗教信仰。

第五十三条 装卸行李时，应轻拿轻放，数量准确，摆放有序，并得到客人的确认。应保证随身行李不离开客人的视线范围。

第五十四条 引领客人前往接待台进行入住登记时，行李员应用外侧手提拿行李，在客人侧前方行走，时常用规范的手势示意客人前行的方向。

第五十五条 客人办理入住登记手续时，行李员应站在一米以外，站姿端正，注视客人，随时等候为客人服务。

第五十六条 引领客人去客房时，行李员应靠边侧前行，并与客人保持适当的距离。

第五十七条 到达客房后，行李员应按照客人的要求摆放行李。行李的正面应朝上，提手应朝外。应让客人确认行李的数量和完好状态。

第五十八条 离开客房到门口时，行李员应面对客人退出客房，与客人告别，轻轻关上房门。

第五十九条 客人离店需要行李服务时，行李员应准时为客人提拿行李，并将行李整齐摆放在客人指定的地点。

第九章 入住登记、结账服务礼仪规范

第六十条 接待员、收银员见到客人应主动问候。获知客人姓名后，应用姓氏或尊称称呼客人。

第六十一条 接待员介绍饭店产品时应实事求是，用恰当的语言，站在客人的角度，为客人提供参考建议。

第六十二条 回答客人询问时，应有问必答，态度和蔼。对不了解的事情，应向客人表示歉意，表现出愿意帮助客人的意愿，并提供后续服务。

第六十三条 对住店客人和非住店客人应一视同仁，对客人的光临应致以真诚的谢意，感谢客人提问，欢迎客人再次光临。

第六十四条 收费结账时，服务员应耐心细致、准确快捷。用现金结账的，应让客人核实收付金额，保证账目准确。

第六十五条 收银员应将账单、发票装入信封，用双手呈递给客人，请客人确认无误。

第六十六条 结账完毕，收银员应真诚地向客人表示感谢，欢迎客人再次光临，目送客人离开。

第十章 总机服务及商务中心服务礼仪规范

第六十七条 话务员接打电话时，应使用普通话或相应的外语。发音清晰，语调柔和，语速适中，音量适宜，语言简练，表述准确，耐心倾听。

第六十八条 电话铃响10秒内，话务员应及时接听电话，先问候客人并报饭店名称。

第六十九条 转接电话时，如果无人接听或电话占线，话务员应及时告知来电者，并主动提供留言服务。

第七十条 转接外线电话时，话务员应保护住店客人的私人信息。

第七十一条 提供叫醒服务时，话务员应保证在预定的时间准时叫醒客人。叫醒的语言应简练，语音甜美柔和。

第七十二条 商务中心提供打印、复印服务时，应将客人的文件码放整齐，注意文件保密，迅速、准确服务。向客人递送文件时，应微笑着注视客人用双手递送。

第四篇 客房服务礼仪规范

第十一章 客房清洁及维修服务礼仪规范

第七十三条 清洁客房或进行简单客房维修时，应选择在客人外出时进行，并尊重客人的住宿习惯。进入客房前应按铃三次并报告本人身份，等候客人开门或确定房内无人再用工作钥匙开门。清洁房间时应开启客房房门。如需当着客人清洁客房，应尽量避免打扰客人，并严格按操作标准提供迅速、快捷的服务。提供相关服务时，应尊重客人隐私和住宿习惯，不翻看客人的文件，不对客人的物品和活动表示好奇。一般不宜改变客人物品的摆放位置。

第七十四条 饭店装修或维修客房时，应用敬启信或通告的方式真诚地向客人致歉，感谢客人的理解和支持，并及时为客人提供附加值服务。

第七十五条 维修人员应着装干净，维修物品应摆放有序。提拿动作轻缓，尽量不影响客人休息。给客人造成不便时，应主动向客人致歉。维修时，宜使用维修专用物品和设备，不应随意使用客房物品和设备。

第七十六条 维修完毕，维修人员应主动清扫维修垃圾，及时通知客房部整理客房，使客房尽快恢复原状。客房部应及时回访客人，对给客人造成的不便再次向客人致歉。

第十二章 客房其他对客服务礼仪规范

第七十七条 饭店应按客人要求和相关程序提供擦皮鞋服务，遵守承诺，按时送还。

第七十八条 客人需要洗涤或熨烫衣服时，客房服务员应及时收取客衣，并按时送还，按规定将洗涤好或熨烫好的衣物挂放整齐。

第七十九条 客人租借用品时，饭店应热情受理。服务员应向客人礼貌申明相关租借规定。如果无法提供租借用品，应主动提供建议，尽量帮助客人解决问题。

第八十条 提供房内免费饮品服务时，应尊重客人的需求和偏好，按时将有免费标志的饮品送至客房。

第十三章 客房送餐服务礼仪规范

第八十一条 送餐车应干净整洁，符合卫生要求。车轮转动灵活，推动方便，无噪声。餐具应与食物匹配，干净、整齐、完好。

第八十二条 送餐员应站在离餐车一定距离处介绍菜品。送餐完毕，祝客人用餐愉快。

第八十三条 送餐时，如遇客人着装不整，送餐员应在门外等候，等客人穿好衣服后再进房送餐。

第十四章 公共区域清洁服务礼仪规范

第八十四条 公共区域卫生间应干净无异味。服务员见到客人应礼貌问候，适时回避。因清洁工作给客人带来不便时，应向客人致歉。客人离开时，服务员应主动为客人开门。

第八十五条 清洁公共区域时，服务员应保持专业的工作状态，步履轻盈，动作熟练。遇到客人应暂停工作，礼貌问候，礼让客人。客人在工作区域谈话时，清洁员应礼貌回避。

第八十六条 使用清洁设备时，服务员应保证设备整洁完好，不乱堆乱放。提拿工具应注意避让客人，提拿方式安全、得当，并符合礼仪规范。

第十五章 特殊情况客房服务礼仪规范

第八十七条 住店客人生病时，饭店应派人及时探访，应真诚询问客人状况，按工作程序及时提供必要的帮助。探访人应把握探望时间，尽量不打扰客人休息。

第八十八条　客人财物在客房内丢失时，饭店应派人及时到达现场，安抚客人，表示同情，及时为客人提供帮助，并尽快将调查、处理结果通知客人。

第八十九条　客人损坏饭店物品时，饭店应派人及时到达现场，首先查看客人是否受伤，然后再检查物品的损坏情况。及时修补或更换被损坏物品，查明物品损坏原因，根据实际情况处理索赔事宜，做到索赔有度。

第九十条　员工损坏客人物品时，饭店应派人及时到达现场，赔礼道歉，安抚客人，然后认真查看物品损坏状况。分清责任后，应就员工的过失再次向客人诚恳致歉，及时与客人协商赔偿事宜，跟踪处理结果。

第五篇　餐饮服务礼仪规范

第十六章　餐前服务礼仪规范

第九十一条　客人到餐厅用餐，领位员应根据不同客人的就餐需求安排合适的就餐座位并祝客人用餐愉快。引领入座应一步到位，手势规范，走位合理，步幅适度。

第九十二条　餐厅应备足酒单、菜单，保证其整洁完好。领位员应选择合理的站位，目视客人，用双手呈递酒单、菜单。服务的次序应符合中西餐就餐程序。

第九十三条　客人入座后，餐厅服务员应选择合理的站位，按次序为客人铺放口布。铺放动作应轻巧熟练，方便客人就餐。

第九十四条　向客人推荐菜品时，应使用规范的手势，尊重客人的饮食习惯，适度介绍酒水。

第九十五条　书写菜肴订单时，服务员应站立端正，将订单放在手中书写。下单前，应向客人重复所点菜品名称，并询问客人有无忌口的食品，有些西式菜品还应征求客人对生、熟程度的要求。

第十七章　餐间服务礼仪规范

第九十六条　厨房出菜后，餐厅应及时上菜。传菜时应使用托盘。托盘干净完好，端送平稳。传菜员行走轻盈，步速适当，遇客礼让。

第九十七条　西餐的上菜速度应与客人的用餐速度相适宜。热菜和冷菜应分别放入经过加热或冷却处理的餐盘中。

第九十八条　值台服务员应根据餐桌、餐位的实际状况，合理确定上菜口。上菜时，应用双手端平放稳。跟配小菜和作料的，应与主菜一并上齐。报菜名时应吐字清晰、音量适中。

第九十九条　摆放菜肴应实用美观，并尊重客人的选择和饮食习惯。

第一百条　所有菜肴上齐后，应告知客人菜已上齐，并请客人慢用。

第一百零一条 需要分菜时，服务员应选择合理的站位，手法熟练，操作卫生，分派均匀。

第一百零二条 服务员应以尽量少打扰客人就餐为原则，选择适当的时机撤盘。撤盘时，应遵循饭店相关工作程序，动作轻巧，规范到位。

第一百零三条 为客人提供小毛巾服务前，应对毛巾进行消毒，保证毛巾温度、湿度适宜，无异味。服务员应随时巡台，及时撤下客人用过的毛巾。

第一百零四条 客人抽烟时，服务员应用饭店配备的专用器具及时为客人提供点烟服务。划燃火柴和熄灭火柴应远离客人。如果用打火机点烟，应事先调好火苗的大小。

第一百零五条 服务员应根据实际情况，以不打扰客人为原则，为抽烟客人适时更换烟灰缸。服务时，应使用托盘，先征询客人意见，得到许可后再服务。

第一百零六条 餐厅服务员应随时观察客人用餐情况，适时更换骨碟。更换骨碟时，应使用托盘，先征询客人意见，得到许可后再服务。操作手法应干净卫生，撤换线路和新骨碟的摆放位置应方便客人用餐。

第十八章　酒水服务礼仪规范

第一百零七条 服务员应尊重客人的饮食习惯，根据酒水与菜品搭配的原则，向客人适度介绍酒水。下单前，应重复酒水名称。多人选择不同饮品的，应做到准确记录，服务时正确无误。

第一百零八条 斟倒酒水前，服务员应洗净双手，保证饮用器具清洁完好，征得客人同意后，按礼仪次序依次斟倒。斟酒量应适宜。续斟时，应再次征得客人同意。

第一百零九条 服务酒水时，服务员应询问客人对酒水的要求及相关注意事项，然后再提供相关服务。

第一百一十条 服务整瓶出售的酒品时，应先向客人展示所点酒品，经确认后再当众开瓶。斟倒饮料时，应使用托盘。

第一百一十一条 调酒员面客服务时，应做到操作卫生，手法娴熟。客人间谈话时，调酒员应适时回避。客人对所调制的酒水不满意时，应向客人致歉，争取为客人提供满意的服务。

第一百一十二条 服务热饮或冷饮时，应事先预热杯具或提前为杯子降温，保证饮品口味纯正。服务冰镇饮料时，应擦干杯壁上凝结的水滴，防止水滴滴落到桌子上或客人衣服上。服务无色无味的饮料时，应当着客人的面开瓶并斟倒。

第十九章　明档制作服务礼仪规范

第一百一十三条 厨师明档制作前，应按规定穿好工装、戴好工帽和口罩，保证灶面清洁卫生，作料容器干净整洁。

第一百一十四条 制作时，厨师应尊重客人的意愿，严格按配量烹饪，做到手法熟练，操作卫生。

第一百一十五条 服务时，一般应遵循先点先做的原则。

第一百一十六条 受到客人称赞时，应真诚致谢，并主动征求客人对菜品的意见。

第二十章 宴会自助餐服务礼仪规范

第一百一十七条 宴会自助餐台设计应突出主题，造型新颖，餐台布局实用美观。摆放菜点时，应按照人们的就餐习惯，按就餐顺序依次摆放。

第一百一十八条 客人用餐时，服务员应及时巡视，随时添加餐具、食品和饮料，适时提供更换烟灰缸服务和添加饮料服务。

第一百一十九条 服务员应随时保持餐桌整洁，适时撤走客人用过的餐具。撤餐具时，应礼貌示意，征得客人同意。

第二十一章 餐后结账服务礼仪规范

第一百二十条 服务员应随时留意客人的用餐情况，客人示意结账时，应及时提供服务。账单应正确无误，呈递动作标准、规范。

第一百二十一条 客人付账时，服务员应与客人保持一定距离，客人准备好钱款后再上前收取。收取现金时应当面点验。结账完毕，服务员应向客人致谢，欢迎客人再次光临。

第一百二十二条 结账后客人继续交谈的，服务员应继续提供相关服务。

第二十二章 特殊情况用餐服务礼仪规范

第一百二十三条 接待要求比较特殊的客人时，服务人员应耐心、诚恳。客人对服务工作提出意见和建议时，应真诚地向客人致谢。提供后续服务时，应保证服务态度和服务质量的一致性。

第一百二十四条 有急事的客人用餐时，服务员应提供迅速便捷的服务，向客人介绍容易制作、符合口味的菜品，告知客人每道菜品所需的制作时间，并做好随时结账的准备。

第一百二十五条 如服务员因工作原因导致客人衣物污损，应真诚地向客人道歉并立即报告上级。饭店在征求客人意见后，应及时为客人提供免费洗衣服务，并尽快将洗好的衣物送还客人。

第六篇　康乐服务礼仪规范

第二十三章　康乐服务通用服务礼仪规范

第一百二十六条　见到客人，服务员应礼貌询问客人准备消费的项目，请客人出示消费卡或房卡。收递物品应用双手，不方便用双手时，应用右手。

第一百二十七条　更衣室服务员应按递物礼仪向客人递送更衣柜钥匙，提醒客人妥善保管钥匙。

第一百二十八条　服务员应用规范的手势为客人指引更衣室方向。客人进入更衣室后，更衣室服务员应微笑致意、主动问好，用规范的手势为客人指示更衣柜的位置。客人更衣时，服务员应适时回避。客人更衣完毕，服务员应提醒客人妥善保管钥匙。

第一百二十九条　服务员应在不影响客人的情况下，做好浴室的清洁工作。

第一百三十条　康乐场所提供饮品服务时，服务员应按照礼仪规范呈递饮品单。服务饮品前应洗手。端送饮品或撤换用过的餐具时应使用托盘。服务员应随时留意活动场所动静，及时回应客人需求。

第二十四章　康体服务礼仪规范

第一百三十一条　康体游乐场所未开场前，服务员应主动问候客人，耐心回答客人询问，并做到准时开场。如因超员需要限制游玩人数时，服务员应向客人做好解释工作，并对客人的配合表示感谢。

第一百三十二条　服务员应随时巡视场地，主动为儿童和年纪较大的客人提供服务和帮助。救生员应随时观察场所内状况，发现客人违反安全规定时，应礼貌劝阻。

第一百三十三条　服务员进行场内的清洁消毒工作时，应尽量避免打扰客人。

第一百三十四条　健身教练和球类项目服务员在对客服务时，应主动进行自我介绍，应准确称呼常客的姓名。

第一百三十五条　指导客人训练或给客人作陪练时，应随时注意观察和掌握客人锻炼情况，及时做好提醒和服务工作。

第一百三十六条　服务员应向客人耐心介绍桑拿浴、温泉浴的洗浴方法和注意事项。对于无人陪同的年长客人或初次消费的客人等，应特别关注客人的安全。

第二十五章　娱乐服务礼仪规范

第一百三十七条　客人较多时，服务员应主动疏导客人，使用规范的手势，礼貌地为客人引路。

第一百三十八条 客人玩游戏机时，服务员应主动提供换币服务。对于初来的客人，服务员应主动指导操作方法，介绍游戏规则。

第一百三十九条 游艺机出现故障时，服务员应真诚地向客人致歉，并及时给客人调换。

第一百四十条 在卡拉OK厅和舞厅，为客人服务酒水和小食品时，应根据服务场地的实际情况，采用正确的服务方式，避免遮挡客人视线。服务员应主动为客人提供查找歌名和点歌服务。

第一百四十一条 服务员应适时为客人提供饮品服务，根据需要更换烟灰缸、撤换杯具，不断巡视，随时满足客人的服务需求。

第一百四十二条 在客人接受服务期间，服务员应减少不必要的服务干扰。临近营业时间结束时，服务员应以礼貌的方式提醒客人，并继续提供服务，直至客人结账离去。

第七篇　其他对客服务礼仪规范

第二十六章　会议服务礼仪规范

第一百四十三条 服务员为客人倒水时，应站位合理，手法熟练，操作卫生，倒水量适宜，端放茶杯动作轻巧。

第一百四十四条 重要会议使用贵宾接待室的，服务员应提供敬茶服务。敬茶时应使用托盘，按照礼仪次序依次服务。端放茶杯动作轻巧。如果茶几较低，服务员应单腿弯曲采用蹲式服务，蹲姿应优雅大方。

第一百四十五条 服务员应随时留意会场状况，及时回应客人需求。

第一百四十六条 会场应设专职清洁员负责卫生间的保洁和服务工作。

第一百四十七条 会场衣帽间应有明显的标志牌，衣架干净完好、数量充足。客人存放衣服时，服务员应礼貌问候，按递物礼仪递接存衣牌，并提醒客人妥善保管贵重物品。拿取客人外衣时，不倒拿，不拖擦。

第一百四十八条 会议间歇，与会客人到休息区休息时，清洁员应暂停工作，适时回避。遇客问候，随时礼让。

第一百四十九条 饭店应为客人提供车辆进出登记服务、计时收费服务和车位预留服务。停车场管理员应礼貌问候客人，并用规范的手势引导车辆。

第二十七章　营销服务礼仪规范

第一百五十条 饭店营销部门的工作人员定期拜访客户时，应提前预约，着装整洁，主动进行自我介绍。与客人交谈时，应认真聆听，及时回应，并将手机调至静音状态。结束交谈时，应向客户礼貌致谢，对占用客户的宝贵时间表示歉意。

第一百五十一条 宴请客户时，应提前到达就餐地点迎候客人。点菜时，应尊重客户的饮食习惯，不铺张浪费。

第一百五十二条 带领客户参观饭店时，应提前准备，有序安排，引领礼仪应规范、到位。介绍饭店时，应实事求是，关注客户兴趣，把握时间，适时结束参观。

第一百五十三条 营销人员在办公室接待来访客人时，应热情友好，落落大方。倒水、递名片、握手应符合礼仪规范。

第一百五十四条 营销部预订员接听客人预订电话时，应根据客人需求推荐合适的产品，做到热情友好，善解人意。预订员收发业务信函时，行文应规范，称谓准确，回复及时，文字简练，通俗易懂。

第一百五十五条 接待大型旅游团队时，负责协调关系的饭店相关营销人员，应提前做好接待准备工作，及时和领队、导游沟通，尽量节约客人出行时间。

第一百五十六条 饭店若安排人员提供拍照、摄像服务时，应遇客礼让，提拿摄像器材规范到位，不妨碍客人行走和交谈。

第一百五十七条 饭店有外事接待活动时，应派专人协调各项事宜。与客方会见、会谈时，主方与会人员身份应与客方与会人员身份对等，座次安排符合礼节。交谈时，主方应认真聆听，积极回应。宴请客方时，应尊重客方饮食习惯，菜量适宜，避免浪费。主方敬酒布菜时，应把握尺度。主方与会人员就餐时应优雅大方，符合就餐礼仪。

第二十八章　商品销售服务礼仪规范

第一百五十八条 营业员应微笑问候前来浏览商品的客人，随时准备为客人服务。

第一百五十九条 为客人服务时，营业员应善于观察客人的眼神和表情，把握时机向客人展示商品。介绍商品应实事求是，不夸大其词。递送商品应符合递物礼仪规范。

第一百六十条 回答客人询问时，应亲切自然，有问必答。无法回答客人问题时，应向客人真诚致歉，并提供其他咨询途径。

第一百六十一条 对购物客人和非购物客人，营业员应一视同仁，不厚此薄彼。

第一百六十二条 营业时间快结束时，营业员应继续耐心提供服务，直到客人满意离开。

第一百六十三条 接待退换货的客人时，服务人员应真诚友善，按退货制度热情、快捷地为客人办理退货手续。

第二十九章　残疾人服务礼仪规范

第一百六十四条 问候肢体残疾客人时，服务员应亲切友好，表情自然。客人乘坐轮椅的，服务员应保证与客人目光平视。问候盲人客人时，服务员应在一定距离处通过声音提示让客人及时辨听周围情况。提示时，语气柔和，语调平缓，音量适中。问候聋哑客人时，服务员应微笑着注视客人，通过眼神向客人传递平等、友好的信息。

第一百六十五条 为肢残客人提供引领服务时，应走最短路线，做到走平路时适当关注，走坡路时适当帮助。引领盲人客人行走时，应事先征得其同意。向盲人客人指示方向时，应明确告诉客人所指人或物相对于客人的方位，不使用指向性不明的表述。

第一百六十六条 引领残疾客人乘坐电梯时，引导者应适当关注肢残客人，积极帮助盲人客人。引领盲人客人上下楼梯或乘坐自动扶梯时，引导者应先一步上下，然后回身照应客人。引领过程中，引导者应不断通过声音提示和放缓脚步的方式，及时提醒盲人客人前面的路况。

第一百六十七条 引领盲人客人入座时，应把客人带到座椅旁，让客人自己调整桌椅间距离。

第一百六十八条 引领盲人客人乘车时，引导者应告诉其车辆停靠的位置相对于客人的方位。开关车门、帮客人上下车、给客人护顶等，都应有声音提示。引导者与客人同车的，应向客人描绘沿途景色。

第一百六十九条 给残疾客人办理入住登记手续时，服务员应主动协助残疾客人，优先、迅速办理入住手续。给残疾客人排房时，应尽量安排较低楼层或其他方便出行的无障碍客房。

第一百七十条 残疾客人到餐厅用餐，服务员应将客人引领至方便出入且安静的餐位。为肢残客人服务时，餐具和食品应就近摆放。为盲人客人服务时，服务员应阅读菜单，并细致解释，帮助客人逐一摸到餐具的摆放位置。上菜时，应向盲人客人描述菜肴的造型和颜色，告诉客人食物放置的相对位置，并随时帮助客人。

第三十章 其他对客岗位服务礼仪规范

第一百七十一条 饭店保卫工作人员应着工作装上岗，站姿端正，配饰齐全。

第一百七十二条 采购员在接待供应商时，应谦和有礼、热情大方。与客人交谈时，应将手机调至静音，认真倾听对方谈话。交谈结束后，应礼貌送别。

第一百七十三条 车队司机应保证车辆干净整洁。接送客人时，应着装规范，提前到达，站立迎候，适时提供行李服务和护顶服务。应遵章守法，安全驾驶，按时将客人送达指定地点。客人到达目的地后，应提醒客人带齐物品，对客人乘坐本车表示感谢，目送客人离开后再上车。

第一百七十四条 饭店总值班经理对客人应礼貌热情，对员工应关心体贴。应以身作则，言而有信。巡视检查员工工作时，应尊重员工劳动成果，应为下级排忧解难。处理各类突发事件和疑难问题时，应镇静自如，反应迅速，措施得当。

参考文献

[1] 袁义．酒店法规与法律实务[M]．南京：东南大学出版社，2011.

[2] 潘静成，刘文华．经济法[M].3 版．北京：中国人民大学出版社，2008.

[3] 苗壮昌．CFO 法律风险防范[J]．首席财务官，2007(3).

[4] 刘文华，徐孟洲．经济法[M]．北京：法律出版社，2009.

[5] 孙晓平，邓敬才．经济法原理与实务[M]．北京：北京大学出版社，中国林业出版社，2007.

[6] 项先权．新公司法理论与律师实务[M]．北京：知识产权出版社，2006.

[7] 程旭东．现代酒店管理[M].2 版．北京：人民邮电出版社，2011.

[8] 国瑞会计研究中心．小型酒店餐饮企业会计、税务、审计一本通[M]．北京：中华工商联合出版社，2009.

[9] 方伟群．酒店财务管理操作实务[M]．北京：中国旅游出版社，2008.

[10] 王钊．一本书学会做酒店会计[M]．北京：人民邮电出版社，2011.

[11] 陈斯雯，雷斐斐．新编现代酒店财务管理与成本控制实务全书[M]．北京：企业管理出版社，2007.

[12] 廖丽娟．餐饮店财务管理从入门到精通[M]．北京：经济科学出版社，2011.

[13] 王利明，房绍坤，王轶．合同法[M].3 版．北京：中国人民大学出版社，2009.

[14] 崔建远．合同法[M].4 版．北京：法律出版社，2007.

[15] 隋彭生．合同法要义[M].2 版．北京：中国政法大学出版社，2005.

[16] 王立国．论反不正当竞争法一般条款的适用[J]．河南司法警官职业学院学报，2005(1).

[17] 孔祥俊，刘泽宇，武建英．反不正当竞争法：原理·规则·案例[M]．北京：清华大学出版社，2006.

[18] 倪振峰．竞争法案例教程[M]．上海：复旦大学出版社，2005.

[19] 徐士英．竞争法新论[M]．北京：北京大学出版社，2006.

[20] 余斌．消费纠纷维权要点与技巧[M]．北京：中国检察出版社，2010.

[21] 喻术红．劳动合同法学[M]．武汉：武汉大学出版社，2008.

[22] 王雪峰，武鸣．经济法[M]．北京：北京大学出版社，2008.